ちくま新書

ポスト社会主義の政治

――ポーランド、リトアニア、アルメニア、ウクライナ、モルドヴァの準大統領制

松里公孝
Matsuzato Kimitaka

1559

ポスト社会主義の政治——ポーランド、リトアニア、アルメニア、ウクライナ、モルドヴァの準大統領制【目次】

第四章　アルメニア――一党優位制と強い議会の結合　189

序　章
準大統領制とは何か

†旧社会主義国に広がる準大統領制

三〇年前（一九八九―九一年）、ソ連・東欧の社会主義政治体制は崩壊した。議会制＝ソヴェト制の外観の下、一党制またはヘゲモニー政党制（今日の中国のように、単一の支配政党と複数の衛星政党で形成される政党制）を採用していたこれら国々は、複数政党制を前提とする新しい政治体制を選択することを強いられた。

かつてのソ連・東欧地域には、こんにち二八の承認国家、三つの半承認国家（コソヴォ、アブハジア、南オセチア）、四つの非承認国家（沿ドニエストル、ナゴルノ・カラバフ、ドネツクとルガンスクの人民共和国）が存在する。このうち、二〇二〇年一〇月現在、エストニア、ラトヴィア、ハンガリー、アルメニア、アルバニアの計五カ国が議会制を採用し、トルクメニスタン、ナゴルノ・カラバフ、ドネツク人民共和国の計三カ国が大統領制を採用しているのを除き、二七の旧社会主義国が準大統領制と呼ばれる体制を採用している。

この準大統領制とは、すぐあとに詳しく述べるが、国民が選挙で選ぶ大統領と、首相が併存する体制である。そして、旧社会主義諸国の中で、準大統領制を選んだ国が圧倒的に多いのである。しかも右に掲げた準大統領制をとっていない国の中でも、アルメニアとナゴルノ・カラバフは、一時期は準大統領制であった。本書は、準大統領制というコンセプトを通じて旧社会

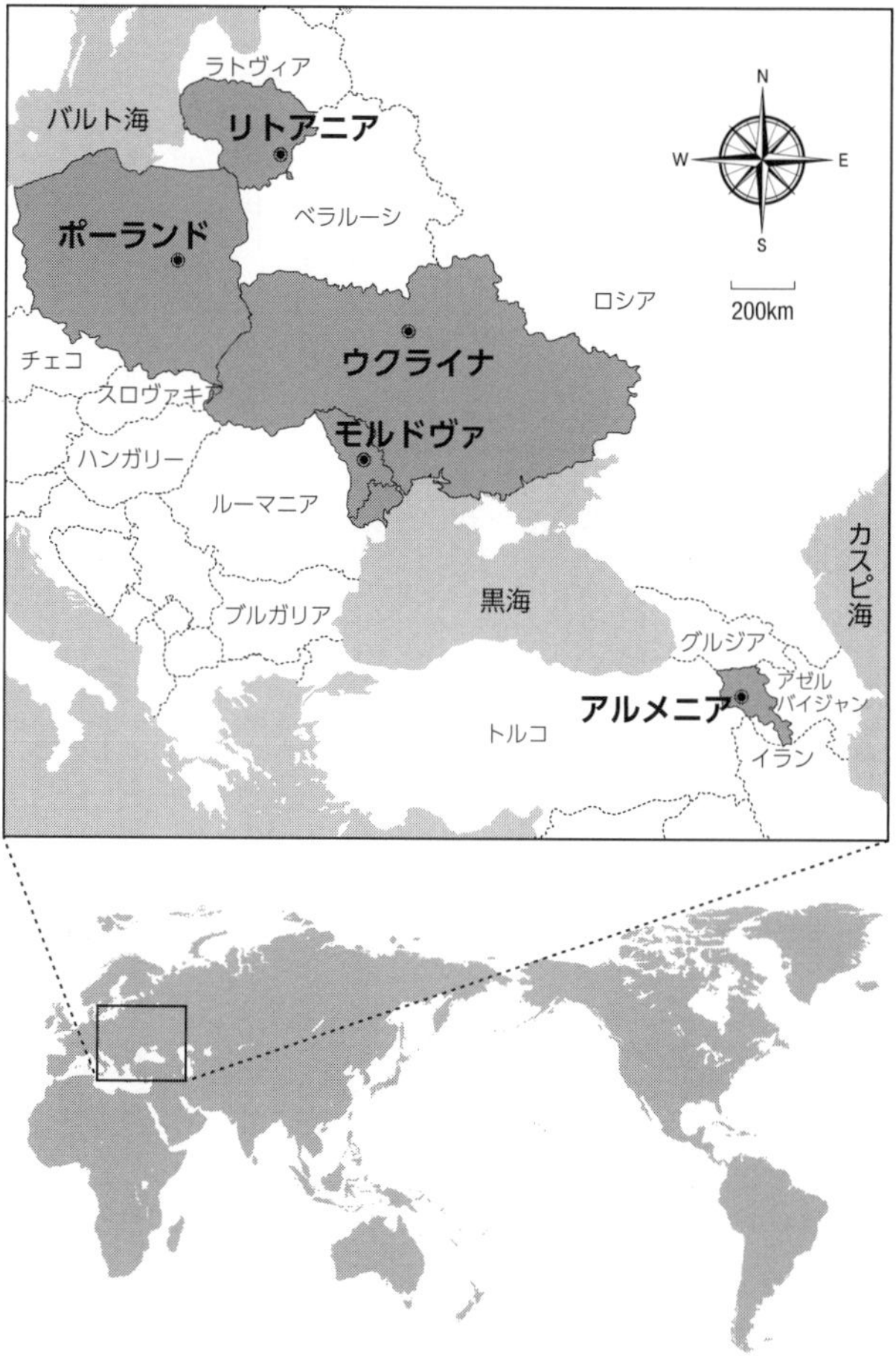

地図　本書が対象とする五カ国

主義諸国の現代史を考察する。

　とはいっても、三五カ国の政治体制について満遍なく論じることは可能でも生産的でもないので、本書は現に準大統領制であるか、かつて準大統領制であった国のうちポーランド、リトアニア、アルメニア、ウクライナ、モルドヴァを事例として選ぶ。

　選択の理由は、アルメニア語を除いてこれらの国の国語を私がそこそこ知っているということも大きいが、それだけではない。これら五カ国は、EU、NATOに加盟して久しいポーランドとリトアニア、安全保障上の理由からロシアの同盟者であり続けているアルメニア、ロシアと西側諸国の争奪戦の対象になったウクライナとモルドヴァという形で多様な地政学的条件を代表している。このことは、地政学と準大統領制の関係を論じる各章の後半で特に重要となる。

　準大統領制という概念を最初に提案したのは、フランスの著名な政治学者モーリス・デュヴェルジェであった。彼は、シャルル・ド・ゴールが打ち立てたフランス第五共和制の観察に基づき、従来、政治体制を分類してきた大統領制、議会制という二範疇に加えて、準大統領制という第三の範疇を提唱した。

　デュヴェルジェの主張は、長い間、政治学において多数説の地位を獲得できなかったが、一九九〇年代に再注目されることになった。なぜなら、一九九〇年前後の民主化の波に乗って一党制またはヘゲモニー政党制を放棄した国々、すなわち旧社会主義国、アフリカの旧仏・旧ポルトガル植民地諸国、台湾などのうちの多くが準大統領制を採用したからである。

こうして、準大統領制は、政治学において人気のあるテーマとなった。なかでもロバート・エルジーとソフィア・モエストルプのグループは、世界各地の準大統領制を紹介する五冊の論文集を一九九九年から二〇一四年にかけて立て続けに出版した。

†準大統領制の三類型

日本が議会制（議院内閣制）を採用し、日本人にとって身近な国であるアメリカが（純粋な）大統領制を採用しているのに対し、準大統領制とは、国民が選挙で選ぶ大統領と、首相が併存する体制である。言い換えれば、三権分立における執行権力が大統領と首相に分割されているところが特徴である。もう少し詳しく定義すると、準大統領制とは、①国民が大統領を公選する、②その大統領が首相を任命する体制である。②にあたって議会がどう関与するかで準大統領制は分類される。本書は、次の分類法を採用したい（表1も参照）。

首相という役職が存在するが、大統領が首相任命にあたって議会の承認を問わなくてもよい場合、その体制を、ⓐ**高度に大統領制化した準大統領制**（highly presidentialized semi-presidentialism）と呼ぼう。二〇〇五年憲法改正までのアルメニア、こんにち（二〇二〇年）に至るま

大統領の選出		首相の選出
公選	大統領制	首相職が存在しない
	準大統領制	
公選	高度大統領制化準大統領制	大統領が首相を任命する。議会の承認は必要ない。
公選	大統領議会制	大統領が議会の承認を得て、首相を任命する。
公選	首相大統領制	大統領は、議会多数派が指名した候補を首相に任命する。または、首相候補につき議会多数派との事前協議が大統領に義務付けられている。
議会が選出	議会制（議会大統領制）	議会が選出

表１　本書が依拠する憲法体制の五類型

でのアブハジア、旧社会主義国以外では台湾、スリランカ、ガイアナ共和国がこれにあたる。ただし、その名の通り、この体制は純粋な大統領制に近いので、高度大統領制化準大統領制という概念を認めず、これを大統領制に含める政治学者も多い。本書では、たとえ大統領に完全に従属するにしても、名目上、首相職があれば高度大統領制化準大統領制、名目上も首相職がなければ大統領制と呼ぶことにする。高度大統領制化準大統領制においては、大統領が閣議を主宰する場合が多く、首相は大統領の助手にすぎない。

大統領が首相候補を議会に推薦し、議会多数の支持が得られた場合に任命する体制を、ⓑ**大統領議会制**（president-parliamentary system）と呼ぼう。これは大統領が相対的に強い準大統領制であり、ロシア、カザフスタン、ベラルーシなどに見られる。上記の国々の憲法は、大統領による首相任命に議会の承認が必要といっても、議会が重ねて大統領の首相候補を拒否した場合、大統領に議会を解散する権限を与えているので、それによりますます大統領は強くなる。

議会の多数派が首相候補を指名し、大統領はその候補を任命する体制、あるいは大統領が首相を指名するにあたって、議会多数派との事前協議が憲法上義務付けられている体制を、ⓒ**首相大統領制**（premier-presidential system）と呼ぶ。これは議会が相対的に強い準大統領制であり、リトアニア、ポーランドなどに見られる。

ⓑⓒ間の違いは、大統領と議会多数派の政治傾向が異なる場合に大きくなる。ⓑの場合、大

統領は議会に圧力をかけながら、自分がよしとする首相候補を任命することができるかもしれない。しかしⓒの場合は、大統領は、議会多数が支持する首相候補が自分の反対の党派に属していたとしても任命せざるを得ないので、コアビタシオン（共存政権）が生まれる。

この言葉が政治学用語となったのは、フランス第五共和制において、一九八六年、社会党のフランソワ・ミッテラン大統領が、議会選挙に勝った共和国連合党首のジャック・シラクを首相に任命せざるを得なかったときである。断っておけば、第五共和国憲法は、条文上は大統領の首相任命権に制限を設けない高度大統領制化準大統領制であり、フランスにおけるコアビタシオンは政治的慣行に基づくものである。

†首相任命権と解任権

大統領を支持する政党（連合）が議会で安定多数を有していれば、大統領はいずれにせよ自分が推す候補を首相にすることができるので、ⓑ大統領議会制とⓒ首相大統領制の違いは実際にはあまり感じられない。憲法上、大統領が強いⓑの国でも、大統領が議会内の一党優位に支えられていれば、自発的に憲法改正を提案して、ⓒに体制を変える場合もある（アルメニアの例）。

実は、ⓑⓒを区別するにあたって首相任命権を基準とする説は近年あまり支持されておらず、かわりに首相解任権が誰にあるかを基準とする説が有力になった。大統領が、議会の意向によらず、あるいは議会の意向に反して首相を解任することができれば、大統領議会制である。議会の同意が得られない限り大統領が首相を解任できない仕組みなら首相大統領制である。それならば、議会の信任を失った首相を大統領が解任する義務を負っていれば首相大統領制かといえばそうではない。たとえ解任義務があっても、議会に不信任されていない首相を大統領が自分の判断で解任できれば、それは大統領議会制である。

このように、首相解任権を基準にすれば、大統領議会制においては首相・内閣の存続は大統領と議会の双方にかかっているのに対し、首相大統領制においては議会にのみかかっている。これは明快な分類法のように見えるが、実は首相解任権の所在を明らかにしていない憲法も多い。そもそも本書の目的は政治体制の分類ではなく、首相任命・内閣形成というプリズムを通じて当該国の政治の動態を見ることなので、本書は首相任命をより重視する。

なお、ドイツやイタリアのように大統領と呼ばれる役職が存在していても、大統領が国民によってではなく議会によって選ばれる場合は、その体制は議会制の一種とみなされる。本書ではこれを議会大統領制と呼ぶが、上記のⓑすなわち大統領議会制と名称が似ているので、混同なきようお願いしたい。

日本人が特に注意しなければならないことだが、日本のマスコミの用語法では、たとえ大統領が公選されていても、首相が議会によって選ばれる仕組みなら、それを「議院内閣制」と呼んでいる。「キルギスタンは二〇一〇年の政変で議院内閣制になった」、「フィンランドは今世紀初頭の憲法改正で議院内閣制になった」といった文章は新聞で普通に見かける。これは必ずしも政治学的な用語法との食い違いとばかりも言えず、当初、デュヴェルジェも、「大統領が相当の権力を持っている」ことを準大統領制の要件に含めていた。その後の学説の発展の中で、「相当の権力」などという曖昧な基準が入っていると、準大統領制を定義することが不可能になるということで、大統領については公選・非公選のみが基準として残されたのである。

†五つの制度とその間の移行

ここまでの議論を整理すると次の通りである。

①大統領制——首相職は存在しない。執行権力は公選の大統領に一元化。
②高度大統領制化準大統領制——首相職は存在するが、大統領の判断によって任命され、議会の承認は必要ない。
③大統領議会制——大統領が、議会の承認を得て首相を任命。
④首相大統領制——議会多数派が首相候補を指名し、大統領は任命する。

⑤議会大統領制——議会制の一種である。大統領は公選ではなく、議会によって選ばれる。

本書では、これらのうち②③④を準大統領制とみなす。この三つの中では、議会が強いという意味で、④の首相大統領制が比較的民主的と一応は言える。しかし、議会選挙が自動的に議会多数派連合を生み出すわけではなく、様々な連合の組み合わせが考えられるので、大統領がこの過程に巧妙に介入し、内閣形成者の役割を果たすならば、政治において主導的アクターであり続けることができる（リトアニアの例）。

現職大統領が三選禁止条項を越えて権力を維持するために、大統領議会制の憲法を改正して首相大統領制を導入したと解釈しうる例もある（二〇一〇年のグルジア＝サカルトヴェロ）。つまり、議会権限を強化して、議会選出の首相として国の指導者であり続けようとしたのである。さらに、アルメニアでは、現職大統領が主導して二〇一五年に憲法改正して議会制を導入し、二〇一八年に自分は（憲法上もはや実権を失った）大統領職から首相職に横滑りした。こうした手法に対する市民の憤激から同年の「四月革命」が起こった。

また高齢の大統領が、自分に比肩するカリスマ的独裁者はもはや現れないだろうと考えて、現行の大統領議会制下で単一の後継者を指名するのではなく、首相大統領制の憲法を採択することで、より集団的な後継体制を作ろうとする例もある（二〇一五年頃のカザフスタン）。

同じ地域にあるか、似通った建国の文脈にありながら、それら国々の選択が多様化した例もある。中央アジア五カ国は、そのうち三カ国（カザフスタン、ウズベキスタン、タジキスタン）がCIS（独立国家共同体）に標準的な大統領議会制を選んだものの、トルクメニスタンの大統領制とクルグズスタンの首相大統領制という例外を生み出している。前者は一九九二年に早くも確立されたサパルムラト・ニヤゾフの独裁の結果であり、後者は二〇〇五年、二〇一〇年の二度の革命の結果である。

アルメニアとナゴルノ・カラバフは、いずれもアルメニア人が基幹民族である兄弟国家だが、二〇〇五—〇六年に、前者は首相大統領制憲法を、後者は大統領議会制憲法を選択した。首相大統領制下では、大臣職がしばしば連合形成のための取引材料として使われ、そのため長期にわたる大臣職の空席もまま見られる。これは人口一四万人のカラバフには許されない贅沢と考えられたのである。

ナゴルノ・カラバフの奪還を目論んだアゼルバイジャンとの二〇一六年四月戦争をはさんで、二〇一五—一七年、アルメニアは議会制に、カラバフは大統領制に移行し、両国の分岐はますます鮮明となった。アゼルバイジャンとの緊張下で権力分散的な準大統領制はよくないと考えられたのは両国同じであったが、権力を議会に一元化するか、大統領に一元化するかで両国は分化したのである。

ここでカラバフは大統領議会制から大統領制に移行したと述べたが、一九九〇年代前半の内戦から生まれたその他の非承認三国の選択もそれぞれ個性的であった。南オセチアは議会制が比較的長く続いた後に大統領議会制に移行し、アブハジアは、議会制から高度大統領制化準大統領制に移行した。沿ドニエストルは長らく大統領制であったが、二〇一一年に首相職を導入して大統領議会制に移行した。ウクライナ動乱の中から生まれた新しい非承認国家のうち、ドネツク人民共和国は大統領制を、ルガンスク人民共和国は大統領議会制を選んだ。

大統領議会制と首相大統領制の間を行き来している国もある。ウクライナとモルドヴァである。ウクライナは、一九九六年にレオニード・クチマ大統領下で大統領議会制の憲法を採択したが、二〇〇四年、オレンジ革命中に首相大統領制に移行した。この改正手続きに瑕疵があったことを口実に、二〇一〇年にヴィクトル・ヤヌコヴィチ大統領の影響下にあった憲法裁判所が一九九六年憲法を復活させた。さらに二〇一四年のユーロマイダン革命は、ウクライナを首相大統領制に再び戻した。

モルドヴァは、当時のCIS諸国の中では例外的に、一九九四年に（議会が相対的に強い）首相大統領制憲法を採択した。しかし、大統領と議会の間の権限分割がはっきりせず、一九九八年以降、政治危機に陥ってしまったため、二〇〇〇年の憲法改正で議会制（議会大統領制）を導入した。しかし、議会が大統領を選出する要件が厳しすぎたため大統領不在の状況が二〇

○九年から一二年まで続いた。二〇一六年には、二〇一〇年のヤヌコヴィチ下のウクライナと同様、二〇〇〇年の憲法改正手続きに瑕疵があったことを口実に、憲法裁判所が一九九四年憲法を復活させた。

†準大統領制をプリズムとして政治の動態を見る

前項で見たように、大統領制、高度大統領制化準大統領制、大統領議会制、首相大統領制、議会大統領制の間の選択は、当該国の政治を生き生きと反映したもので、ある一時点をとって分類するようなアプローチでは、その面白さがわからない。本書は、準大統領制およびその下位範疇を、政治体制を静態的に分類する囲いとしてではなく、当該国の政治の動態を分析するプリズムとして用いる。

一部の政治学者は、準大統領制の概念は、首相指名と内閣形成手続きに関心を集中しすぎだと批判する。そのため大統領の議会に対する拒否権、議会がそれを克服する手続きなど、立法・執行関係を規制する他の要素を軽視してしまうと言う。その結果、準大統領制の概念は拡散する傾向があり、同じ準大統領制に属するとされる体制が互いに似ていなかったり、マージナルな準大統領制は、むしろ議会制や大統領制と見分けがつかなかったりすると批判する。

しかし、首相指名と内閣形成が立法・執行関係を規定する一要因にすぎないなら、それが旧社会主義諸国の政治において重要争点であり続けているのはなぜなのか。実際、たんに大統領任期を四年から六年に延ばしたロシアの二〇〇八年憲法改正を除けば、二一世紀に旧社会主義諸国において行われた憲法改正のすべてが、準大統領制への移行またはそこからの離脱、または準大統領制の範疇内での首相任命手続きの変更にかかわるものであった。モルドヴァにおける二〇〇〇年と二〇一六年、ウクライナにおける二〇〇四年、二〇一〇年、二〇一四年、アルメニアにおける二〇〇五年、二〇一五年、ナゴルノ・カラバフにおける二〇〇六年、二〇一七年、グルジアにおける二〇〇四年、二〇一〇年、チェコにおける二〇一三年、ロシアにおける二〇二〇年の憲法改正がこれにあたる。

私見では、首相指名と内閣形成の手続きが憲法上の一大争点であり続けているのは、それが政党制と連合政治、エリートの期待と行動、旧体制からの制度遺産、他国の経験からの学習能力、地政学的・軍事的要因など、当該国の政治の特徴やそれを取り巻く環境が集中的に表現される場だからである。だからこそ、本書は、準大統領制をたんなる体制分類範疇としてではなく、政治の全体像と動態を見るプリズムとして用いるのである。具体的には、本書は次の点に注目する。

①大統領と議会。憲法明文上の力関係とは違い、大統領議会制の下でも議会が力をつけて（あるいは大統領があたかも譲歩して）、事実上、議会が首相を指名する場合がある。逆に、首相

大統領制でも、大統領が首相指名に大きな影響を持ったり、国の戦略的な課題を担い続けたりする場合がある。どういう事情で以上のような現象が起こるのか。

②大統領と首相の関係。いかなる場合に大統領と首相の関係は良くなるのか。いかなる場合に首相は大統領の政治的ライバルになり、また逆に忠実な助手になるのか。

③政党制との関係。一党優位制が成立していれば、首相を任命するにあたって大統領議会制と首相大統領制の間に大きな違いはない。この条件下では大統領が自発的に議会を強めるような憲法改正を行うかもしれない。安定的な連合政治が展開できなければ、首相大統領制はうまく機能せず、大統領議会制に戻そうとする試みが生まれがちである。

④憲法過程のトランスナショナル性。脱共産主義諸国は、近隣の、自分が兄貴分とみなす国の憲法および憲法検討過程の影響を受けた。CIS諸国にとってのロシア、モルドヴァにとってのルーマニアやウクライナがそうである。また逆に、モルドヴァにおける議会制の否定的経験は、リトアニアやアルメニアに教訓を与えた。また隣接国からの影響というより国際的モデルの例であるが、アルメニア、リトアニア、モルドヴァの憲法は、ドゴール憲法の強い影響を受けた。旧社会主義国が欧州評議会に加盟すると、法による民主主義のための欧州委員会（ヴェニス委員会）の助言が大きな影響を持つようになった。

⑤分類学的な準大統領制研究が現に採択された憲法にしか関心がないのとは対照的に、本書

は憲法学上の論争や、採択されなかった憲法草案にも関心を払う。ある憲法草案がなぜ採択されなかったかということに、その国の憲法過程の特徴が出る場合が多いからである。

†転機としての二〇〇八年

社会主義体制崩壊後の約三〇年間の政治史は、だいたい二〇〇八年を境として前半と後半に分けられる。前半は、一党制やヘゲモニー政党制を採用していた国々が、複数政党制を前提とした政治体制へと移行する過程であった。この体制移行が二〇〇〇年代の半ばにはほぼ完了し、東中欧諸国、バルト諸国、ルーマニアとブルガリアは、EU、NATOに加盟するところまで行った。これで旧社会主義諸国の動乱もおさまり、これらも普通の国になったかと思われたのも束の間、二〇〇八年には新たな動乱が始まった。

この年の二月には、コソヴォが独立宣言をし、アメリカ、イギリス、フランス、ドイツ、日本などがこれを承認した。それまでの国際社会はソ連とユーゴスラヴィアの最上級自治単位（連邦構成共和国）の独立しか認めなかったが、旧ユーゴスラヴィアで自治州にすぎなかったコソヴォの独立を一連の国が認めたことで、旧共産圏の非承認国家問題が一気に流動化することになった。

四月に開催されたNATOのブカレスト・サミットは、ウクライナとグルジアが将来的には

NATOに加盟すると宣言し、慰撫のために招かれていたウラジミル・プーチン・ロシア大統領を激怒させた。八月にはグルジアが再統合を目的として南オセチアに総攻撃をかけ、これに軍事介入したロシアはやがて南オセチアとアブハジアを国家承認した。西側とロシアの対立は、二〇一四年のウクライナにおけるユーロマイダン革命、ロシアによるクリミア併合、ドンバス戦争の開戦によって頂点に達した。

こうした地政学的対立は、本書が事例とする五カ国の内政にも甚大な影響を与えたが、その程度には違いがあった。内政が地政学的対立一色で塗りつぶされ、憲法問題までが親露か親欧かというレトリックで議論されるようになり、ついには国家の分裂と内戦にまで至ったのはウクライナである。モルドヴァは、地理的には、ウクライナと同様、ロシアとNATO加盟国の間に位置しながら、内政の地政学化や内戦は回避できている。ウクライナとモルドヴァの運命が分かれたことには客観的な理由もあるが、主体的にも、準大統領制をめぐる政争が内政の地政学化を促進してしまったのか、抑制したのかという違いがあった。

ポーランドとリトアニアはすでにEU、NATO加盟国であり、ロシアの軍事大国化は、両国をますます北大西洋同盟に強固に結びつける。むしろ、二〇〇八年以降の両国政治が直面したのは、リーマンショック後の経済苦境を背景としたポピュリズムの台頭であった。社会民主党に従来投じられていた票が「法と正義」（ポーランド）、「農民と緑の連合」（リトアニア）というポピュリスト政党に流れたのは両国共通であったが、「法と正義」の方が「農民と緑の連合」よりもずっと強固で旗幟鮮明な政党である。「法と正義」が政権に復帰した二〇一五年以降、高い支持率を維持しているのとは対照的に、「農民と緑の連合」は、二〇一六年の議会選挙で得られた支持の大半を二〇一九年の大統領選挙までに失ってしまった。二〇二〇年の議会選挙では、同党は議会第二党に転落した。なぜリトアニアではポーランドのような強力なポピュリズムが育たないのか、本書は考察するであろう。

リトアニアやポーランドが北大西洋同盟の道を進むのとは対照的に、アルメニアは、アゼルバイジャン、トルコと敵対的な関係にあり、ナゴルノ・カラバフ問題で国連を初めとする国際機関がアゼルバイジャンを一面的に支持している現状では、ロシアの軍事的な庇護を求めざるを得ない。地政学的選択の自由を享受していないアルメニアの憲法改正論争が地政学化するはずもなく、政治の軸は、恩顧（パトロン・クライエント）政治を展開し万年与党化しようとする指導者（オリガーク）と、それに間歇的・激情的に抗議する街頭抗議行動の対立となる。二〇一八年、アルメニアの街頭抗議行動は、オリガークが自分の延命のために議会制を導入したことに抗議し、ついに政府を打倒した。

これは、ウクライナやモルドヴァとある程度は似ている状況である。ウクライナでは、オリガークに反対する激情的街頭行動が、特定勢力の地政学的な意図のために利用されてしまった。

モルドヴァでは、オリガークは、保身のために議会制を廃して準大統領制を復活し、また自分たちの親欧性を強調した。つまり、争点を地政学化しようとしたわけだが、野党はそれを許さず、争点を「オリガーク政治を容認するかしないか」に引き戻して、いったんは反オリガーク大連合政権をつくった。

本書は、第二章以下で、二〇〇八年までの体制移行期、その後の新冷戦期を通して、準大統領制の歴史を各国別に検討する。しかしその前提として、第一章では、体制移行の諸類型を概観したい。

第一章
共産党体制からの移行のロードマップ

2008年10月、台湾中央研究院が主催した準大統領制に関する国際会議の後、参加者が馬英九台湾総統と懇談。総統の向かって左側がロバート・エルジーとソフィア・モエストルプ、右側が呉玉山。この3人が世界の準大統領制研究の牽引車であったが、残念なことに、エルジーは2019年に早逝した。

図1－1は、準大統領制の観点から見た旧社会主義諸国の体制移行のロードマップである。この図を参照しながら、旧社会主義諸国の憲法体制選択を概観してみよう。

1 社会主義体制からの連続的な移行

†（ルート1）大統領議会制へのスムーズな移行

準大統領制が旧社会主義国において支配的になった一つの理由は、社会主義体制の内にその萌芽である執行権力の二元制が含まれていたということである。それは、支配政党（必ずしも共産党という名称ではない。ポーランド人民共和国では、支配政党は統一労働者党という名称であった）の中央委員会が戦略的に重要な政策の決定と執行を担い、教育・福祉・医療などの日常行政を政府が担うという二元制である。

たとえばソ連外交を例に取れば、アメリカとの核軍縮交渉のような戦略課題はソ連共産党中央委員会が担い、普通の国との儀礼外交は外務省が担ったのである。消費物資の価格の改定は政府の作業であっただろうが、物価を引き上げたことで労働者の暴動が起きれば、共産党が前

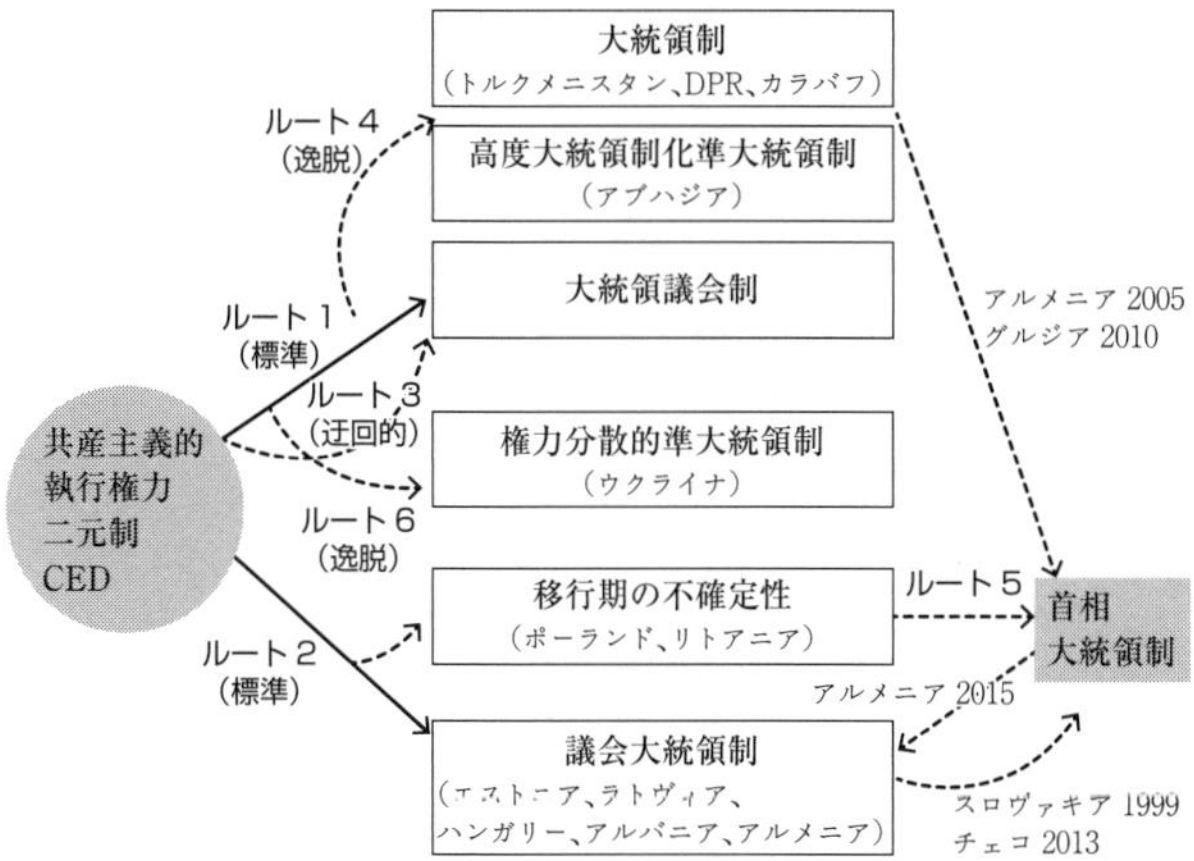

図 1-1　脱共産主義体制の分化

面に出て解決したであろう。実は、準大統領制が「ソヴェト行政法」に似ているということを最初に指摘したのもモーリス・デュヴェルジェであり、この考えは現在も多くの政治学者に共有されている。

ソ連の一連の共和国では、共産党一党体制が維持できなくなると共産党エリートが上から体制移行を主導したので、旧共和国共産党中央委員会の戦略的機能は新生国家の大統領府に移され（しばしば建物、部屋、電話回線まで同種同名の部局に移された）、新生国家の政府が旧連邦構成共和国政府と同じように日常行政に従事するようになった。新生国家の大統領は政府よりも目上の存在なのだから、前者が後者の首班を指名するのは当然であった。

また社会主義体制下のエリートは、自分たちが団結しているのだということを国民に向かって誇示するのが常であったが、この延長線上で、大統領が単独の判断で首相を任命するのではなく、議会の同意を得て任命するのは自然なことであった。多くのＣＩＳ諸国の憲法においては、大統領が推薦する首相候補を議会が重ねて拒否した場合（ロシア憲法では三回、ベラルーシの憲法では二回）、大統領は議会を解散することができる。しかしこのような議員への脅しは、発動されないことが美徳とされた。

社会主義後継諸国の指導者たちの間で大統領議会制が人気を博したのは、彼らが旧体制下で執行権力二元制に慣れていたためだけではない。第一に、新生国家の大統領たちは、資本主義への茨の道を進むにあたって、大統領議会制のおかげで、首相をスケープゴートにして国民の自分への批判を逸らすことができるということにすぐに気づいた。第二に、たとえばアメリカの大統領が議会選挙に負けると影響力を著しく失ってしまうのとは対照的に、準大統領制下では、たとえ議会選挙で大統領支持政党が負けても、大統領が首相指名のための連合形成に積極的に関与して、議会選敗北の打撃を最小限にくいとどめることができるということが明らかになった。

第三に、執行権力の機能を戦略的なものと日常行政的なものに分けるドゴール的な思考法は、共産党の批判勢力にさえわかりやすかった。ポーランドにおいては、統一労働者党との長い闘争、そして円卓会議での同党との長い議論を経て、レフ・ワレンサをはじめとする民主化運動組織「連帯」の指導者は、執行権力二元制の思想に感染した。一九九〇年末にポーランド大統領に当選したワレンサが、やや滑稽なほどに追求したのは、大統領に戦略的権限を集中した大統領議会制だった。

†共産党第一書記から最高会議議長へ

ここで旧ソ連諸国に視野を限定すると、共産主義的執行権力二元制が大統領議会制にスムーズに移行するためには、共産党指導層は三つのハードルを越えなければならなかった。

第一のハードルは、一九九〇年春の共和国最高会議選挙・地方ソヴェト選挙である。これに先立つ一九八八年の第一九回ソ連共産党協議会において、次の共和国最高会議・地方ソヴェト選挙の後、共和国、州、市などの党第一書記が、同じ行政単位のソヴェト議長になることがソヴェトの地位の向上につながるだろうと決議された。一九九〇年の上記選挙に際し、この決議は実行に移され、あれこれの党第一書記がそもそも代議員選挙で負けた場合、あるいは代議員には当選したが議長になれなかった場合、さらには共和国・地方選挙を待つまでもなく議長にはなれそうにないと見越した場合、「自分は住民の信頼を得ていない」ということで、党の指導職を辞任するのが常であった。

すでに共産党の指導職は、苦労ばかり多くて割に合わない職になっていたので、第一九回党協議会決議を口実に、多くの党第一書記たちが党を見捨てて成長しつつあるビジネスの世界に逃亡したのではないかとも察される。

党第一書記と最高会議議長の兼任政策は、一五連邦構成共和国のうち、バルト三共和国、グルジア、アルメニア、そしてロシア共和国では実現されなかった。

ロシア共和国は、共和国単位での党組織、共和国レベルでの党指導機関が存在しない唯一の共和国であり、ロシアの地方共産党委員会はソ連共産党中央委員会に直属していた。言い換えれば、「ロシア共和国党第一書記」そのものが、この時期（一九九〇年五月）には存在しなかったので、「兼任」など論外であった。最高会議議長職をめぐっては、ボリス・エリツィンと左派系候補が争って、僅差でエリツィンが勝った。

ロシア共和国だけが共和国単位の共産党組織を持たなかったのは、非対称的連邦制の思考法の現れである。「ソ連構成共和国の中で最大で長兄であるロシア共和国には、一種のロビー組織である共産党中央委員会は要らない」ということである。ロシア最高会議議長選挙での左派敗北直後、一九九〇年六月に結成されたロシア共産党は、ソ連共産党の共和国支部というよりも、ゴルバチョフやエリツィンに反対する左派野党であり、後のロシア連邦共産党の起源と考えた方がよい。

バルト三国、グルジア、アルメニアでは、反共民族主義組織が共和国最高会議選挙で勝っていたので、議長選の結果は自然な成り行きであった。その他のソ連構成共和国では、旧共和国共産党中央委員会の機能が新生独立国家の大統領府に継承され、旧共和国における共産党中央委員会と議会の関係が、新生独立国家における大統領と議会の関係に継承された。しかし、ロシア共和国にはソ連末期まで共産党中央委員会がなかったため、このような確立されたゲームのルールはなかった。これが新生ロシアにおける大統領と議会の関係が極端に悪化し、大統領側が議会を戦車で砲撃するという事態（一九九三年十月事件）に至った一つの背景であると、大串敦などの政治学者は考えている。

†最高会議議長から大統領へ

第一九回党大会決議が、社会主義下の執行権力二元制が大統領議会制に移行する上での第一のハードルであったとすれば、第二のハードルは、一九九〇年から九一年にかけて、これら共和国最高会議議長（兼・共和国党第一書記）が議会選出の大統領になれたかどうかである。つまり、ソ連の共和国レベルの政体は、議会制（ソヴェト制）から公選大統領制（準大統領制）に一足飛びに移行したのではなく、その間に議会大統領制というワンクッションが置かれる場合が多かった。第三のハードルは、これら議会大統領が、ソ連の解体に前後して、公選大統領になれたかどうかである。

第１のハードル　共産党第１書記が最高会議議長を兼任する
第２のハードル　最高会議議長が議会選出の大統領になる
第３のハードル　議会大統領が公選大統領になる

旧共和国共産党指導者が三つのハードルをクリアして新生国家の公選大統領になった例	カザフスタン、ウズベキスタン、タジキスタン、モルドヴァ、アゼルバイジャン
第１のハードルをクリアした旧共和国共産党指導者が、議会大統領を経ず、公選大統領に直接移行した例	ウクライナ
第１のハードル、つまり党指導者・最高会議議長の兼任政策を実現できなかった例	エストニア、ラトヴィア、リトアニア、グルジア、アルメニア、ロシア
第２のハードルで挫折した例、つまり共和国共産党指導者が議会選出の大統領になることができず、マージナルな、あるいは反共野党の指導者が議会選出大統領になった例	ベラルーシ、クルグズスタン
準大統領制ではなく大統領制に移行した例	トルクメニスタン

表 1-1　大統領議会制への３つのハードルとソ連の 15 連邦構成共和国

一五のソ連構成共和国を、上記の三つのハードルを越えられたかどうかで分類すると、表１－１が得られる。

この表の三つのハードルをクリアした例のうち、タジキスタンでは内戦が始まり、アゼルバイジャンでは公選大統領となったアヤズ・ムタリボフが、一九九二年のホジャリ事件（カラバフ武装勢力＝アルメニア人がカラバフ首都ステパナケルト近郊のホジャリ村のアゼルバイジャン系住民を大量殺害したとされる事件。ただし、真相には諸説ある）の結果、民族民主派に政権を奪われたので、社会主義下の執行権力二元制から大統領議会制へのスムーズな移行例からは脱落してしまった。

したがって、カザフスタン、ウズベキス

タン、モルドヴァ、ウクライナ四カ国が「(ルート1)大統領議会制へのスムーズな移行」に該当する。

†(ルート2)議会制へのスムーズな移行

旧社会主義圏の西部(チェコ、スロヴァキア、ハンガリー、エストニア、ラトヴィア)では、民族民主派が共産党指導者たちを権力から放逐した。ソヴェト制度は、それを裏から共産党がコントロールしていたという特殊な側面を除けば議会制であった。共産党のコントロールが消えたとき、上述の国々は、普通の議会制に進化したのである。

2 迂回的移行と逸脱

†(ルート3)大統領議会制への迂回的移行

上述の通り、カザフスタン、ウズベキスタン、モルドヴァ、ウクライナは、共産主義的執行権力二元制から大統領議会制にスムーズに移行した。他方、内戦や民族民主派の政権獲得によって、社会主義下の執行権力二元制から大統領議会制への移行が中断されたにせよ、結局それにたどり着いた国々がある。ロシア、タジキスタン、アゼルバイジャン、ベラルーシ、クルグズスタンである（迂回的移行。表1-2参照）。

回り道をしつつもなぜ大統領議会制にたどり着いてしまうかと言えば、旧体制からの制度的連続性、コネ・恩顧を重視する社会のあり方、資本主義への茨の道を進むにあたって大統領議会制に制度的な適応能力があったことなどが考えられる。

たとえばベラルーシにおいては、一九九〇年春、ベラルーシ共産党中央委員会書記であったニコライ・デメンチェイが最高会議議長となって、ルート1で示した大統領議会制への移行における第一のハードルは越えた。しかしデメンチェイはソ連共産党内の反ゴルバチョフ派による一九九一年八月クーデターをあからさまに支持したために、民族民主派のスタニスラフ・シュシケヴィチにとって替わられた。

その後、ベラルーシは第二のハードルには直面しなかった。なぜなら議会大統領職を導入することなく一九九四年三月に大統領議会制の憲法を採択したからである。この憲法に基づいて行われた大統領選挙でアレクサンドル・ルカシェンカが勝ち、一九九六年には大統領権限を強める方向で憲法改正がなされたが、大統領議会制の枠は変わらなかった。

クルグズスタン共和国においては、一九九〇年四月、共和国党第一書記のアブサマト・マサ

国	大統領議会制へのスムーズな移行を阻んだ事情	*	結果
ロシア	ソ連時代における共和国共産党組織の欠如、立法・執行権力間のゲームのルールなし	1993	大統領議会制への迂回的移行
ベラルーシ	1991年、デメンチェイの失脚 1991-94年、議会・政府間の対立	1994	
アゼルバイジャン	1992-93年の民族民主派政権 1991-94年のカラバフ戦争	1995	
タジキスタン	1992-94年の内戦	1994	
ナゴルノ・カラバフ	1990年時点での共産党州委員会の崩壊 1991-94年のカラバフ戦争	2006**	
アルメニア	1990年における民族民主派の権力奪取 1991-94年のカラバフ戦争	1995	高度大統領制化準大統領制への移行
アブハジア	1992-93年のアブハジア戦争 戦後の制度改革の遅れ	1999	
グルジア	1990-92年の民族民主派政権 1991-93年の南オセチア、アブハジア戦争	1995	大統領制への移行
沿ドニエストル	1992年の紛争 スミルノフ一家の腐敗	1995	

* ソ連解体後の最初の憲法採択年
** 準大統領制（大統領議会制）が導入されたのは1996年

表1-2　大統領議会制への迂回的移行、あるいは高度大統領制化準大統領制、大統領制への逸脱

リエフが最高会議議長に選ばれ、第一のハードルは越えた。しかし、マサリエフはフェルガナのオシュ市での民族紛争（クルグズ人とウズベク人の衝突）の責任を問われて、最高会議における大統領選挙には敗北した。大統領に選ばれたのは、工学の分野でクルグズスタン共和国アカデミー会員だったアスカル・アカエフであった。つまり、クルグズスタンは第二のハードルで挫折したのである。

学者上がりのアカエフは、一九九一年八月、前述のソ連中央でのクーデターの試みに対しては勇敢に抗議し、一九九一年一〇月には公選大統

領となった。しかしこのようなアカエフも、旧ソ連的なコネと恩顧の政治文化に急速に適応し、二〇〇五年のチューリップ革命によって、家族ぐるみで腐敗した政治家として追放されたのである。なお、このアカエフの主導で、クルグズスタンでは一九九三年五月には大統領議会制の憲法が採択された。これは、ロシアで同種の憲法が採択されたのよりも早かった。

†(ルート4)高度大統領制化準大統領制、大統領制への逸脱

円滑ではないにせよ大統領議会制に移行した例がある一方、大統領議会制への移行が挫折して、そのまま別種の政治体制に移行してしまった例がある。表1-2が示すように、高度大統領制化準大統領制および大統領制への移行がそれである。

アルメニアでは、レヴォン・テル-ペトロシャンをリーダーとする民族民主派が、一九九〇年選挙に勝利して、共和国の指導権を奪取した。テル-ペトロシャンは一九九一年一〇月に大統領に公選され、一九九八年までその地位にあり、その後はローベルト・コチャリャン、セルジ・サルキシャンというカラバフ解放運動出身のカラバフ人脈が、二〇一八年の革命までアルメニアを支配した。

このように旧共産党指導層の支配が断絶したことに加え、アルメニアはカラバフ戦争を戦わなければならなかった。内戦下では、大統領議会制の重要な条件である超然主義、つまり大統

領の戦略課題への集中が難しい。テル－ペトロシャンは、日常行政を首相に任せることができず、自ら閣議を主宰して、細々としたことを決めなければならなかったのである。停戦後採択された一九九五年アルメニア憲法は、内戦中の行政の実態を反映して、「大統領は首相を任命・解任する」と規定するのみで、議会の承認を求めなかった。

その強面ほど、高度大統領制化準大統領制は安定的な体制ではない。第一に、大統領が議会の承認を得ずに首相を任命できる点は、非民主的として野党の批判に晒されやすい。一九九五年アルメニア憲法は、採択当初から権威主義的として正統性がなかった。

台湾では、国民党の独裁時代は立法院（議会）が行政院長（首相）を選出したが、民主化の際、一九九一年の憲法増修条文第三条により、総統が立法院の承認を求めずに行政院長を任命できる仕組みにしてしまった。陳水扁が台湾総統であった二〇〇〇－〇八年、民進党は立法院で多数を占めていなかったので、彼が任命した五人の行政院長のうち一人として議会多数派の支持は得ていなかった。二〇〇八年総統選挙に際して、国民党候補の馬英九は、民進党が議会多数を占めた場合、民進党員を行政院長に任命すると公約したのである。

第二に、首相が大統領に強く従属する下では、大統領は、不人気な政策や政策不履行の責任を首相に押し付けてトカゲの尻尾切りをすることができない。自分の助手を辞めさせても有難味がないからである。このことは、台湾、韓国、かつてのアルメニアにまま見られたように、高度大統領制化準大統領制下の大統領が当選後、人気を維持することが難しく、任期の大半をレームダック状態で過ごすことになる一因である。

グルジアで旧共産圏においては例外的な大統領制が生まれた事情も、高度大統領制化準大統領制のそれに似ており、旧体制からのエリートの断絶と一九九〇年代前半の内戦が大きな意味を持った。一九九〇年最高会議選挙の結果、ズヴィアド・ガムサフルディアに率いられる民族民主派が共産党指導部を放逐し、一九九一年一月には南オセチアとの戦争を開始した。その五月に行われた大統領選挙で、ガムサフルディアは初代大統領に当選したが、翌年一月には、クーデターにより国外に追われた。一九九二年春までには、グルジア政界に復帰した元ソ連外務大臣のエドゥアルド・シェヴァルドナゼの指導体制が成立した。シェヴァルドナゼは南オセチアと急いで停戦協定を結び、間もなくアブハジア戦争を始めた。

アブハジア戦争終了から二年後、一九九五年八月に採択されたグルジア憲法は、首相職を置かず、国務大臣を置いた。同憲法八一条三項によれば、国務大臣の役割は、(政府の)「事務を指導し、大統領に授権された個々の任務を果たす」ことであるから、首相からは程遠い。古澤卓也によれば、シェヴァルドナゼ自身は、他のCIS諸国に一般的な準大統領制(大統領議会制)憲法を採択したかったのだが、議会勢力が、準大統領制下ではシェヴァルドナゼが首相を生贄にして責任回避を図るに違いないと考えて、あえて純粋な大統領制を導入させたのである。

アルメニアでも、指導者であるテル－ペトロシャンが、内戦中に形成された高度大統領制化準大統領制ではなく、通常の準大統領制を導入したいという願望を抱いていた。グルジアやアルメニアの指導者が、当時、ロシアやウクライナで大統領が首相をトカゲの尻尾切りに使っているのをよく観察し学習していたことがわかる。

ただし、沿ドニエストルの大統領制にも見られたように、大統領が極端なコネ政治・恩顧政治を展開する場合、国の経済に影響を及ぼし、できるだけ多くのポストを利権として分配するため、首相職も兼任した方が便利である。シェヴァルドナゼにもそのような動機があったのかもしれない。

バラ革命後の二〇〇四年二月に憲法が改正され、首相職が再導入され、グルジアは大統領議会制となった。ミヘイル・サアカシュヴィリ大統領は頻繁に首相を変えたが、彼の下での六人の首相はいずれも議会の承認を得た。グルジアの野党は、サアカシュヴィリ政権の後半において議会を強める方向での憲法改正を要求し、大統領への過度の集権こそが南オセチアなどの分離政体との交渉における稚拙さを生んでいると批判した。サアカシュヴィリ末期の二〇一〇年に再び憲法が改正され、グルジアは首相大統領制に移行した。

†団結誇示か、「勝者総取り」か

アルメニア、グルジアと同様に内戦とエリートの断絶を経験したタジキスタンは、内戦克服後の一九九四年憲法によって、大統領議会制を選択した(迂回的移行)。同じ内戦後の社会でありながら、コーカサス(グルジア、アルメニア、アブハジア)が大統領制や高度大統領制化準大統領制を選び、中央アジア(タジキスタン)がCISに典型的な大統領議会制を選んだことには文化的な背景があるのだろうか。大統領議会制が、大統領の戦略的指導とエリートの一体性の強調という課題を両立させるものだとすると、高度大統領制化準大統領制や大統領制が表現するのは「勝者総取り」の政治文化である。コーカサスの政治文化が、ソ連地域では例外的に、「勝者総取り」を許容するのに対し、中央アジアはソ連的なエリート一体主義を体現し続けていると言えるだろうか。

†(ルート5)首相大統領制へのいくつかの道

大統領議会制と議会制が旧体制(執行権力二元制、表見的には議会制)との連続性を有していたのに対し、大統領が議会多数派が指名した首相を任命する首相大統領制は、体制移行期の旧共産党勢力と民族民主派の間の妥協、あるいは旧体制を打倒した民族民主派が大統領派と議会派に分裂したことから生まれた。旧社会主義国で首相大統領制に移行した国は、民主化期のアフリカの旧仏・旧ポルトガル植民地と同様、大統領職と首相職を分配することで諸勢力間の決定的な衝突を避けようとしたのである。

ルーマニアとブルガリアの準大統領制（首相大統領制）は、旧共産党勢力が最高指導者（ルーマニアの場合はニコラエ・チャウシェスク、ブルガリアの場合はトドル・ジフコフ）に全責任を押し付けて、自分たちは社会民主主義に衣替えすることで延命しようとする試みの中から生まれた。

ブルガリアでは、反ジフコフのペタル・ムラデノフが、一九九〇年三月、それまでの国家評議会制が議会大統領制に改組された際に、議会によって初代大統領に選ばれた。ムラデノフは健康問題もあり、旧体制にコミットしすぎていたため、同年八月には辞任した。議会は旧体制下での異論派、民主勢力同盟指導者のジェリュ・ジェレフを後継者とした。翌九一年七月にブルガリアは首相大統領制の憲法を採択し、九二年一月にジェレフが大統領選挙に辛勝した。次点候補は旧共産党勢力を代表していた。

六鹿茂夫によれば、一九八九年一二月におけるチャウシェスクの処刑後、ルーマニア救国戦線（旧共産党）は伝統的な議会制を維持しようとしたが、復活してきた戦間期の諸政党が準大統領制を要求し、一九九一年憲法で首相大統領制に落ち着いた。伝統的に親仏的なルーマニアにおいてはフランス法学の影響が強かったので（台湾やリトアニアと同じ）、フランス第五共和制の大統領を希釈したような首相大統領制を選んだとも言える。

ブルガリアとルーマニアは、旧共産党勢力が強力だったため、彼らと反共民族民主勢力との間の妥協から、首相大統領制が一九九〇年代初頭に早々と生まれた。ところが、反共民族民主勢力の覇権がより強固だったポーランドとリトアニアでは、社会主義体制の崩壊後、強力な大統領制をめざす派と、議会中心の体制を目指す派に、反共民族民主勢力が分裂した。両者の間の妥協から、両国では大統領議会制なのか、首相大統領制なのかはっきりしない憲法・「小憲法」が採択されたが、一九九〇年代の後半には、首相大統領制でゆくのだということに落ち着いた。ポーランドでは、一九九七年憲法で首相大統領制を明確化し、リトアニアでは、一九九八年憲法裁判所決定が、一九九二年憲法を首相大統領制的に解釈する原則を打ち立てた。

二〇世紀の末ごろから、新たな二つのルートを辿って、首相大統領制の仲間が増え始めた。一つは、いったん議会制を選んだ国々が首相大統領制に移行する例である。そのパターンは二つある。第一は、当初より準大統領制（首相大統領制）を志向していたが、ヴァーツラフ・ハヴェルというカリスマがいたため、わざわざ大統領公選を行う必要がなかったチェコの例である。つまり、ハヴェルは議会大統領でも公選大統領と同じ権威を持ちえたのだが、二代目大統領ヴァーツラフ・クラウスにはハヴェルほどの権威はなかった。そのため第三代大統領を選ぶ二〇一三年を期限として、首相大統領制に移行する憲法改正が行われたのである。

もう一つのパターンは、議会で大統領を選ぶのは案外難しいことから生じる。大統領の空席という憲法上の異常事態を克服するため、大統領公選（準大統領制）の導入または再導入が望ましいという世論が盛り上がるのである。スロヴァキアの一九九九年、モルドヴァの二〇一六年の憲法変更がこれにあたる。

新たに首相大統領制となったもう一つのルートは、主に内戦の後遺症から大統領制や高度大統領制化準大統領制を選択した国が、準大統領制に移行するというものだ。紛争国は、欧州評議会、ヴェニス委員会などの関心を集め、みずからもこれら欧州機関の顔色を窺うようになるが、欧州機関は概して強い大統領制には批判的である。しかも三選禁止の抜け道を探すアルメニアやグルジアの大統領（コチャリャンとサアカシュヴィリ）にとって、議会に自らの権力基盤を移せる首相大統領制は、望ましい選択だった。

首相大統領制への道をまとめると、①旧共産党戦力と民族民主派の間の妥協から首相大統領制が選ばれた例（ルーマニア、ブルガリア）、②民族民主派の分裂から大統領と議会とどちらが首相に強く影響するのか不鮮明な期間が続いたが、結局、首相大統領制に落ち着いた例（リトアニアとポーランド）、③公選を必要としないようなカリスマ的な指導者がいなくなって首相大統領制に移行したチェコ、④議会大統領制を選んだが、大統領候補が必要な票を得ることが難しく、大統領不在が続いたため、より大統領選出が容易な準大統領制に移行した例（スロヴァキア、モルドヴァ）、⑤内戦後遺症のため大統領制もしくは高度大統領制化準大統領制を選んだが、平時への適応と欧州の圧力で首相大統領制に移行した例（アルメニア、グルジア）がある。

†（ルート6）権力分散的準大統領制の定着

これは、大統領、首相、議会の間で対立が起こった場合、どうやってその対立を解決するのか憲法に定めていない体制のことである。ウクライナとモルドヴァでこの例が見られる。これら以外の国では、共産党体制解体後、一時的には、権力分散的な不確定状況が生まれたが、大統領制、高度大統領制化準大統領制、大統領議会制、首相大統領制、議会制（議会大統領制）のいずれかを選び、言い換えれば大統領か議会かいずれかの優位を憲法上定めることによって国家の統合性を高めた。これに対し、ウクライナでは、大統領議会制の一九九六年憲法、首相大統領制に移行した二〇〇四年憲法双方の不備から、権力分散が恒常化してしまった。

このウクライナの特殊性は、ユーロマイダン革命以前のウクライナ政治の妥協的性格から生まれた。一九九一年に生まれた若く脆弱な国家にとって、議会を砲撃し、その粉塵がまだ舞う中で国民投票を行って憲法を採択するようなエリツィン型の武断政治は、はなから選択肢にならなかった。また、ウクライナの政治発展はロシアよりやや遅れる傾向があったので、先行するロシアの失敗例からウクライナは学ぶことができた。問題が多い大統領ではあったが、レオニード・クチマは議会を砲撃したりクリミアに軍を送ったりはしなかった。

しかし、なんとしても流血は避けるという尊敬すべき姿勢の副産物が、ユリヤ・ティモシェンコの表現を借りれば、「イケアのカタログ」症候群であった。家具量販店イケアが、ベッドが欲しい人にはベッドを売り、机が欲しい人には机を売り、椅子が欲しい人には椅子を売るように、すべての人を満足させることだけを考えて書かれた憲法は、制度的な論理を持たず、効率的な統治を妨げたのである。

第 二 章

ポーランド
——首相大統領制の矛盾

中絶禁止判決に抗議するデモ参加者が、ヤロスワフ・カチンスキの加工写真を掲げる。
(2020年12月、ワルシャワ。AP／アフロ)

1　ポーランドの概況

†問われる公選大統領の意義

一九八九年から一九九二年にかけてのソ連・東欧諸国では、共産主義体制やソ連支配を打倒することを目的としていた「連帯」等の統一戦線が目的を達成して分裂し始めた。すでに公選大統領職を導入していたか、まさに導入しようとしていた国では、新しい国づくりにおいて大統領職を強くするのか、それとも議会中心の体制を作るのかがしばしば分裂のきっかけになった。

本書で扱う五国のうち、モルドヴァを除く四国はすべて、この対立・闘争を経験した。四国のうち、アルメニアとウクライナは、それぞれ「高度に大統領制化した準大統領制」、大統領議会制を選び、大統領が優位する体制に行きついた。ポーランドとリトアニアでは、一九九二年に大統領派と議会派の対立のために国家が機能不全を起こした。この危機を回避するために、大統領派と議会派が妥協し、大統領議会制なのか（大統領が首相を選ぶ）、首相大統領制なのか

（議会が首相を選ぶ）が曖昧な「小憲法」（ポーランド）または憲法（リトアニア）を採択した。一九九〇年代の後半、両国は本格的な憲法の制定や憲法解釈を通じて、国の憲法体制が首相大統領制なのだということを明確にした。つまり、ポーランドとリトアニアは、「不確定性から首相大統領制へ」という道をたどった。

こうして到達した首相大統領制であったが、そこには一つの普遍的矛盾がある。大統領が首相指名権を失い、内閣との協議の上で外交を行う程度が独自の権能だったとすれば、そのような象徴的な機関を大きな予算を使って直接公選する必要があるのかという問題である。

次章で扱うリトアニアの場合、公選大統領が憲法の明文にはないような独自の役割を自ら見つけて果たしてきたため、「この程度の役割しか果たさないのなら、大統領は議会に選ばせればいい」という世論は起こらなかった。ポーランドの場合、行政機能の内閣への集中が進んだため、大統領公選廃止論まで行かずとも、公選大統領の存在意義がしばしば問われるようになった。

特に二〇一五年以降政権にある「法と正義」は、公選大統領の権限を拡大すべきと主張している。逆に、主要野党である市民プラットフォームは、大統領権限をもっと弱める方向での憲法改正を主張し、あるいは現状のままでも、「大統領と内閣に執行権力が分けられていることそのものが抑制均衡を生むので望ましい」という考えである。この考えは、次章のリトアニアでも登場する。

つまり、執行権力が一元的な議会制だと、たとえば「法と正義」が議会選挙に勝って政府を形成した場合、誰も抑えることができないが、準大統領制なら、議会選挙、大統領選挙のいずれかで別の党が勝つことで抑制できると主張するのである。通常は首相大統領制の弱点とみなされるコアビタシオンが、ここでは長所とみなされている。

†政党制と選挙制度

前項の議論にも見られるように、首相大統領制の役割や機能は、その国の政党制、連合政治、選挙のあり方と密接に結びついている。第四章で扱うアルメニアでは、首相大統領制の導入が一党優位制の成立と時間的に並行したため、大統領議会制とあまり変わらない運用がなされた。リトアニアでは、首相大統領制への移行が中道政党の台頭と時期的に重なったため、二大政党制時代に比べて与党連立形成の選択肢が増え、大統領はこの過程に盛んに介入することで影響力を保った。

ポーランドの政党制と選挙には次のような特徴があり、それが同国の首相大統領制に影響を与えてきた。
①一貫して二大政党(連合)制である。二〇〇一年議会選挙までは、自主労組「連帯」を起

源とした右派の連合と、社会主義時代の統一労働者党を継承した民主左翼連合が二大政党であったが、二〇〇五年議会選挙以後は、いずれも「連帯」継承政党である市民プラットフォームと「法と正義」の二大政党がとってかわった。二〇二〇年議会選挙の結果、上位二党の下院議席占有率は八〇%を越えた。二大政党制に近い多党制の下では連合の組み方の選択肢があまり多くないので、大統領が連合形成に介入する余地が一時のリトアニアほど大きくない。

②有権者の抗議ポテンシャルが大きく、しかも二大政党（連合）の勢力が拮抗しているので、政権交代が頻発する。ポーランド民主化後、現職大統領が再選されたこと、首相が議会選挙に勝って首相職を継続したことは、それぞれ二回しかない（いずれも二回目は「法と正義」の覇権確立後の現象である）。

ポーランドでは大統領任期（五年）と議会任期（四年）が異なるため、大統領選挙と議会選挙が交互に行われることが多い。有権者には独特のバランス感覚があり、「二大政党のうち片方が一人勝ちすると政治が分極化して危険である」と考えるので、実施時期が近い議会選挙と大統領選挙で勝敗が逆転することがままある。具体的には、民主化後二〇二〇年までに大統領選挙と議会選挙が交互に行われたことが一一回あったが、そのうち四組では勝者が入れ替わり、この四事例のうち三事例ではコアビタシオンが生まれている。「コアビタシオンの方が抑制均衡が効いてよい」という考えが政治家だけでなく有権者にも広がっている現象は、「コアビタシオンばね」とでも呼ぶべきか。

③アレクサンデル・クワシニェフスキ、ドナルド・トゥスク、ヤロスワフ・カチンスキなど大物政治家の役割が大きく、彼らの去就が政党の盛衰を決める。一般には、カリスマ性がある個人を中心にして政党が形成されるのは恩顧政治・人脈政治の特徴である。恩顧政治が発達した国では、ティモシェンコ・ブロック、ポロシェンコ・ブロックなどのように、政治家の名前が政党名になってしまう場合さえある。ポーランド政治においては「分配優先か、効率優先か」、「カトリック教会の政治的発言に賛成か反対か」、「EU統合強化に賛成か反対か」といった政綱的な対立軸が大きな役割を果たし、これが二大政党制を定着させた理由の一つでもあった。その意味ではポーランド政治は恩顧的ではないのだが、反面、スター政治家の役割が大きく、票を取れる政治家が現れると、彼・彼女を資本にする形で政党が形成される。

政治家を俳優に見立て、政治をドラマとして楽しもうとする傾向はリトアニア、ウクライナにも共通するので、これはポーランド文化圏の特徴かもしれない。政治に劇場的な面白さを期待するのであれば、議会制と比べて準大統領制には一日の長がある。

④スター政治家を資本にして党を伸ばすためには、俳優と演出家が分立した方が合理的である。このため、最大党党首自らが首相や大統領にならずに、手下の政治家にその役割をあてて自分は陰から操る代理民主主義（surrogate democracy）がまま行われる。これはポーランドだ

けではなく東欧でよく見られる現象なのだが、ソ連継承国のリトアニアやグルジアにも影響した。二〇一六年のリトアニア議会選挙に勝った「農民と緑の連合」党首のラムーナス・カルバウスキスは、警察官僚として人気のあった無党派のサウリュス・スクヴェルネリスを首相にした。二〇一二年にグルジアでサアカシュヴィリ政権を打倒した富豪のビジナ・イヴァニシュヴィリは、自分は一年間で首相をあっさりと辞め、グルジア政治の黒幕となった。

ポーランドの代理民主主義には三つのパターンがあった。第一に、政敵が「拒否権」を持つほど強力な場合、自らが首相や大統領になることを自粛する。第二に、議会選挙で勝った党の党首が、次の大統領選挙への出馬を狙って、あえて首相にならない。第三に、党首が組織者としては有能でも、風貌や印象があまりにも悪く、自分が大統領や首相に立候補しても勝てまいと思って自制する場合がある。二〇一五年以降のヤロスワフ・カチンスキがこれにあたる。

2 流産した漸進的民主化

†一九八九年円卓会議

戦間期のポーランドは議会制であった。短期間、大統領と称する役職が存在したこともあったが議会選出であり、通常は議会の議長が国家元首の役割を果たした。社会主義ポーランドの政治体制は一九五二年憲法により定められたが、これは言うまでもなく議会制（ソヴェト制）憲法であった。歴史的には、ポーランド国民には国家元首を直接公選で選んだ経験はなかった。

一九八〇年九月には自主管理労組「連帯」が結成され、統一労働者党の体制に激しく挑戦した。一九六八年の「プラハの春」とは違って、「人間の顔をした社会主義を作ろう」、社会主義を改良しようという発想はすでに希薄だった。一九八一年一二月には、ヴォイチェフ・ヤルゼルスキ首相＝統一労働者党第一書記が救国軍事会議議長なるものに就任し、戒厳令を発布した。

戒厳令はソ連の干渉を防ぐための苦肉の策だったという解釈は根強い。二〇〇七年にカチンスキ兄弟政権下で、当時八三歳のヤルゼルスキは戒厳令と民主化運動弾圧の責任を問われて起訴された。かつて戒厳令で弾圧された張本人の「連帯」元指導者レフ・ワレンサは、この起訴を厳しく批判し、ヤルゼルスキの「裁きは神に任せよ」と言った。実際、入党以前のヤルゼルスキは熱心なカトリックであり、シュラフタ（貴族）の出身で父と共にシベリアに流刑された経歴を持つ。いつもサングラスをしていたのは、強制労働中に雪の照り返しで視力を損ねたからと言われる。一九八九年に他の東欧社会主義諸国の指導者がごみ箱に捨てられるような扱いを受けたのとは違い、「連帯」の活動家からも一目置かれ、そのおかげで体制移行に重要な役割を果たすことになった。

一九八八年夏、ソ連でペレストロイカが進行し、ポーランドの経済と政治の危機が深まる中、ヤルゼルスキと並ぶ戒厳令の立役者であったチェスワウ・キシチャク内務大臣が、「自分は様々な社会勢力と話し合う権限を与えられている」とテレビで突然発表した。ワレンサがこれに乗り、カトリック教会が仲介を引き受ける中、翌年の二月から四月にかけて統一労働者党と「連帯」との間で円卓会議が行われた。

同年四月に結ばれた合意は、①完全な自由選挙で選ばれる上院（セナート、元老院とも訳す）を導入すること、②下院（セイム）は、議員の三五％を自由選挙で選び、残り六五％は統一労働者党とその衛星政党（農民党、民主党）の指定席とすること、③公選ではなく、議会両院の合同会議で選出する大統領職を導入することを内容としていた。円卓会議の暗黙の合意としては、ヤルゼルスキが初代大統領となることが想定されていた。

†議会大統領制の導入

円卓会議の合意内容に沿って四月七日に憲法が改正され、議会大統領制が導入された。この大統領は、①上・下院の合同会議で、有効票の過半数の支持で選ばれる。過半数の支持を得た候補者がいない場合は、最低得票者を一人ずつ除外しながら、大統領が決まるまで何度でも投票を繰り返してよい。任期は六年で再選は許されない。②オーバーライドするために下院の三分の二の支持が必要な、強力な法案拒否権を持つ。③一定の条件下で下院を解散することができる。④軍の最高司令官で、安全保障、外交面で独立した権限を持つ。⑤重要案件については、自ら内閣を招集し、主宰することができる。

本書で注目すべきは首相任命権であるが、改正憲法は、大統領が首相の「任命または解任」を下院に提案するとした。同時に、下院は自らのイニシアチブで内閣または個々の閣僚を「解任」できるとした。言い換えれば、下院に内閣不信任権はあるが、大統領が首相や閣僚を任命するにあたって事前に下院と相談する義務はないのである。この憲法が有効だった期間の首相選出を見れば、キシチャク、マゾヴィエツキ、ビエレツキ、オルシェフスキ、パヴラク、スホツカのすべてについて大統領が下院に首相候補を提案して議員過半数による承認を乞う形をとっている（大統領議会制）。同時に、大統領の意中の首相候補と議会多数を取れる首相候補が一致しないと予想された場合には、大統領は議会に連立形成と組閣を任せている（首相大統領制）。

本来、国民から公選されていない議会大統領は強い権力を持ってはならないはずである。議会大統領なのに公選大統領並みの権力を持たせるためには、論理的には、後に見るモルドヴァのように、議会での選出基準を厳しくしなければならないはずである。議員の単純過半数で選ばれるにすぎない大統領に強力な権力を持たせるという特異な憲法改正がポーランドで行われたのは、実は、国の漸進的民主化のためであった。

「連帯」と統一労働者党内の開明派は、国内的対立を避け、ソ連をなだめすかしながら、「六年」、つまり初代大統領の全任期をかけてポーランドを民主化する道筋を想定したのである。ソ連の干渉を防ぐ上で、一九八〇―八一年の「連帯」運動を鎮圧したヤルゼルスキ大統領に権限を集中することは、よい説得材料となるだろうと考えられた。また「連帯」は、軍、警察、特務機関を掌握するまでは、ヤルゼルスキにこれら暴力機構を押さえてもらう必要があった。

†「連帯」の大勝

「連帯」は労働組合として職場中心の組織であったから、一九八九年六月に予定された議会選挙に向けて、選挙区＝居住を中心に「連帯市民委員会」が全国的に組織された。議会選挙の結

マゾヴィエツキ首相（右）とバルツェロヴィチ副首相（1990年）。Tomasz Wierzejski／Agencja Gazeta／共同通信イメージズ

果、競争が許された選挙区では「連帯」系候補が圧勝した。上院一〇〇議席のうち九九議席、下院の自由選挙一六一議席のすべてが「連帯」にとられたのである。これら議員は院内会派として「議会市民クラブ」を形成した。

円卓会議の時点で統一労働者党が自らの不人気を自覚していたら、「指定席」を確保するだけでなく、競争選挙区でも一定の議席を確保できる比例代表選挙を主張していただろう。社会主義以来の完全小選挙区制を惰性で続けたため、このような結果になったのである。

これほどの大勝は「連帯」にとっても予想外であり、幹部のアダム・ミフニクは、大統領職は、円卓合意に従ってヤルゼルスキに譲るにしても、首相は「連帯」から出すべきであると主張した。同じく「連帯」幹部でカトリック活動家であったタデウシュ・マゾヴィエツキは、経済危機克服のための政綱なしに「連帯」が勝ってしまったことに不安を表明した。

ソ連指導部ばかりでなくアメリカ大統領ジョージ・ブッシュ・シニアもヤルゼルスキ支持を事前に表明していたにもかかわらず、一九八九年七月一九日、上・下院合同会議において、ヤルゼルスキは、わずか一票差で大統領に選出された。新大統領は、八月二日、キシチャク内相を首相に任命したが、農民党、民主党が「連帯」に寝返ったため組閣できずに辞任した。ヤルゼルスキは、これにかわってマゾヴィエツキを首相として下院に提案し、八月二四日、下院はこれを承認した。

マゾヴィエツキは、「連帯」、農民党、民主党からなる連立内閣を形成し、異論派の経済学者だったレシェク・バルツェロヴィチを副首相・兼・財務大臣に任命した。彼は西側で大学院教育を受けた、統一労働者党のエリート経済学者だったが、一九八〇年代に「連帯」の顧問になったため党を除名されていた。ポーランドの急進経済改革を体現する人物として「連帯」系政権では繰り返し財務相となり、今世紀にはポーランド国立銀行の総裁になった。この職から彼を解任したのは、新古典派経済学に批判的なレフ・カチンスキ大統領であった。

3 ポーランド・ポピュリズムの起源

†一貫した二大政党制

一九九〇年代においては、統一労働者党の後継政党である民主左翼連合と、「連帯」後継諸党とが競い合った。両者は、第一義的には、歴史的経緯で両極化した。第二に、世俗主義か（民主左翼連合）、カトリック教会の政治的役割を承認するか（「連帯」系）によって対立した。九〇年代においては「連帯」系とカトリック教会の提携が緊密であったため、必ずしも左派的な思想を支持していなくとも、「カトリック教会が政治的な発言ばかりするのが嫌だから」という理由で民主左翼連合に投票する人も多かった。逆に言えば、民主左翼連合は世俗主義のシンボルを独占することで票を伸ばしていたのである。

両陣営は、左右軸によっても一応分けられたが、実はこの要因は弱かった。支持者の所得や教育水準では両陣営に大きな違いはなかったし、「連帯」系の中にも経済政策においては左翼的なポピュリストがおり、民主左翼連合の支持者の中でも、体制移行の受益者は多かった。投票地理的には、産業が発達し、外資が積極的に進出していたポーランド西部の方がむしろ民主左翼連合の票田であった。地政学軸についていえば、両陣営とも、NATO、EU早期加盟をめざした点で違いはなかった。EU加盟にこぎつけたのも、アメリカ主導のイラク戦争に派兵したのも、左派政府である（この点ではリトアニアも同じ）。

二〇〇五年以降、「連帯」継承政党は、市民プラットフォーム（リベラル）と「法と正義」（ポピュリスト）とに二極化し、これが二大政党を構成するようになった。「法と正義」の方がカトリック的な価値をより強く打ち出すが、カトリック教会としては、両党の間では中立を保とうとしているようである。教権主義が先鋭な争点ではなくなったかわりに、「法と正義」は、「LGBT主義のような有害イデオロギーが欧州から押し付けられようとしているので、ポーポーランドは自らの伝統的な文化価値を守らなければならない」と主張する。経済政策としては、市民プラットフォームが効率重視、「法と正義」が分配重視であり、後者の政権は子供手当等を気前よく支給している。

「法と正義」のポピュリズムは、①経済のグローバル化が生み出す貧富格差への怒りの票が分配重視の政党に向かう、②社会民主主義政党がすでに衰退してしまったので、この票をポピュリスト政党が吸収する——という全欧的な傾向も反映している。しかし、ポーランドのポピュリズムはカトリック教会の社会理論に起源をもち、民主化後、繰り返し現れてきたという点で、欧州ポピュリズムの中では先輩格にあたる。言い換えれば、二〇一五年以降の「法と正義」の覇権は、カチンスキ兄弟らが、一九八九年以降、何度も試み、阻まれてきた事業がようやく実現されたものである。

カチンスキ兄弟は、社会主義時代に『月を盗んだ双子』（一九六二年）という古典的な児童劇映画に子役として主演したため、政界デビュー時から名前は知られていた。ちなみに、勉強嫌いで大食いの双子が起こすてんやわんやがこの児童劇の大筋だが、民主化後のポーランドを予見しているかのようである。弟レフは七歳年上のマリヤと結婚し、子にも孫にも恵まれ、幸せな人生を送ったが、兄ヤロスワフは、旧体制の特務機関の捜査官が驚くほどの「粘着気質」で、一生独身であった。政治に人生を捧げたのである。

一九九〇年代においては、ポピュリストは、自分たちの思想を「連帯革命を完遂する」というフレーズで表現した。今世紀に入ると、「ポーランド第四共和国」、「リベラルなポーランドか、社会的で連帯を重視するポーランドか」というフレーズが用いられるようになった。ポーランド史学においては、選挙王制下の士族共和国を第一共和国、戦間期ポーランドを第二共和国、ポスト社会主義のポーランドを第三共和国と呼んでいるので、「第四共和国」とは、「こんにちのポーランドは次のステージに進まなければならず、そのためには新憲法を採択しなければならない」というメッセージである。「リベラルなポーランド」とは、ライバルの市民プラットフォームが理想とするポーランド像を揶揄する侮蔑表現であり、世俗的で拝金主義的な格差社会、EUの言いなりで国益や伝統文化をないがしろにするポーランドを含意している。

†「連帯」の分裂と中道連盟の誕生

そもそも「連帯」運動は、一九八〇年の発生当初より、カトリック教会の影響の強い労働運動出身の活動家と、社会主義体制に異議申し立てをする世俗的知識人の連合体であった。自主労組活動家が、教皇ヨハネス・パウロ二世の倫理的な資本主義理解からインスピレーションを得ていたのに対し、異論派知識人はマクロ経済的な改革に関心があり、教会の過度の政治化には批判的だった。一九八九年までは社会主義体制が容易に崩壊するとは誰も予想していなかったので、両グループの間にある潜在的な矛盾は表面化しなかった。

両者の間の最初の軋轢は、一九八九年六月議会選挙後に生じた。「連帯」の圧勝の結果、「連帯」が首相を出す形勢となったが、どのように組閣すべきかをめぐって「連帯」は割れた。ブロニスワフ・ゲレメクは、旧体制政党である統一労働者党、農民党、民主党の改革的人士を糾合した大連合内閣を主張した。これに対しヤロスワフ・カチンスキは、統一労働者党を孤立させることを第一義とし、「連帯」、農民党、民主党の三党連立を主張した。ワレンサはカチンスキの意見を採用し、前述のような形でのマゾヴィエツキ政権の発足となった。ゲレメクは、ソ連のチェコスロヴァキア侵攻以来の反体制派で国際的にも著名人である自分を押しのけて、カチンスキのようなぽっと出の人物がワレンサに取り入って「連帯」の方針を左右し始めたことに驚いただろう。

こうして一九八九年八月にマゾヴィエツキ政権が成立すると、「連帯」は難しい立場に立たされた。活動家の多くは、マクロ経済改革が勤労者の生活水準低下をもたらすことに責任を負いたくなかった。また、統一労働者党を排除したとはいえ、マゾヴィエツキ政権が旧体制との妥協により成立したことに変わりはない。幹部政策も慎重で、たとえば一九九〇年六月までに、国の四九県知事中二三知事しか更迭されなかった。「連帯」活動家の多くはもっと革命的な新政策、特に一九八〇年代の弾圧遂行者や特務機関協力者の公職追放と処罰を求めていた。

一九九〇年一月、統一労働者党は党大会を開いて自ら解散した。代議員の多数派は、継承政党として社会民主党を早速旗揚げした。最大の敵を失ったことで、「連帯」の分裂傾向に拍車がかかった。一九九〇年の中頃になると、「連帯」内の諸潮流は、やがて来る完全自由な議会選挙をめざして、政党を旗揚げする可能性を考え始めた。同時に、「連帯」議長ワレンサとマゾヴィエツキ首相の間の対立が表面化した。

ヤルゼルスキ大統領は、統一労働者党から「連帯」に政権を渡して最大の使命は果たし、勇退の道を探していた。ワレンサとしては、自分の政治基盤であった「連帯」が分裂しつつある以上、現職首相に対抗するためにはそれを越える国家の職、つまり大統領になるしかなかった。また、「危機と闘う理性的な指導者」というマゾヴィエツキのイメージが国民の間で定着しつつあったため、これに対抗するには、革命の継続を謳うしかなかった。これが、ワレンサとカチンスキをますます接近させた。

一九九〇年五月、カチンスキ兄弟は、最初の「連帯」後継政党である中道連盟を旗揚げしたが、この党は直ちにマゾヴィエツキ政府批判、ワレンサの大統領就任支持の方針を鮮明にした。七月には、マゾヴィエツキ支持者が「市民委員会─民主行動」を旗揚げした。ここで、ワレンサとマゾヴィエツキの対立は、たんなる個人的な権力闘争を越えて、世俗的でリベラルで、民族主義や教権主義を拒否するポーランドか、カトリック的で保守的な、旧体制協力者を排除するポーランドかというイデオロギー的な色彩を帯びるようになった。

蜜月時代のワレンサ（右）とヤロスワフ・カチンスキ（1990年）。Tomasz Wierzejski／Agencja Gazeta／共同通信イメージズ

†議会大統領制から準大統領制へ

ヤロスワフ・カチンスキは、次の大統領もヤルゼルス

キのように議会が選べばよい（公選の必要はない）と当初は発言したが、議会で選べば、旧統一労働者党系はほぼ全員、「連帯」の相当部分がマゾヴィエツキに入れるので、マゾヴィエツキの当選は確実である。カチンスキもすぐにこれに気づいて公選支持に態度を変えた。九月一八日、上院議長が仲介した「茶会」において、直接公選の大統領選挙を行うことで両派の妥協が成立した。この時点でマゾヴィエツキ派は、公選でもマゾヴィエツキはワレンサに勝てると踏んでいたのである。こうして、憲法論的な研究も討論も全くないままに、ポーランドは議会大統領制から準大統領制に移行した。

九月二七日には、下院が憲法を改正して、大統領を公選化した。選挙制度としては、第一回投票で過半数をとった候補がいない場合、上位二候補者で決選投票を行うフランス型の制度が採用された。フランス・モデルは、ポーランド以外でも、公選大統領職を導入した多くの旧社会主義諸国に模倣された。大統領任期は六年から五年に短縮され、その代わり再選が可能となった（三選は禁止）。

他方、この憲法改正は、一九八九年四月の憲法改正が定めた強大な大統領権限には手を触れなかった。議会が選ぶ大統領でさえ強大な権力を持っていたのだから、大統領が公選となるいま、その権限を削減する必要はないと形式的には言えるかもしれない。しかし、八九年の憲法改正が議会選出の強力な大統領職を導入したのは、ヤルゼルスキという候補を意識しながら、

候補者	政党	第1回投票得票率%	決選投票得票率%
レフ・ワレンサ	「連帯」	40.0	74.3
スタニスワフ・ティミンスキ	無所属	23.1	25.7
タデウシュ・マゾヴィエツキ	無所属	18.1	
ヴウォジミエシュ・チモシェヴィチ	社会民主党	9.2	
ロマン・バルトシチェ	農民党	7.2	
レシェク・モチュルスキ	ポーランド独立コングレス	2.5	
投票率%		60.6	53.4

表2-1　1990年11-12月大統領選挙の主な結果

彼の下でソ連の干渉を抑えて民主化を漸進的に進めるためであった。議会選挙での「連帯」大勝のため最初からこの構想が躓き、ソ連軍が東欧から撤退しつつある下で、強力な大統領権限が必要だろうか。

†一九九〇年大統領選挙――ワレンサの勝利

一九九〇年一一月から一二月にかけて行われた大統領選挙において、予想に反してマゾヴィエツキは第一回投票で消えた。決選投票に進んだのは、ワレンサとスタニスワフ・ティミンスキであった。ティミンスキはポーランドからカナダに移住してコンピューターとエレクトロニクスで成功した企業家であった。カナダでも新党を作ったが、これは完全に失敗した。ところがポーランドに帰国して大統領選挙に出馬すると、いきなり現職首相を破って決選投票に進むという快挙をなした（表2－1）。

一九九〇年代の旧共産圏では、帰国政治家が人気を博する土壌があった。本書の中でも、ティミンスキと並んで、リトアニアのヴァルダス・アダムクス、アルメニアのラフィ・ホヴァンニシャンなどがその例である。「欧米で成功した人物は、国民全体を豊かにする秘策を知っている」と、当時の旧共産圏の市民は考えたのである。アダムクスとホヴァンニシャンはリトアニアとアルメニアの政界に定着し、大統領もしくは有力政治家になったが、ティミンスキは、その後のポーランド政治に全く影響を持てなかった。

そのような人物にマゾヴィエツキがいとも簡単に負けたのはなぜかといえば、第一に、社会主義経済の廃止に伴って、失業が急増し、実質賃金が低下していたからである。ヤルゼルスキ大統領は半ば引退状態であり、ワレンサはまるで野党であるかのように気楽に政府を批判していたので、国民の困窮の責任は、現職首相であるマゾヴィエツキが負わされた。統一労働者党が自主解散して一年も経たないのに、後継政党の社会民主党のチモシェヴィチ候補が九・二％の票を獲得したことは社会的な不満の大きさを示し、その後の左翼復活を予言するものであった。第二は候補者個人の問題であった。マゾヴィエツキは観衆の前で話すのが苦手で、マスコミの使い方も下手だったのに対し、ティミンスキは、北米風の選挙テクノロジーを、社会主義風の生真面目な演説しか聞いたことのないポーランド社会に持ち込んだ。

第一回投票の結果は、ポーランドの有権者を驚愕させた。民主主義社会で遊び半分で投票すると大変なことになることを認識したのである。決選投票ではごく順当な結果が出た。ティミンスキの攪乱のせいで、この選挙がワレンサとマゾヴィエツキの正面衝突にならなかった結果、二つのポーランド理念の間の闘争は、選挙争点としては二〇〇五年の議会選挙まで先送りされた。一九九三年以降は左翼が復活して、左右対立がポーランドの選挙の主軸になったからである。

†ビエレツキ政府――カチンスキ兄弟の離反

屈辱的敗北の後、マゾヴィエツキは首相職を辞した。やがて来る完全自由議会選挙に備え、彼の支持者は「民主連合」を旗揚げした。ワレンサ新大統領は、最初は、大統領選挙勝利の功労者であったヤロスワフ・カチンスキに首相職を持ち掛けたが固辞された。次に、社会主義時代の人権弁護士で、かつて「連帯」の法律顧問であった中道連盟のヤン・オルシェフスキを説得した。オルシェフスキは、バルツェロヴィチから副首相職を剝奪して、たんなる財務大臣にするようワレンサに要求して、交渉は決裂した。このためワレンサは、当時まだ三九歳で政界では無名だったヤン・ビエレツキを首相として下院に提案した。

ビエレツキは、旧体制下の若手経済学者だったが、八〇年代初頭に「連帯」に協力して公職追放された。ところが八〇年代後半の初期経済改革の波に乗り、グダンスク大学人脈を生かして協同組合企業やコンサルティング会社の経営に成功していたビジネスマン政治家だった。一

ビエレツキ首相（1991年）

九八九年議会選挙に向けて、グダンスク中心にリベラルを糾合して「自由コングレス」を結成した。参加者の中には、後に市民プラットフォームの党首になるドナルド・トゥスクもいた。

一九九〇年の「連帯」分裂の中で、「自由コングレス」は「自由民主コングレス」に発展した。この党はイデオロギー的にはマゾヴィエツキに近かっただろうが、おそらくグダンスク人脈ゆえに、ワレンサを支持した。ビエレツキ政府が成立すると、党の主要幹部が閣僚になってしまったので、一九九一年五月には、まだ三三歳のトゥスクが党のリーダーとなった。彼は『ブリキの太鼓』にも描かれたカシューブ人マイノリティの生まれで、大工の息子、刻苦勉励してグダンスク大学で修士号を取った。肉体労働の経験もある。後に「勝ち組」の擁護者として「法と正義」に罵られることになるが、実際には、ポーランド科学アカデミーの研究者を母に持つカチンスキ兄弟よりも庶民に近い。

一九九一年一月四日、下院はビエレツキを首相として承認した。賛成は、議会市民クラブ（「連帯」残部）、民主党（旧体制下の衛星政党）、そして社民党の一部であった。反対したのは、民主連合（マゾヴィエツキ派）と農民党であった。

ビエレツキ首相は、バルツェロヴィチを初めとして数名のマゾヴィエツキ内閣の閣僚を留任させた。これにはカチンスキ兄弟（中道連盟）が驚いた。ワレンサがせっかく選挙に勝ったのに、「連帯」革命を再開するのではなく、マゾヴィエツキの路線を継承するのなら、一九九〇年の闘争はいったい何のためだったのか。ワレンサがマゾヴィエツキを批判したのは、ただの個人的な野心のためだったのか。不信を抱いたカチンスキ兄弟はワレンサから離反してしまう。

ビエレツキ首相は、西側諸国やＩＭＦと交渉してポーランドの債務を大幅に帳消しさせた。国内的には、後にロシアが模倣することになる、国有企業のバウチャー式私有化を開始した。これは、国有資産総額を算定し、それを乳児から老人まで平等に割算し、一人当たり保有資産額を明記したバウチャーを配布する方法である。これにより、国営企業の投げ売りが可能になった。

†一九九一年完全自由議会選挙

大統領選挙後、すぐにでも完全自由議会選挙を行えるような高揚があったが、選挙法等をめぐってワレンサ大統領が抵抗し、結局、実際に選挙が行われたのは一九九一年一〇月であった。この十カ月間に、左派が連合して民主左翼連合が結成され、当時三六歳のアレクサンデル・クワシニェフスキが党首になった。

「連帯」側では、カトリック諸グループの統合が若干進んだのを除けば、多くの小党が旗揚げしただけだった。このような場合、選挙制度によって政党の合同を強いることも理論的にはあり得たが、これは政党の既得権益に反する。結果として、一九九一年六月二八日に議会が採択した選挙法は、以下のようなものであった。①下院の全四六〇議席を比例代表制で選ぶ。ただし、全国比例区には六九議席しか割り当てず、残りの三九一議席は三七の地方比例区で選挙する。②全国比例区には五％の法定得票が定められるが、地方比例区にはそれがない。③議席配分方式は、大政党に有利なドント式ではなく、小政党に有利なヘアー＝ニーマイヤ式である。

先を急げば、この選挙法は、一九九一年一〇月に絵に描いたような小党分立議会を生んでしまった。その議会は、一九九三年五月二八日（まさにハンナ・スホツカ政府を不信任した日）、次の議会への置き土産として大政党により有利な選挙法を採択した。それは、①地方比例区数を三七から五二に増やした。その結果、一比例区から選ばれる議員の数が減り、小選挙区制と同様の効果が生まれた。②全国で獲得した票の総計が政党なら五％、選挙連合なら八％を越えなければならないという法定得票を課した。③議席配分をドント式に変えた。これが、現在（二〇二〇年）に至るまで基本的に維持されている、ポーランドの下院選挙制度である。

比例代表選挙には「地方の声が反映されない」という批判がしばしば向けられるが、本書の五カ国のうちリトアニア、ウクライナ、アルメニアは、比例代表区と小選挙区を並立する並立制でこの批判に応えようとした。ポーランドは比例区を細分化することで、比例性と地方代表性を調和させようとしたのである（アルメニアは、二〇一六年選挙法でこの方式に移った）。比例区細分の選挙制度は、全国総和の政党支持率をそのまま反映するわけではないので、結果を予想するのが難しい。ポーランドの下院選挙が、毎回ギャンブルのように観察者や政治学者を楽しませるのはこのためである。

なお、モルドヴァは、独立後、二〇一七年の選挙法改正で並立制に移行するまで長く全国単一選挙区の完全比例代表制であったが、これは政治地理において均質な小国である上に、沿ドニエストルを実効支配していないことを隠したいという心理が働いたためであった。

さて、一九九一年一〇月に生まれた小党分立議会で多少なりとも有意な議席を獲得したのは表2-2の諸党である。このほかドイツ人少数民族が七議席を持っており、五以下の議席を獲得した政党が一八ある。下

政党	得票率%	議席
民主連合（マゾヴィエツキ党）	12.3	62
民主左翼連合	12.0	60
カトリック選挙行動（キリスト教国民連合）	8.7	49
農民党	8.7	48
ポーランド独立コングレス	7.5	46
中道連盟（カチンスキ党）	8.7	44
自由民主コングレス（ビエレツキ党）	7.5	37
農民連盟	5.5	28
「連帯」	5.1	27
ビール愛好者党	3.3	16

総議席数460、投票率43.2%

表2-2　1991年10月下院選挙の主な結果

院過半数の二三一票をとるためには最低でも五党を連立に入れなければならず、連合政治には困難な状況である。

面白いことに、民主連合（マゾヴィエツキ派）はポーランド西部で、中道連盟（カチンスキ派）は東部で票を取るという分布がこの選挙で現れた。これは、こんにちの市民プラットフォーム（西部）、「法と正義」（東部）の支持分布に引き継がれている。

†オルシェフスキ政府――ワレンサとカチンスキの闘争

首相提案権を持つワレンサは、「連帯」後継政党のうちの主要三党、すなわち民主連合、中道連盟、自由民主コングレス（ビエレツキ派）が中心となって与党連合を作るよう働きかけた。一九九〇年にはマゾヴィエツキ政府を打倒するために「連帯」を割ったワレンサであったが、いまや自分が大統領である以上は、「連帯」後継政党に仲良くしてもらわなければならない。ワレンサは、首相候補として民主連合のゲレメクを考えていたが、ゲレメクが連立交渉に失敗すると、ビエレツキの続投を望むようになった。

議会側では、ヤロスワフ・カチンスキが、大統領の意向を無視して精力的に動き、中道連盟、自由民主コングレス、キリスト教国民連合、ポーランド独立コングレス、農民連盟（「連帯」系農民政党）の連立に漕ぎつけた。民主連合（マゾヴィエツキ派）とは連合しない、大統領の組閣イニシアチブを先制するという点でカチンスキの決意は固く、大統領府で行われた話し合いにおいて彼とワレンサは激しく言い合った。

一一月中旬、五党連合は、首相候補をオルシェフスキにすることを発表した。大統領は、嫌々ながら、一二月六日にそれを下院に提案し、賛成二五〇議員でオルシェフスキ内閣が成立した。反対は民主左翼連合、棄権は民主連合（マゾヴィエツキ派）と農民党であった。オルシェフスキが急進経済改革を反故にしようとしたため、後に自由民主コングレスとポーランド独立コングレスは連立を抜け、オルシェフスキ内閣は少数派内閣になってしまった。

わずか半年間のオルシェフスキ政府期には、大統領と首相の対立で政府機能が麻痺した。首相は急進経済改革と企業私有化を止め、保護主義的な経済政策を再開し、IMFや援助国との間で紛争を起こした。大統領が軍の職業化を進めようとしていた時に、軍の脱共産化（将校の政治的パージ）を掲げた。外交においては、ワレンサが新生ロシア政府はじめ旧ワルシャワ条約機構諸国との関係を再強化しようとしているときに、NATOへの迅速な接近を掲げた。一九八九―九〇年改正憲法は、外交と国防を大統領の管轄事項にしたとワレンサは解釈していたから、上記の対立は憲法論争を引き起こした。

オルシェフスキ（1991年12月）。AP／アフロ

まるで二年前のマゾヴィエツキとワレンサの闘争が再現されたかのようだった。ただし、ワレンサ大統領がかつてのマゾヴィエツキの合理的改革者の役割を、オルシェフスキ首相がかつてのワレンサのポピュリスト的な役割を引き受けていた。変わらなかったのは、ポピュリスト(一九九〇年のワレンサ、一九九二年のオルシェフスキ)の背後にヤロスワフ・カチンスキが立っていたことだった。オルシェフスキ=カチンスキは、ワレンサを初めとするポーランド指導者の民主化以前の旧体制との協力関係を次々と暴露する挙に出た。一九九二年六月五日午前零時、大統領の提案で下院はオルシェフスキを不信任した。

†癒しのスホツカ政府

オルシェフスキ政府の壮絶な討ち死は、ポーランドの社会心理を変えた。国民もエリートも、円卓会議に始まる三年余の熱い政治の季節に飽きてしまった。社会主義時代の反体制運動の中で鍛えられ、明確な政治哲学を持ち、野心と自信に溢れ、国際的にも有名な人々の間の闘争のおかげで、ポーランドの国家と経済はすっかり荒廃してしまった。ポーランドは、偉大な指導者ではなく癒しの政治家を求めていた。ワレンサ大統領は新しい社会心理を読んで(自分自身が疲弊したということもあろうが)、オルシェフスキ解任後、農民党のヴァルデマル・パヴラク、彼が組閣に失敗すると、民主連合のハンナ・スホツカを首相に任命した。

二人に共通するのは、いわば普通の人だったことである。社会主義時代、パヴラクは農民党、スホツカは民主党という形で、統一労働者党ではなく衛星政党の党員だった。首相になったときパヴラクは三二歳、そして就任後三三日で辞任した。スホツカは首相就任時に四六歳、本職は法学教授だが、ゲレメクやバルツェロヴィチのような高名な学者ではなかった。母体の民主連合で指導的な政治家ではなかったため、ポーランドにおける代理民主主義の元祖ともされる。パヴラクの党首としての権威も高くなく、たとえば一九九七年議会選挙で大敗した後には、八年間、党内で干された。首相解任後のスホツカは、九〇年代後半の「連帯選挙行動」政権の法務大臣になったくらいが目立った経歴である。今世紀に入ってからは議員も辞め、バチカンおよびマルタ騎士団へのポーランド大使を務めるなど、平穏で長い政治的余生を送っている。

ハンナ・スホツカ（1992〜93年首相）

オルシェフスキの後に求められたのはこのような穏やかな政治家であり、紛争屋のカチンスキ兄弟の出番はなくなった。ポーランド・ポピュリズムは長い雌伏期に入る。

パヴラクを輩出した農民党の正式名称は「ポーランド人民党」だが、「農民党」と通称される。ポーランドは、農業集団化が行われず、自営農家が社会主義の最後まで保持された稀な国である。二〇一九年の都市化率も六〇%で、チェコの七三・八%やハンガリーの七一・六%よりもかなり低い。これは、自営農民的な価値観が国民文化の大切な構成要素であり、選挙に際し農民票を重視せざるを得ないということを意味している。

農民党は、社会主義時代は統一労働者党の衛星政党だったが、競争選挙にもうまく適応した。イデオロギーは重視せず、農村利益を守るためなら右派とも左派とも、リベラルともポピュリストとも連合できるカナメ党(pivotal party)である。農民党は、パヴラクが首相だった一九九三―九五年を除いても、一九九五―九七年、二〇〇一―〇三年に民主左翼連合政府、二〇〇七―一五年に市民プラットフォーム政府の一角をなした。こうした巧みさのおかげで、体制移行期には農民連盟(「連帯」系農民政党)の、二〇〇〇年代前半には「自衛」(ポピュリスト系農民政党)の挑戦を受けながら、結局、持ちこたえた。

都市政党である市民プラットフォームと違って、「法と正義」は農村に浸透する能力があるので農民党との連合を必要とせず、むしろ農民党の票田を切り崩した。そのため、「法と正義」が躍進した二〇一五年の議会選挙の結果、農民党は下院で議席を二八から一六に減らした。二〇一九年の議会選挙では、雑多な小政党を糾合して選挙ブロック「ポーランド連合」を作ることで、やや勢力を盛り返した。

†一九九三年議会選挙における左翼の復活

スホツカ政府は、「小憲法」（後述）採択に漕ぎ着け、ＮＡＴＯの東方拡大に意欲的なビル・クリントン米政権が成立した好機を捉えてポーランドのＮＡＴＯ、ＥＵへの早期加盟路線を確立した。

経済面では、一九九〇年代初頭の危機がハイパーインフレと失業に代表されたとすれば、この時期には農工業の正真正銘の衰退が始まった。教員や医療従事者に給料を払おうにも、税収が足りなかった。これは同時期の旧共産圏ではどこでも起こったことで、スホツカのみに責任があるわけではない。とはいえ、一九九三年二月頃からストライキが頻発し、三月には農民連盟が与党連合を脱退した。

五月二八日には労組「連帯」の議会会派が提案した内閣不信任案が可決された。ところがこの不信任案は、スホツカに替わる首相候補を付記していなかったため、「小憲法」によれば、大統領は内閣を辞めさせずに、議会を解散することもできた。ワレンサは解散を選択し、九月一九日に議会選挙が行われた。労働者のストライキから始まる、この解任劇の奇妙な展開は、大統領子飼いの政党を進出させるために議会を早期解散したかったワレンサが、自分の古巣の「連帯」をけしかけて演出したもののようである。

政党	得票率%	議席	増減
民主左翼連合	20.4	171	+111
農民党	15.4	132	+84
民主連合	10.6	74	+12
労働連合	7.3	41	+37
ポーランド独立コングレス	5.8	22	−24
改革支持無党派ブロック（ワレンサ支持）	5.4	16	新党
「連帯」	4.9	0	−27
中道連盟	4.4	0	−44
自由民主コングレス	4.0	0	−37
農民連盟	2.4	0	−28
ドイツ人少数民族	0.7	4	−3
ビール愛好者党	0.1	0	−16

総議席数460、投票率52.1%

表2-3　1993年9月下院選挙の主な結果

全般的な左翼の復調に加え、大政党に有利な新選挙法下で議会選挙が行われることになったのだから、「連帯」後継政党は、合同または連合しない限り大打撃を受けることは事前に明らかだった。それをしなかった結果、表2-3に見るように、民主連合以外の「連帯」後継政党は下院から一掃され、左派二党つまり民主左翼連合と農民党が大勝した。死票が三五%出たが、そのほとんどは右派諸党に投じられた票だった。右派が過小代表されたこの議会が、憲法採択という重責を担うことになった。

「小憲法」によれば、大統領は二回まで自分のイニシアチブで首相を提案する権利を持つが、ワレンサは、首相選びを第一党の党首クワシニェフスキと第二党の党首パヴラクの交渉に任せた。二年後の大統領選挙の最有力候補であったクワシニェフスキは、ワレンサ大統領との難しいコアビタシオンを引き受けても得にはならぬと判断し、首相職を二度目の登板となるパヴラクに譲った。自分は入閣さえせず、会派リーダーにとどまったのである。そのかわり、両党の連立合意では、パヴラク首相は重要案件の決定にあたってはクワシニェフスキと相談するとされた。他党の党首をまるで弟分のように扱えば、当然、両者の仲は悪くなる。

他方、ワレンサ大統領はしばしば拒否権を行使し、自分が事実上の任命権を持った三大臣(後述)を首相との闘争のために使った。結局、パヴラク政府は一九九五年三月に倒れ、左派連立は維持されつつも、民主左翼連合のユゼフ・オレクシが首班になった。

†一九九五年大統領選挙――どん底で見えた右派の勝機

一九九四年三月、下院議席を失った自由民主コングレス(ビエレツキートゥスク派)は、民主連合(マゾヴィエツキ派)と合同し、「自由連合」が誕生した。最初の党首はマゾヴィエツキ、副党首はトゥスクであったが、翌年にはバルツェロヴィチが党首になった。一九九五年一一月の大統領選挙までに、これ以外の「連帯」後継政党の統合は進まなかった。現職ワレンサの支持率が一〇%に届かず、決選投票まで行かないのではないかと言われていたので、彼に替わる右派の統一候補を立てることは急務だった。右派諸党のプライマリー(候補者統一会議)が行われたが、失敗した。ワレンサはこの会議を無視したが、そもそも「連帯」後継政党に相手に

候補者	所属政党	第１回投票得票率%	決選投票得票率%
アレクサンデル・クワシニェフスキ	民主左翼連合	35.1	51.7
レフ・ワレンサ	無党派	33.1	48.3
ヤツェク・クーロン	自由連合	9.2	
ヤン・オルシェフスキ	共和国運動	6.9	
ヴァルデマル・パヴラク	農民党	4.3	
アンジェイ・レッペル	「自衛」	1.3	
投票率%		64.7	68.2

表2-4　1995年11月大統領選挙の主な結果

されていなかった。

右派統一が無理なら、せめて結成間もない自由連合が瑞々しい候補者を立て、ワレンサに替わって左翼の勝利を阻止すべきだった。しかし同党が立てたのは、社会主義時代の反体制活動家としては人気者であったが、新体制下では厚生労働大臣しか経験したことがなく、クワシニェフスキより二〇歳年上のヤツェク・クーロンであった。表2-4が示すように、彼がとった票は、自由連合の基礎票にも届かなかった。

このように一九九五年大統領選挙では右派諸党が落ちるところまで落ちたが、敗北の中に巻き返しの鍵が隠されていた。第一に、民主左翼連合が首相職も大統領職もおさえたため、有権者の心理において、「せめてそのうち一つは右派に返そう」という「コアビタシオンばね」が働き始めた。第二に、右派諸党が統一に失敗したため、ワレンサが事実上の右派統一候補になり、クワシニェフスキとの間で予想を上回る好勝負が展開された。このことは、路線の統一を下手に求めるのではなく、「連帯」運動の歴史的記憶、右派有権者の英雄的な感情にアピールするのが効果的な戦術なのだと右派指導者に認識させた。

まさにこの二つの教訓を右派諸党が実践したのが一九九七年九月の議会選挙であった。一九九一年二月にワレンサの後を継いで労組「連帯」議長になっていたマリアン・クジャクレフスキの指導下で、労組「連帯」が七年ぶりに政治の中心に躍り出た。その呼びかけで、一九九六年六月、二二の政党、カトリック団体、政治組織が結集し、「連帯選挙行動」が結成された。中道連盟(カチンスキ兄弟)もこれに参加した。翌年の選挙結果は右派の大勝利となり、右派上位二党だけで下院四六〇議席中の二六一議席を占めた。逆風の中で民主左翼連合は健闘したが、連立パートナーの農民党は壊滅的打撃を受け、左派連立政府を維持できなくなった(表2-5)。

政党・選挙連合	得票率%	獲得議席数	増減
連帯選挙行動	33.8	201	新党
民主左翼連合	27.1	164	−7
自由連合	13.4	60	−14
農民党	7.3	27	−105
ポーランド再興運動(オルシェフスキ党)	5.6	6	新党
労働連合	4.7	0	−41
ドイツ少数民族	0.4	2	−2

総議席数 460、投票率 47.9%

表 2-5　1997 年 9 月下院選挙の主な結果

4 首相大統領制に至る憲法過程

†九二年「小憲法」から九七年憲法へ

一九八九年に選ばれた議会は上下院に憲法委員会を設立したが、下院が部分自由選挙で選ばれていたため、新憲法を採択する正統性はないと判断されるに至った。一九九一年の完全自由議会選挙により法的な正統性は確保されたが、小党分立とワレンサ—オルシェフスキ間の闘争のため、憲法制定は無理であった。そこで、オルシェフスキ政府の末期、一九九二年四月に憲法制定の手続きを定める法だけを採択した。スホツカ政府下では、オルシェフスキ時代の混乱の再発を防ぐため、戦間期ポーランドの経験も踏まえ、立法・執行権力間の関係と地方自治の構造のみを暫定的に定めることになった。それが一九九二年一〇月一七日、「小憲法」として採択された。

一九九三年議会選挙の結果、民主左翼連合と農民党は下院のほぼ三分の二をおさえ、新憲法採択は手続き的には可能になった。しかし、この議会構成自体が左派の過大代表(「連帯」後継政党の自滅）によるものだったため、可能だからといって強引に憲法を採択すれば、政治危機を呼んでしまう。そこで議会は憲法委員会を設立すると同時に、前議会に提出された諸政党、大統領、上院の諸草案を審議対象に含めた。有権者五〇万人の署名を集めれば、議会外からの憲法草案提出も可能となり、実際、「連帯」の市民憲法草案が提案された。

こうして議会外にも半ば開かれた憲法制定過程においては、左右両陣営の間で、社会主義時代をどう見るか、人工妊娠中絶を認めるかなどのイデオロギー的な論点については激烈な論争が交わされた。たとえば民主化後のポーランドを「第三共和国」と規定したことは、ポーランド人民共和国の正統性を否定する右派に対する左派の譲歩であった。大統領就任の宣誓で、「神のご加護のあらんことを」という一句を発するか発しないかを本人に任せた（第一三〇条）のは、左右の妥協であった。

一九九五年の大統領選挙でクワシニェフスキが勝つと、右派・教会勢力はますます強硬になった。憲法自体は議会の両院会議で一九九七年四月二日に採択されたが、右派勢力は憲法批准反対を呼びかけ、五月二五日に行われた国民投票は、投票率四二・九％、賛成率五二・七％という悲惨な結果に終わった（畑博行、小森田秋夫編『世界の憲法集』、第五版、有信堂、二〇一八年、「ポーランド共和国憲法」の解説参照）。

しかし機構論においては、両陣営の間の意見の違いは案外小さいのである。九七年憲法の採

1994年「連帯」憲法市民草案	1997年憲法	2010年「法と正義」憲法試案
制限列挙（外交と安全保障）。	同左	内政全般も含む。「国家権力の継続の保証」。
なし	大統領は「大臣協議会」を主宰できるが、その権限は内閣に劣る。	あり
なし	なし	なし
下院議員3/5で再可決	同左	同左
建設的不信任のみ可能。大統領は義務的に執行し、不信任案に明記してあった候補を首相に任命。	同左	建設的不信任のみ可能。大統領は義務的に執行し、不信任案に明記してあった候補を首相に任命。不信任が失敗した場合は、大統領が議会を解散できる。
同左。副署を要しない項目の列挙なし。	副署するのは首相のみ。副署を要しない項目は30。	副署するのは首相のみ。副署を要しない項目は22。
大統領が任命して下院の過半数による信任を求める。1回失敗したら議会が絶対多数で首相選出。ただし、30日以内に議会が首相を指名、内閣を形成できなければ、大統領は議会を解散する。	大統領が任命して下院の絶対多数による信任を求める。失敗したら下院が過半数で首相選出。それが失敗したら、もう一度大統領が任命する。それが下院に信任されなければ、大統領は議会解散。	大統領が任命して下院の絶対多数による信任を求める。失敗したら下院が過半数で首相選出。ただし、この議会主導で成立した内閣は、大統領が任期終了前に辞職させることができる。

憲法	1989-90 年 改正憲法	1992 年「小憲法」
大統領の主な管轄事務	内政全般も含む。	制限列挙（外交と安全保障)。憲法が他機関に与えていない事務は政府の所轄。
大統領の内閣主宰権	あり	あり
「戦略的大臣」	なし	外交、国防、内務は、事実上大統領任命
大統領拒否権の克服条件	下院議員 2/3 で再可決	同左
議会の内閣不信任権	あり。大統領は義務的に執行。	あり。建設的不信任のみ大統領は義務的に実行。そうでない不信任の際は、執行か、議会解散か、大統領に選択権。
大統領の法的アクトに対する副署	規定なし	広範な首相および関連大臣の副署。副署を要しない項目は 13。
首相任命	大統領が任命する。議会は不同意を表明することができる。	大統領が任命して下院の絶対多数による信任を求める。2 回失敗したら下院が過半数の賛成で首相選出。

表 2-6　民主化後ポーランドの諸憲法（草案含む）

択後二〇二〇年までに、EU加盟に伴う調整的改正（二〇〇六年）、議員の不逮捕特権を制限するポピュリスト的改正（二〇〇九年）という二回しか憲法改正が行われていない事実も、九七年憲法が機構面ではポーランドの政治社会に広く受け容れられたことを傍証している。この事情を示すために、民主化後採択された三つの憲法的法と、「連帯」市民草案、「法と正義」試案（二〇一〇年）の機構論を示す（表2-6）。

†各憲法における機構論

まず、大統領の管轄事務につき見る。体制の平穏な移行のために強力な大統領権力を導入した一九八九―九〇年の憲法改正では、大統領は内政上の諸問題にも介入でき、そのために、大統領が内閣を主宰することも可能とされた。「小憲法」も、特に重要な問題については、大統領の内閣主宰権を認めた。もしこのような閣議が頻繁にもたれれば、首相は大統領の助手のような存在になり、大統領議会制というよりも、むしろ「高度に大統領化された準大統領制」に近い体制となる。他方で「小憲法」は、憲法が大統領や地方自治体など他機関に与えていない事務はすべて内閣に属するという残余権の原則を明記し、これは「連帯」市民草案や九七年憲法でも繰り返される。

九七年憲法は、大統領の内閣主宰権を廃し、おそらくその代償として、（内閣よりも権限は劣るとはいえ）大統領が主宰する「大臣協議会」を規定している。大統領は、これとは別に国家安全保障会議を主宰するから、大統領が主宰する「第二内閣」が、憲法上は二つ存在することになる。

「小憲法」は、外務、国防、内務の三大臣候補については、首相が「大統領の意見を考慮した上で」提案するとした。これら大臣は、「大統領大臣」、「戦略的大臣」などとあだ名されることになった。同種のアプローチはオレンジ革命後のウクライナでも現れる。一見、大統領権限の肥大化のようだが、実際には、首相の閣僚人選権が確立していることの反映でもある。大統領が閣僚全体の人選に強い発言力を持っている場合、「戦略的大臣」を特別扱いする発想は生まれないからである。なお、外交については、九七年憲法採択後、アメリカ、ロシアなど重要国との外交は大統領が、あまり重要でない国との儀礼的な外交は外務省が担当する傾向があるようである。これは、ソ連の共産党中央委員会国際部と外務省の間の分業を想起させる。

一九八九—九〇年改正憲法は、オーバーライドに議員の三分の二の賛成が必要な強い大統領拒否権を定めていたが、これは「小憲法」で維持された。

一九八九—九〇年改正憲法に従えば、下院は内閣不信任決議をあげることができ、大統領はこれを義務的に執行しなければならなかった。「小憲法」は、内閣不信任決議を、次期首相候補を明記したもの（建設的不信任）とそうでないものとに分け、大統領が義務的に執行しなければならないのは建設的不信任のみとした。建設的でない不信任決議が可決された場合、大統領はそれに従うことも、逆に議会を解散することもできた。これは、ワイマール共和国の失敗から教訓を汲んだ一九四九年西ドイツ憲法における建設的不信任制度を部分的に借用したものであった。しかし生半可な借用は、スホツカ不信任をワレンサが議会解散の口実にしたことに示されるように、大統領の恣意の余地をかえって広げてしまった。

ワレンサは、パヴラク政府やオレクシ政府を攻撃する際にも「大統領大臣」や強い拒否権を濫用したので、「小憲法」では大統領権限が強すぎるという意見が広がった。これを受けて、「連帯」市民草案は、①（外交と安全保障への大統領の特別の関与を認めつつも）「大統領大臣」を廃止し、全閣僚を首相がノミネートする、②大統領拒否権の克服要件を、下院議員三分の二から五分の三の賛成に引き下げる、③建設的不信任の原則を徹底する、つまり内閣不信任決議案に次期首相候補を付記することを義務付ける——ことを提案した。

これらがすべて九七年憲法で実現されるが、憲法を政争の手段としか考えないワレンサのやり方に、「連帯」でさえ嫌気がさしていたことがわかる。これは左派も同様で、一九九五年の大統領選挙で勝ったクワシニェフスキは、拒否権の行使を自制し、「戦略的大臣」の人選を首相に任せた。つまり、九七年憲法はクワシニェフスキ大統領の自制的な統治姿勢によって先取りされていた。

大統領が議会や政府と相談せずに法的アクトを濫発しないよう、「小憲法」は副署制度を活用した。大統領が発する法令については、「小憲法」が制限列挙するものを除き、首相または担当大臣の副署を義務付けたのである。しかし「小憲法」に従うと、副署が義務となる大統領の法的アクトの数が多くなりすぎる。そこで、九七年憲法は、副署の主体を首相に限定し、副署を義務とする項目を減らした。この副署制に代表されるように、「小憲法」は、大統領、議会、首相間に、かなり包括的な抑制均衡のメカニズムを導入した。この点では「小憲法」はリトアニア憲法に近く、抑制均衡よりも権力分立を志向した後のウクライナ憲法と対照的だった。

†首相大統領制と建設的不信任制度

首相任命手続きについては、一九八九—九〇年改正憲法は明確な規定を与えず、実践においては大統領議会制的な運営がなされていた。その後、表2-6が示すように、「小憲法」、「連帯」市民草案、九七年憲法のいずれにおいても、大統領議会制と首相大統領制を折衷したような、大統領と議会の間の複雑なキャッチボールが規定されたが、実際の制度運用ではこれらはあまり意味を持たなかった。二大政党制に近い政党制の下では、選挙結果が出た時点でどのような与党連合が可能か見えてしまい、大統領が組閣に介入する余地があまりないからである。二大政党（連合）制になる前でもワレンサは、自分の意に反してオルシェフスキを首相に任命したし、一九九三年議会選挙の後はコアビタシオンを甘受した。

こうして、九七年憲法に先行して、ポーランドでは首相大統領制がデファクトに定着していた。「小憲法」は、首相・内閣の任期を、大統領にではなく、議会に対応させた。つまり、首相・内閣は、新しい大統領が選ばれても辞職する義務はないが、新しい議会が選ばれた場合は総辞職しなければならない。この条項も九七年憲法に引き継がれた。

まとめると、大統領の管轄事務の限定、首相任命のシステム、副署制などの点で、「小憲法」は、すでに議会に相当有利なものだったと評価できる。ワレンサの意向を尊重したのは、強い拒否権を残したこと、戦略三大臣を大統領の指名下に置いたこと、建設的不信任の際に大統領に議会解散というオプションを許したことであったが、これらは九七年憲法によってすべて廃止された。こうして確立された首相大統領制は、憲法批准国民投票直後の議会選挙で右派連合(連帯選挙行動と自由連合)が勝った際に、クワシニェフスキが躊躇なく勝者に組閣させたことによって一層定着した。

建設的不信任制度のおかげで、内閣の存続はやや過度に保障されることになった。政府支持が議会半数を割っても、野党が新多数派を形成して後継首相を指名しない限り、内閣不信任案は提出できないからである。この傾向は、人気のなかったイェジ・ブゼク、レシェク・ミレル両内閣期(一九九七年から二〇〇四年まで)に顕著だった。しかし、これは、与党にとって必ずしもありがたい話ではない。内閣改造や一時的な下野によって悪化が防げたかもしれない傷口が、内閣の人工的存続によって化膿してしまうからである。有権者の不満は選挙の際に爆発し、政党制が急速に再編されることになる。

†首相大統領制を支持する学説

二〇〇四年、私はワルシャワ大学のタデウシュ・モウダヴァ政治学教授と面談した。彼は、ポーランドの政治体制を準大統領制とみなすこと自体に反対した。その理由は、①（議会選挙の結果、議会に多数派が生まれなかった場合を除いて）大統領が首相指名と組閣に実質的な役割を果たさない、②政府は議会にのみ責任を負い、大統領には責任を負わない、③大統領に議会解散権がない——ことである。

モウダヴァは、ポーランドの政治体制を「合理化された議会制」と定義する。大統領は自ら統治するわけではないが、議会多数派が暴政を行わないように、拒否権などを駆使して審判的な役割を果たし、議会制を「合理化」するのである。上述の三基準を適用すれば、準大統領制と呼べるのは一九八九—九〇年改正憲法のみであり、「小憲法」は「著しく合理化された議会制」、九七年憲法は、「やや合理化された議会制」と定義できるとモウダヴァは述べた。

「合理化された議会制」とは、第二次世界大戦直後の欧州・日本での経験を旧社会主義諸国の民主化に応用する概念で、議会の内閣不信任権が濫用されないための条項や、公選大統領の体制安定化機能が内容として含まれる。私見では、「合理化された議会制」のアイデアの起源は、ワイマール憲法起草者のフーゴー・プロイスである。

同じくワルシャワ大学の憲法学者スタニスワフ・ゲベトネルもまた、二〇〇四年における私との面談において、ポーランドの政治体制は準大統領制ではないと述べた。その理由は大統領権限が小さいことであり、具体的には以下を指す。①大統領が自分の判断で行使できるのは拒否権しかない。②首相を辞めさせることも、内閣改造を要求することもできない。③予算が採択できなかった場合、首相指名・組閣が完全に膠着した場合しか議会解散権がない。しかもこれらは義務的解散であって、自分の判断による解散ではない。

以上から、ゲベトネルは、ポーランドの政治体制は、「大統領を受動的審判者とする古典的な議会制」であると述べた。フランスにおいて、コアビタシオンのときだけ大統領が自立した機関となり、大統領・首相が同一党派のときは「大統領を能動的審判者とする、首相中心の体制」が生まれるのとは明らかに異なる。

ゲベトネルは、本書序章で紹介したデュヴェルジェの最初の準大統領制の定義に忠実で、大統領が公選かどうかのみを基準にして大統領権限の強さを問わない分類法を長年批判してきた。スロヴァキア大統領は一九九九年に公選されることになったが、ほとんど権限がないのは議会選出の頃と同じである。チェコでも、ヴァーツラフ・ハヴェルの圧倒的権威があったから議会大統領制でやってこられたわけで、ハヴェルが退任したいま、大統領公選化の議論が進んでいる。ドイツにおいてさえ、大統領を公選にしようという議論がある。このように「無力な大統領でも公選しよう」というのが世界的な趨勢であり、二〇〇〇年にモルドヴァが議会大統領制に移行したのは例外である（本書第六章参照）。

もちろん、大統領公選は国家元首を党派化する危険をはらんでいる。これは、スウェーデンにおいて左翼でさえ君主制を支持している理由でもある。ゲベトネルによれば、そもそも議会制は立憲君主制下で発展してきたのであり、世襲という正統性を持つが統治しない立憲君主を、公選という正統性を持つが統治しない大統領に置き換えるのが議会制発展の方向なのである。実際、ポーランドの有権者には大統領を直接選びたいという希望が強い。下院選挙が複雑な比例代表制であり、自分の投票とその結果の連関が見えにくいことから、この希望は一層強くなる。

面白いことに、ゲベトネルは、近い未来（二〇〇五年以降）のポーランド議会は断片的な政党構成となり、これまでのような長期的な連合形成は望めないだろう、その中では大統領の組閣機能が活発化するだろうと予測した。ゲベトネルといえども、ポーランドの左右二大政党制が、たった二回の選挙（二〇〇五年、二〇〇七年）で、リベラリズム・ポピュリズムの二大政党制に急転換するとは予想していなかったのである。二〇〇〇年代前半のリトアニアのように、中道新党が台頭して、大統領が与党連立形成に介入する余地が広がると考えていたのであろう。

†「法と正義」の憲法試案

このように、憲法、現実政治、学説のいずれにおいても首相大統領制が我が世の春を迎えたかに見えたが、「法と正義」が台頭すると、異質な憲法論の挑戦を受けることになった。

同党は、二〇一〇年初頭、つまりレフ・カチンスキ大統領の事故死直前に憲法試案を発表した。その試案は、第一条で「個人の自然的尊厳への敬意、公共善への配慮、公正、法の支配、そして連帯が国家秩序の基礎をなす」と謳い、よりよい社会を実現することが国家の存在理由であるという思想に貫かれているので、静態的な近代憲法とは趣が異なる。そのような闘う国家のリーダーとして大統領は位置づけられているのである。そのため、大統領は、様々な問題につき国民投票を発議することができ、大統領権限の制限列挙はなくなり、大統領自身が内閣を招集して重要問題や「戦略的プロジェクト」について検討させることができる。上下院の議員定数は大幅削減される。総じて、権力間の抑制均衡よりも人民主権が優位する体制が提案されている。

当時はカチンスキ大統領とトゥスク首相の間でのコアビタシオンの最中だったので、九七年憲法制定過程で論点になった首相任命、拒否権、副署などについて大統領権限を再強化するような条項が含まれていて当然のように思われる。ところが表2－6が示すように、「法と正義」試案は、大統領の議会解散権を若干拡大するのを除けば、これらの点について案外おとなしい。「法と正義」が理想とするような社会改造を完遂するには、議会選挙・大統領選挙で常勝することが必要なので、「大統領、首相、議会の間で意見が食い違ったらどうするか」などという現実的な憲法論の問いには（当時の彼らがそれに直面していたにもかかわらず）あまり関心がないようである。

「法と正義」試案に対し、トゥスク首相は、市民プラットフォームの憲法試案でも議員定数は大幅に削減されているし、大統領は公選であり続けると言明した。しかし同案は、外交を完全に政府管轄に移すなど、大統領権限をさらに削減することも提案していた。こちらは、カチンスキ大統領との当時の権限争いを反映した現実的な憲法改正案である。

5　二大政党制の再編

†ブゼク政府の無能とクワシニェフスキの再選

クワシニェフスキ大統領は、一九九七年議会選挙の勝者である連帯選挙行動と自由連合の協議に政府形成を委ねた。第一党の党首クジャクレフスキは、二〇〇〇年の大統領選挙を睨んで自分は首相にならず、自分の知己の中から、工学教授であったブゼクを首相に抜擢した。これはまさにクワシニェフスキ自身が四年前にやったことなので、彼に異議があろうはずもなく、新政府が成立した。自由連合からは、バルツェロヴィチが、再び副首相・財務大臣として入閣した。

ブゼクは「連帯」の著名人ではあったが職業政治家としての経験はほとんどなく、明らかにクジャクレフスキの身内人事だった。そのため政府のパフォーマンスが芳しくない場合、それがクジャクレフスキ自身の評価に直結した。これは代理民主主義の負の側面であり、彼が九七年議会選挙時の人気を二〇〇〇年大統領選挙まで維持できなかった理由の一つである。

九〇年代の末には、ポーランドの体制移行に伴って、社会保障、年金、地方自治の改革などを同時並行的に進めていかなくてはならなかった。この中で成果があがったのは、EU基準に対応して県を合併し広域自治を充実させたことくらいであり、ブゼク自身の指導の弱さと閣内不統一のため、国民の痛みを伴う改革は断行できなかった。

自由連合、連帯選挙行動それぞれがイデオロギー的には寄せ集めに過ぎなかったし、両者間にも葛藤があった。自由連合の議員の目には、連帯選挙行動の議員はブームに乗って当選した素人集団のように見えたし、連帯選挙行動の視点からは、自由連合は、その議席数とは不釣り合いな大きな発言力を閣内で持っていた。たとえばバルツェロヴィチが連立内の調整もなしに一律課税を打ち出すと、支持者のかなりの部分が低所得層である連帯選挙行動が取り消させた。皮肉なことに、一律課税は左派のレシェク・ミレル政府によって二〇〇四年に導入された。

ブゼク首相（左）、クジャクレフスキ（中央）、クワシニェフスキ大統領（1997年10月）。ロイター／アフロ

一九九八年にはアジア金融危機がロシアを経由してポーランド経済を直撃した。経済成長は鈍化し、ブゼクは、失業率ほぼ二〇％のポーランドを後継首相のミレルに手

候補者	政党	得票率%
アレクサンデル・クワシニェフスキ	無所属（民主左翼連合）	53.9
アンジェイ・オレホフスキ	無所属（保守国民党）	17.3
マリアン・クジャクレフスキ	連帯選挙行動	15.6
ヤロスワフ・カリノフスキ	農民党	6.0
アンジェイ・レッペル	「自衛」	3.1
レフ・ワレンサ	「キリスト教民主主義」	1.0

投票率 61.1％

表 2-7　2000 年 10 月大統領選挙の主な結果

渡すことになった。農村の困窮は都市部より著しく、激しい農民運動の中でレッペルの「自衛」が支持を伸ばした。二〇〇〇年六月に自由連合が連立与党から抜け、ブゼク右派内閣は少数派内閣になってしまった。倒閣されなかったのは建設的不信任制度のおかげであり、ブゼク政府は四年間の議会任期を全うした民主化後ポーランドの最初の政府になった。

九七年憲法は行政の実務を首相・内閣に集中したため、コアビタシオンであるか（ブゼク政府）、ないか（ミレル政府）にかかわらず、国民は社会経済上の不満を、大統領ではなく首相に向けるようになった。クワシニェフスキ大統領は、ブゼクとのコアビタシオンに際し、政府の権限領域への表立った発言は避け、ブゼクとの個人的接触で自分の意見を政策に反映させようとした。ただし、ブゼク政府末期にその不人気が明確になると、拒否権を頻繁に行使した。

こうした巧みさも加勢して、二〇〇〇年一〇月の大統領選挙では、第一回投票でクワシニェフスキの再選が決まった。民主化後二〇二〇年までのポーランドで、決選投票まで行かなかった大統領選挙はこれが唯一である。政府与党である連帯選挙行動のクジャクレフスキ候補は、事実上無所属だったアンジェイ・オレホフスキ（ワレンサ下の外務大臣）に抜かれて次点にもなれなかった（表2－7）。野に下ったばかりの自由連合は、候補を立てることさえできなかった。ここでポーランドの右派は、五年前と逆の教訓を汲むことになった。つまり、政策とイデオロギーのない野合政党では、政権は取れても維持できないということである。

†市民プラットフォームと「法と正義」の誕生

自由連合は、大統領選挙直後の一二月に党大会を開いてゲレメクを新党首に選び、態勢立て直しを図った。トゥスクはゲレメク新執行部に反対して、旧自由民主コングレス派を引き連れて離党、大統領選挙で次点だったオレホフスキ、下院議長だったマチエイ・プワジンスキを誘って、翌年一月に「市民プラットフォーム」を結党した。ブゼク内閣で法務大臣だったレフ・カチンスキは、一九九〇年代末に国の犯罪率が急上昇した事態に真剣に取り組み、閣内で最も人気のある大臣となっていた。レフは、兄やその他のかつての中道連盟活動家を結集して、二〇〇一年三月に「法と正義」を旗揚げした。

こうした急激な政党制の再編の中で、二〇〇一年九月二三日、議会選挙は行われた。その結果、①一九九七年議会選挙で連立与党を形成した連帯選挙行動と自由連合がいずれも法定得票

政党	得票率%	議席	増減
民主左翼連合－労働連合	41.0	216	＋52
市民プラットフォーム	12.7	65	新党
「自衛」	10.2	53	＋53
「法と正義」	9.5	44	新党
農民党	9.0	42	＋15
ポーランド家族連盟	7.9	38	新党
連帯選挙行動	5.6	0	－201
自由連合	3.1	0	－60
ドイツ人少数民族	0.4	2	0

投票率 46.3％

表 2-8　2001 年 9 月下院選挙の主な結果

に達せず議会から姿を消した。②市民プラットフォームと「法と正義」が新党としては善戦した。③ポピュリスト農民政党である「自衛」と、教権主義のポーランド家族連盟が、合計すれば市民プラットフォームと「法と正義」の合計に匹敵するような票を取った。④（これも統一労働者党後継政党である）労働連合と連合した民主左翼連合が、同党史上空前の得票と議席を獲得した（表2－8）。

民主左翼連合の得票は、一九九七―二〇〇一年のブゼク政府と自党を対比しながら、自党の実務能力と穏健な改革政策をアピールすることで実現したものである。確かに、この選挙においては民主左翼連合は、全階層・全地域からほぼ均等に票を得ており、包括政党になりつつあった。

当時の観察者の一部は、九〇年代と違って、旧体制側か、旧「連帯」かという問題に有権者が関心を払わなくなったことに注目し、ポーランドの政党制は支持者の経済基盤で分岐する通常の左右二大政党制に発展してゆくだろうと予測した。この予測は、民主左翼連合に対抗するために市民プラットフォームと「法と正義」が連合することを前提としているので、こんにち(二〇二〇年)から見れば非現実的である。しかし両党の選挙協力は、二〇〇二年の一斉地方選挙の際には実際に見られたものであった。なお、この一斉地方選挙で、レフ・カチンスキはワルシャワ市長に当選した。二年後の欧州議会選挙では市民プラットフォームがポーランド第一党となり、これら二党が二〇〇五年選挙サイクルの台風の目になるであろうことが明らかになった。

†不人気なミレル政府

ミレル首相(2002年撮影)

二〇〇一年議会選挙後、民主左翼同盟と農民党が連立してミレル政府が成立した。この政府は行政能力においてはブゼク政府よりもおそらくましで、二〇〇二年に労働法を「リベラル化」して短期雇用を合法化、二〇〇四年には一律課税を導入した。つまり左派政権でありながら勤労者にしわ寄せし、富裕層を刺激することで、経済成長率を一九九八年以前のテンポに戻したのである。このような政策を実施するには国民への丁寧な説明が必要なはずだが、尊大なミレルはそれをしなかった。そのうえ失業率の低下は二〇〇五年以降のポピュリスト政府を待たなければならず、国民は経済復調を実感しなかった。

ミレル政府の初期から大臣の頻繁な更迭が行われ、メディア規制やロシアからの石油輸入をめぐって与党絡みの汚職や権限濫用が起こった。これら事件の調査・追及に対してミレルが開き直ったことも災いし、二〇〇四年までにはミレル政府の支持率は民主化後ポーランドの歴代政府の中で最低の五―一〇％にまで落ち込んだ。このままでは二〇〇五年議会選挙で法定得票に達しない支持率である。二〇〇三年三月に農民党は連立から逃げ出した。二〇〇四年三月には民主左翼連合と労働連合双方が分裂し、離党者が合流してポーランド社会民主党を旗揚げした。翌年には、「デモクラッツ．pl」という党名のさらに中道的な社会民主主義政党が生まれた。

二〇〇三年以降、クワシニェフスキ大統領は（憲法上、その権限がないにもかかわらず）ミレル政府を更迭することに執心した。同年四月には両者は共同声明をあげ、二〇〇四年六月に予定された（EU加盟後最初の）欧州議会選挙と同日に繰り上げ議会選挙を行うオプションを示した。しかしこのオプションは、任期満了前に議席を失いたくない議員の抵抗を呼び、下院はミレル首相を信任する決議をあげた。結局、ミレルは、二〇〇四年五月二日、ポーランドのEU加盟を花道に首相を辞任した。

クワシニェフスキは、翌年九月の議会選挙まで危機管理する政府の首班として、金融専門家のマレク・ベルカを任命した。下院による信任は難航し、ついに憲法が定める最終段階（大統領による任命、下院が信任しなければ解散）にまで行った。クワシニェフスキが、なぜこれほどまでにミレルに辛く、ベルカにこだわったのかといえば、ポーランドにおける社会民主主義の将来を見限っていたからである。クワシニェフスキは、民主左翼連合は、（トゥスクが抜けた後の）自由連合などの左派リベラルと合同して新党を作らなければならないと考えていた。ベルカ政府の一年余りは、中道左派再編のための時間稼ぎとして確保されたものであった。

政党	得票率%	獲得議席数	増減
法と正義	27.0	155	＋111
市民プラットフォーム	24.1	133	＋68
「自衛」	11.4	56	＋3
民主左翼連合	11.3	55	－161
ポーランド家族連盟	8.0	34	－4
農民党	7.0	25	－17
ポーランド社会民主党	3.9	0	新党
デモクラッツ.pl	2.5	0	新党
ドイツ人少数民族	0.3	2	±0

投票率 40.6%

表 2-9　2005 年 9 月下院選挙の主な結果

†二〇〇五年選挙――「法と正義」の勝利

激しい政界再編が行われる中、二〇〇五年九月二五日には議会選挙、一〇月には大統領選挙が行われた。「法と正義」、市民プラットフォームの大統領候補は、レフ・カチンスキとトゥスクであった。ポーランドに

レフ・カチンスキ候補（右）とトゥスク候補。ロイター／アフロ

おいては代理民主主義が強いため、大統領候補として両党の正真正銘のリーダーが競ったのは、これが最初で最後だった。そして議会選挙でも、大統領選挙でも「法と正義」が勝った。

勝因の第一は、社民勢力の衰退の中、左翼票が「法と正義」に流れたことである。ポーランド政治の専門家アレックス・シチェルビャクは、民主左翼連合の有力大統領候補だったヴウォジミエシュ・チモシェヴィチが九月一四日に立候補を取り下げた直後、カチンスキが急速に支持を伸ばしたことを指摘している。行き場を失った左翼票が、分配重視の代替候補を探したのである。

そもそも市民プラットフォームが自由連合の票田を継承して、資本主義的改造の「勝ち組」の党としてのアイデンティティを早々に確立したのに対し、結党当時の「法と正義」は、法務大臣であったレフ・カチンスキの「犯罪との戦争」が最大のセールスポイントであった。分配重視の党、「負け組」に尊厳を取り戻すという同党のアピールは、二〇〇〇年代前半を通してじわじわと広がった。同党は、二〇〇五年選挙サイクルに際して、「リベラルなポーランドか、社会的で連帯するポーランドか」と有権者に選択を迫った。この選挙ではITが初めて本格的に使われ、このメッセージは効果的なイメージやビデオとなって広められた（選挙運動が技術的に洗練されていたのは市民プラットフォームも同じである）。

「法と正義」のもう一つの勝因は、二〇〇五年選挙サイクルが九七年憲法に定められた大統領・首相・議会の分業関係とは違った形で展開されたことである。既述の通り、ポーランドでは大統領選挙と議会選挙の間の時期に「コアビタシオンばね」が働いて勝敗が逆転することがしばしばである。その例外は二〇〇五年、二〇一五年、二〇一九―二〇二〇年の選挙サイクルであり、両方の選挙で同じ党（「法と正義」）が勝った。特に二〇〇五年、二〇一五年においては、一カ月から五カ月のごく短期の間隔をおいて大統領選挙と議会選挙が行われ、リベラルな抑制均衡論よりも統一された執行権力を求める論理が優勢となった。二〇〇五年については、先行する議会選挙が大統領選挙のプライマリー（予備選挙）のような位置づけになった。つまり、どのようなポーランドを目指すのかが大統領選挙で問われ、議会選挙はその前哨戦とされたのである。

議会選挙が大統領選挙の前哨戦となることは、ロシアのような大統領議会制の国ではありうる。しかしポーランド憲法によれば、大統領に国の行方を左右するような大きな権力はないし、国家統治をほぼ一手に担う首相・内閣を選ぶのはあくまで議会である。議会選挙が大統領選挙

候補者	所属政党	第1回投票得票率%	決選投票得票率%
レフ・カチンスキ	「法と正義」	33.1	54.0
ドナルド・トゥスク	市民プラットフォーム	36.3	46.0
アンジェイ・レッペル	「自衛」	15.1	
マレク・ボロフスキ	ポーランド社会民主党	10.3	
ヤロスワフ・カリノフスキ	農民党	1.8	
投票率%		49.7	51.0

表2-10　2005年10月大統領選挙の主な結果

のプライマリーになるはずがない。大統領と議会・首相の間のこの倒錯した関係は、九七年憲法よりも「法と正義」憲法試案が描くものに近い。いずれにせよ、「リベラリズムか、社会政策か」が最大の選挙争点となり、議会選挙が大統領選挙の疑似プライマリーになった時点で、「法と正義」に有利な土俵が準備されていたのである。

議会選挙の結果、「法と正義」が第一党となったが、党首のヤロスワフ・カチンスキは、「自分は首相にならない」と明言し、カジミェシュ・マルチンキェヴィチを首相に推した。この人物はかつてブゼク内閣の官房長官だったが、政治家としては無名だった。ヤロスワフが自制したのは、目前に迫った大統領選挙で弟を勝たせるためだった。「兄弟で執行権力を独占するのか」という政敵の批判を予め封じたのである。

弟レフは、議会選での自党の勝利に勢いづいて、「ポーランド憲法は経済政策について大統領にほとんど権限を与えていない。しかし私を支える政府が成立することになったので、私の公約は実現される」と訴えた。暗に、「トゥスクが勝ってもコアビタシオンになるので、彼の公約は実現されない」と言っているのである。執行権力の統一を訴えるレフとは逆に、トゥスクは権力集中の危険を指摘した。第一回投票ではトゥスクがやや優勢であったが、レッペルやボロフスキに投じられた抗議票の大部分は決選投票ではレフに移ったので、レフの余裕の勝利となった（表2－10）。第一回投票の後に、歴代大統領であるワレンサとクワシニェフスキはトゥスク支持を表明したが、これは既得権益の擁護者というトゥスクのマイナスイメージを強めただけだった。

大統領選挙後には、組閣が本格化した。他党との交渉を行ったのは首相候補のマルチンキェヴィチではなくヤロスワフ・カチンスキだった。最初は市民プラットフォームとの右派大連合も考案されたが、激しい選挙戦の直後にはこれは無理だった。二〇〇六年の前半には、右派ポピュリスト二党、つまり「自衛」およびポーランド家族連盟との連立が段階的に形成された。その過程で、マルチンキェヴィチ首相は早々と辞任した。彼はカチンスキ兄弟から自立的すぎた、「法と正義」の中ではリベラル派だったので右派二党との連立には反対だった、（元内閣官房長官だからか）実務能力が高く短期間で世論の支持を得たことにカチンスキ兄弟が嫉妬したなどと取りざたされた。選挙前の公約を忘れたかのようにヤロスワフがあっさりと首相になり、ポーランドは双子に統治されることになった。

†二〇〇七年議会選挙――「第四共和国」の挫折

「法と正義」と右派二党との一年余の連立は、内輪もめばかりであった。同じ票田を奪い合っている党の間で連立がうまくいくはずがないのである。結局、「自衛」幹部が起こしたセクハラ事件や汚職を理由にヤロスワフは連立を解消する決意をした。九月七日に議会は自ら解散し、二〇〇七年一〇月二一日に議会選挙が行われた。下院に一五五議席しか持たず、エキセントリックな二党との連立に頼らざるを得ないようでは「第四共和国」などおぼつかないとヤロスワフは判断したわけである。二〇〇五年以降、政争が続いたわりには経済は好調で失業率も下がり、「法と正義」に有利な条件はあった。

連立期間中、右派二党は支持者の多くを「法と正義」に奪われてしまい、二〇〇七年選挙では法定得票を取れずに議会から消えた。両党の支持基盤を奪った「法と正義」はますますポピュリスト的になった。

この議会選挙に際し、市民プラットフォームは二年前の敗北の教訓を生かした。第一に、公務員給与の引き上げを掲げるなど分配政策にも気を遣いながら、「法と正義」のキャッチコピーに対しては、「私たちが目指すのは、リベラルで社会的で連帯するポーランド」などと切り返した。第二に、「「法と正義」の権力独占を止められる唯一の政治勢力」として自覚を描き、

「コアビタシオンばね」に訴えた。すでに二〇〇六年の一斉地方選挙では市民プラットフォームが大勝し、有権者の揺れ戻しが見られる中、このアピールは効果的だった。

二〇〇七年議会選挙では、「法と正義」を嫌う傾向の強い都市民や若者の投票率が、農村住民や高齢者の投票率を大きく上回った。こうした都市票、若者票の掘り起こしのおかげで、二〇〇七年選挙では二〇〇五年選挙と比べて投票率そのものが一〇％以上跳ね上がった（表2-11）。

政党	得票率%	議席	増減
市民プラットフォーム	41.5	209	+76
「法と正義」	32.1	166	+11
「左翼と民主派」	13.2	53	−2
農民党	8.9	31	+6
「自衛」	1.5	0	−56
ポーランド家族連盟	1.3	0	−34
ドイツ人少数民族	0.2	1	−1

投票率 53.9％

表2-11　2007年10月下院選挙の主な結果

市民プラットフォームの「コアビタシオンばね」へのアピールは左派勢力に打撃を与えた。「法と支配」の権力独占を止めるという一点で、従来の左派支持者の多くが市民プラットフォームに投票したからである。この選挙に向け、クワシニェフスキが理想とした社民勢力と左派リベラルの合同が、「左翼と民主派」という文字通りの党名で実現したのだが、その獲得議席は、二〇〇五年の民主左翼連合一党にも及ばなかった。二〇〇五年選挙の時点では、従来の左右二大政党制が右派二大政党制に転換したのかどうか、まだ明らかではなかったが、上位二党の得票率が合計七〇％を越え、二党の下院議席占有率が八〇%を越えるに至っては、政党制の再編は完了したといえる。二大政党制は、その存在そのものが第三党を排除する。ポーランドに社民や左派リベラルの居場所はなくなったのである。

†コアビタシオンと外交

市民プラットフォームは、与しやすい農民党を連立パートナーに選んだ。両党の下院議席の合計は二四〇で過半数は越えているが、大統領拒否権を克服するために必要な五分の三には達しない。トゥスクとしては、二〇一〇年大統領選挙でレフ・カチンスキに雪辱したい気持ちはあっただろうが、権力の抑制均衡の回復を有権者に訴えて勝った以上は、自ら首相になってカチンスキ大統領との難しいコアビタシオンを捌くしかなかった。

こうしてトゥスクが首相になったことは、翌年にリーマンショックに直面するポーランドにとっては幸運だったかもしれない。「法と正義」やハンガリーのフィデスのように気前の良いケインズ政策で不況を克服するならまだしも、IMFやEUが要求する財政均衡を守りながら同じ成果を上げるのはより難しかっただろう。これによりトゥスクは全欧的な名声を獲得した。二〇一四年には、アンゲラ・メルケル・ドイツ首相の勧めにより、すでにロシアのクリミア併合後という難しい国際情勢下で欧州理事会議長に選出された。

カチンスキ大統領、トゥスク首相というコアビタシオン下では、憲法上、大統領に一定の権限が残された外交が恒常的な対立の源泉となった。まず、EUの重要会議に大統領と首相のいずれが出席するかという問題が起こった。大統領が出席したいと希望しても、予算を握っている政府側が特別機に大統領の席を設けないなどの侮辱行為が行われた。アメリカ一辺倒だった「法と正義」外交に対して、トゥスクは、ドイツやロシアとの関係改善をめざした。失敗した欧州憲法条約に替わるリスボン条約（二〇〇七年）に大統領は懐疑的、首相は早期批准の立場だった。

二〇〇八年八月の南オセチア戦争に際して、サアカシュヴィリ・グルジア大統領は、「ロシアの侵略」に抗議する集会への外国元首の参加を呼び掛けた。これに応じて、八月一二日にトビリシで行われた集会に参加した外国元首が五人いる。バルト三国、ポーランド、ウクライナの元首である（五人のうち三人は本書の主要登場人物である）。

ウクライナの元国防大臣であったアナトーリー・フリツェンコは、自国のヴィクトル・ユシチェンコ大統領が、敵（ロシア）が制空権を握る国（グルジア）に飛行機で乗り付けて屋外集会に参加したことを知って唖然とした。もちろん、ここでフリツェンコが問題にしているのは政治や外交ではなく、国家元首としての行動規範である。カチンスキ大統領の無謀行為に対するポーランド人の受け止めが、フリツェンコのそれと大きく違ったとは思えない。亡くなったレフにこのようなことは言いたくないが、二〇一〇年に悲劇が起こったのではなく、この悲劇は二〇〇八年に起こっていてもおかしくなかったのである。

†政府機の墜落と二〇一〇年大統領選挙

二〇一〇年四月一〇日、カチンの森事件を追悼する式典のために、大統領夫妻を初めとするポーランドの高官、軍人、議員を乗せて同地に向かっていた飛行機が、スモレンスクの空港への着陸に失敗し、乗客・乗員九六名が全員死亡した。

カチンの森事件とは、一九三九年の独ソによるポーランド分割の結果、ソ連の捕虜となっていたポーランドの軍人、官吏、聖職者ら約二万二千人を、一九四〇年の四月から五月にかけて、ソ連の特務機関がスモレンスク郊外のカチンの森で射殺して遺体を地中に埋めた大量殺戮である。二〇一〇年はこの事件から七〇年目にあたり、二〇〇七年には、この事件を題材にしたアンジェイ・ワイダの映画が公開されて話題になっていた。

二〇一〇年初頭に、当時ロシア首相だったウラジミル・プーチンがトゥスク首相に声をかけて七〇周年の追悼行事を露波共催で行うことが決まった。カチンスキ大統領はこれに相乗りするのを潔しとせず、独自の追悼行事を企画した。両首相の行事は四月七日につつがなく行われたが、その三日後、独自の式典を行うために、ポーランド大統領一行が現地に向かう途中でこの事故は起きた。

大統領の死亡に際し、ポーランド憲法に従って、ブロニスワフ・コモロフスキ下院議長が大統領代行となった。実は、コモロフスキは、その秋に予定されていた大統領選挙での市民プラットフォームの候補者であった。二〇〇九年まで、トゥスクが首相を辞めて候補になると考えられていた。ところが彼は、二〇一〇年一月、「大統領職は大げさな見世物だ」、「プレステージ、名誉、シャンデリア、宮殿、拒否権よりも」自分は首相職に付与された現実の権力を選ぶと言明し、大統領選挙への出馬を否定した。

そこで、市民プラットフォームの大統領候補は党内予備選挙で選ぶことになったが、立候補資格があるのはトゥスクが指名したコモロフスキ下院議長とラドスワフ・シコルスキ外務大臣のみで、党員はこの二人のうち一人に投票する権利しかなかった。文字通りの専横だが、トゥスクが考えていたことはわかる。市民プラットフォームの大統領候補は、当選するだけの魅力があり、憲法が大統領に求める象徴的な機能を果たすために威厳があり、そしてトゥスクとうまくタンデムが組める人物でなければならない。そのような人物が選ばれてこそ、九七年憲法が求める首相大統領制が実現できるのである。

コモロフスキ大統領（2013年撮影）

魅力と威厳という点では、コモロフスキもシコルスキも九〇年代から大臣等を歴任しており十分であったが、コモロフスキ（一九五二年生）の方が一一歳年上で、旧体制下での「連帯」運動の経験もあり、中高年層にはより受けたかもしれない。予備選挙の際、オックスフォード大学で教育を受け、現職外相であり、英語が堪能なシコルスキが、外交が主要任務の大統領には自分の方が適任だと発言したところ、コモロフスキが、「あなたがオックスフォードにいた頃、私は監獄にいた」と切り返してへこませたというエピソードが知られている。実際、コモロフスキが予備選挙に勝ったが、大統領選挙中、「絶えずトゥスクの陰に隠れる」人物だということを露呈した。これは情けない話だが、他方では、レフ・カチンスキ（コアビタシオン）時代に険悪だった大統領と首相の関係が、コモロフスキが勝てば正常化されるという期待を抱かせた。

「法と正義」は、ヤロスワフ・カチンスキを大統領候補にした。弔い合戦を演出したかったのかもしれないが、温厚で慎重な印象を与えるコモロフスキの挑戦に応えるには人選ミスだった。ただでさえ反露的なヤロスワフが弟をロシア領内で失ったいま、どのような外交を展開するだろうか。精神の均衡を欠いて、内政でもますます党派的になるのではないか。世論の危惧に気づいたヤロスワフは、事故の結果、人格が柔和になったかのように振舞い、ロシア政府の事故調査活動にも素直に礼を言った。それでも、ある風刺作家による当時のカチンスキ評は、有権

候補者	所属政党	第1回投票得票率%	決選投票得票率%
ブロニスワフ・コモロフスキ	市民プラットフォーム	41.5	53.0
ヤロスワフ・カチンスキ	法と正義	36.5	47.0
グジェゴジュ・ナピェラルスキ	民主左翼連盟	13.7	
ヤヌシュ・コルヴィン－ミッケ	「自由と法治」	2.5	
ヴァルデマル・パヴラク	農民党	1.8	
アンジェイ・オレホフスキ	無所属	1.4	
アンジェイ・レッペル	「自衛」	1.3	
投票率%		54.9	55.3

表2-12　2010年6-7月大統領選挙の主な結果

者の不安を反映しているように思われる。「声高に自分を売り出せば、実際以上に偉大に見せることができる。後でそのつけを払うのは、普通の人々である。なぜなら、カリスマ性を持っているのは大概サイコパスだからだ」。

あまりに犠牲が大きかったために研究書でさえも直截には書かないが、私は、航空機事故の失点が最後まで祟ったと思う。カチンの森事件追悼のような国家的な行事を、大統領と首相の仲が悪いなどという内輪の事情で、なぜ一本化できないのか。国の指導者の精鋭百名近くをソ連製の古い飛行機に乗せて悪天候の中を飛ばすなどということがなぜできたのか。管制が警告する中で、なぜ危険な着陸を強行したのか。これらの責めはレフ・カチンスキと「法と正義」が負うべきである。「口では立派なことを言いながら、まるで子供ではないか」とポーランド国民が内心で思わなかったとは、私には信じられない。

二大政党制が定着したため、二〇一〇年大統領選挙では、六月二〇日の第一回投票で、コモロフスキとカチンスキの得票の合計が有効票の七八％に達している（表2‐12）。これでは、第一回投票でエキセントリックな候補に投じられた抗議票が決選投票で「法と正義」候補に移って逆転勝利するという二〇〇五年のパターンが起こらない。実はこのパターンが再現されるのは二〇一五年の大統領選挙であった。青年の抗議票を集めたタレント候補のパヴェル・クキスが第一回投票で二〇・八％も得票し、その多くが決選投票で「法と正義」のアンジェイ・ドゥーダに移ったのである。

二〇一一年の議会選挙でも、市民プラットフォーム二〇七議席、「法と正義」一五七議席で、二〇〇七年議会選挙とほぼ同じ結果が出た。二〇〇五年の貯金は使い果たされた。ポーランドにおけるポピュリスト革命は、数年間、延期されることになったのである。

6 ポピュリズムの第三の波

†二〇一五年選挙サイクル

二〇一一年の議会選挙後、市民プラットフォームと農民党の連立政府が継続し、トゥスクは民主化後ポーランドで初めて、議会選挙後再選された首相となった。下院は新議長にエヴァ・コパチを選んだが、これは、首相、党首としてトゥスクの後継者に選ばれたということを意味していた。トゥスクがブリュッセルに移った二〇一四年秋に実際にそうなる。政治家になる前の彼女の職業は医者で、その知識を生かして第一次トゥスク内閣で厚生大臣として活躍したことが評価された。二〇一一年が市民プラットフォームの絶頂で、二〇一四年春の欧州議会選挙では、「法と正義」は市民プラットフォームと互角の議席を獲得するまでに盛り返し、秋の地方選挙ではついに逆転した。

2015年選挙運動中のドゥーダ一家。AP／アフロ

　二〇一四年一一月、翌年五月の大統領選挙に向けて、ヤロスワフ・カチンスキはアンジェイ・ドゥーダを「法と正義」の候補として直々に選んだ。ヤゲウォ大学法学部出身のドゥーダは当時まだ四二歳、二〇一〇年のクラクフ市長選で落選、二〇一一年議会選で当選、二〇一四年には欧州議会に鞍替えというピッチで政界を駆け上がっていた新星であったが、カチンスキの政治的直観なしに大統領候補に選ばれるほどのキャリアではない。ドゥーダが「法と正義」の大統領候補に決まったと聞いた

コモロフスキ大統領が彼のことを知らず、同姓の別の政治家と勘違いしたという。

二〇一五年一月までは現職大統領の支持率は高く、クワシニェフスキのように第一回投票で再選されるのではないかと予想されていた。二月に「法と正義」の選挙対策本部が立ち上がった。カチンスキが本部長として張り付けたのは、ベアタ・シドウォであった。カチンスキはシドウォを首相候補に考えていたので、ドゥーダとの相性が見たかったのだろう。選対が立ち上げられてからは、ドゥーダはコモロフスキを急速に追い上げた。候補者の年齢からいって、ドゥーダの方がソーシャル・メディアの使い方がうまいのは当然だが、それだけではなく、ドゥーダは全国行脚して本当に多くの有権者と直にコンタクトした。

二〇一五年に「法と正義」が大統領選挙でも一〇月の議会選挙でも勝ったのは、二〇〇五年と類似した政治情勢が醸成されていたからだった。つまり、①格差社会、「リベラルなポーランド」への怒りが広がっていた。②九七年憲法が定める首相優位と抑制均衡の体制でなく、社会変革のために大統領が相応の役割を果たす方がよいと考えられるようになった。以下、順に見ていこう。

ポーランドのGDPは、リーマンショックにもかかわらず、二〇〇八―一一年に一五・四%伸びた。ところが所得格差は一層広がり、最低生活費以下で生活している住民の比率は、二〇〇八年の五・六%から二〇一四年の七・四%に増えた。特にしわ寄せを食ったのは若者である。

仙石学も指摘しているように、ポーランド経済がリーマンショックに耐えた背景として、二〇〇二年の労働法のリベラル化があった。しかし、その結果、若年労働者は短期間だけ雇用されて使い捨てられるようになり、トゥスク政府下で青年失業率が二五％を越える年もあった。二五歳から三四歳でいまだに両親と同居している青年の比率は、二〇〇七年の三九％から二〇一二年の四三％に増えた。若者の怒りは政権に向けられ、市民プラットフォームは自分の最大の票田を失った（仙石学「ポーランド政治の変容――リベラルからポピュリズムへ？」『西南学院大学法学論集』第四九巻第二・三合併号、二〇一七年）。

トゥスク首相が実権を握り、コモロフスキ大統領が象徴的機能を果たすタンデムは、まさに九七年憲法の実現であった。コモロフスキは、任期中、四回しか拒否権を行使せず、採択された法案を憲法裁判所の再検討に回したのも一一件しかなかった。コアビタシオンが任期の相当部分を占めていたそれ以前の大統領と単純な比較はできないが、クワシニェフスキは三四回、カチンスキは一九回拒否権を行使し、それぞれ二五回、二〇回、採択された法案を憲法裁判所に回した。ワレンサやカチンスキ大統領下での対立と混乱を国民はまだ憶えていたので、社会経済が平穏である限りは、コモロフスキの対立回避志向は好意的に評価されていた。

ところが選挙戦では、ドゥーダは、議会が採択した法案に無批判に署名するだけの現職大統領を「トゥスクの公証人」と罵倒し、年金受給年齢の引き上げのような国民生活に重大な影響を及ぼす法案には、大統領は安易に署名すべきではないと主張した。ドゥーダは積極的な産業振興政策を掲げ、二〇一五年一月に始まるスイスフラン危機に対しても、機敏に対策を発表した。コモロフスキは、「こうした問題は大統領の権限範囲ではない」と反論した。憲法解釈としてはその通りなのだが、有権者の側では、「あれも、これも私の権限ではないと言うのなら、あなたは何のために、もう一期大統領がやりたいのか」という当然の疑問が湧いた。

大統領選挙でドゥーダが勝った後は、二〇〇五年と全く同じ対立の構図となった。「法と正義」は、「ドゥーダが素晴らしい政策を掲げて大統領になったので、これを実現できる政府を作ろう」と呼び掛けた。市民プラットフォームは「法と正義」による権力独占の危険を訴えた。

二〇一五年夏には中東難民問題が先鋭化し、コパチ政府は、EUからの中東難民の受け入れ割当(九月には七千人に達した)を受諾し、万事休すとなった。コパチ政府は、二〇一四年秋に成立してすぐ、ポーランドの石炭依存のエネルギー構造をEUに批判されて苦労したが、結局、EUからとどめを刺される形になった。中東難民受け入れの約束は、シドウォ政府がすぐに反故にしたが、後に欧州司法裁判所は、難民受け入れを拒否したポーランド、チェコ、ハンガリー三国に、難民を受け入れた国の負担増分を補償するよう命じた。

†首相大統領制に埋没しないドゥーダ

「法と正義」が大統領選、議会選と二連勝した後、二〇〇七—一〇年のような市民プラットフォームの巻き返しをいかに防ぐかが課題となった。二〇一九—二〇年選挙サイクルにおいて同党が議会単独過半数と大統領職を死守できた理由も、二〇〇五年以来のポーランド政治の連続性の中で理解できる。第一の勝因は、子供手当を初めとする手厚い福祉政策である。前述の仙石の研究によれば、しばしば欧米メディアを賑わせる憲法裁判所改革やメディア規制は、「法と正義」支持者にさえあまり歓迎されておらず、彼らの支持の源泉は、福祉・経済上の実利であるという。

第二の勝因は、コモロフスキの失敗から教訓を汲んで、ドゥーダが九七年憲法体制に埋もれてしまわず、準大統領制の一味違うモデルを提示できたことである。たとえば——ⓐ二〇一七年、ドゥーダ大統領は、「法と正義」が提案した司法制度改革法案の問題点を指摘して拒否権を行使した。おそらく非公式には、ドゥーダはカチンスキと連絡を取り合って行動しているだろうが、たとえ形式的にでも、支配政党からの大統領の自立性を示すことは重要である。ⓑもともと大国との戦略外交においては大統領の発言力が大きいが、「一帯一路」を掲げる中国の東欧進出に対しホスト役を務めているのも、貿易と安全保障の兼ね合いについて活発に発言しているのもドゥーダである。

ⓒ二〇一七年一二月、前月の独立記念日に極右勢力のワルシャワでのデモを許したという理

由で、市民プラットフォームがシドウォ政府への不信任案を提出した。この不信任案は否決されたが、シドウォは自発的に辞任し、彼女の内閣の財務大臣で「法と正義」の党歴わずか一年のマテウシュ・モラヴィエツキが後任となった。不信任決議案は口実で、首相交代はカチンスキ自身の意思だった。シドウォはカチンスキの分身のように欧州では思われており、憲法裁判所問題で泥をかぶりすぎたので、EUとの関係改善のために最前線から退かせたのであろう。また、経済成長と充実した福祉政策を続けることが「法と正義」にとって生命線である。そのためには、人文系のシドウォより、欧米留学経験もある経済専門家で、子供手当の考案者でもあるモラヴィエツキの方がよい。結果的に、大統領（ドゥーダ）が派手な政治的パフォーマンスを行い、テクノクラート首相が経済を掌握するという、何やら大統領議会制に似た分業が成立した。

ⓓ大統領選挙中、現職のドゥーダは、LGBT問題を執拗に争点化しようとした。経過を説明すると、二〇一八年、トゥスク・コパチ内閣でデジタル大臣だったラファウ・チャスコフスキがワルシャワ市長に当選した。翌年二月、彼は市内の性的少数派諸団体と協定を締結したが、その一項目は、LGBTへの差別意識を根絶するためのWHOのガイドラインに沿った性教育を市内の学校で行うというものだった。この協定の目的は、五月に迫る欧州議会選挙に向けて、ワルシャワでの文化左翼との競争で優位に立つことだったと言われるが、LGBT団体を勢い

づけ、同年の春・夏には、ポーランドの二〇以上の市町でゲイ・パレードが行われた。
チャスコフスキが市民プラットフォームの大統領候補になったこともあり、この争点が大統領選挙にも持ち込まれた。「法と正義」は、LGBTカップルの養子縁組の権利、学校の性教育でLGBT問題を取り上げることに特に声高に反対した。ドゥーダは、選挙中に「LGBTイデオロギーは共産主義よりも破壊的だ。私の両親が生涯かけて共産主義と闘ったのは、LGBTイデオロギーをポーランドに持ち込むためではない」などと発言した。

前出のシチェルビャクらの研究によれば、保守的でカトリック的なポーランドといえども、相続や、パートナーが重病の場合に診断内容を知りうるか否かにつき、同性のカップルに婚姻と同様の権利関係が認められなければならないという点では、大方の合意がある。しかし、同性カップルが養子を取る、公権力が家庭における性教育のあり方を云々するといった事態になると、「ちょっと待ってくれ」という話になるようである。

他方、「法と正義」はLGBT問題を集票のために利

2020年6-7月大統領選挙、チャスコフスキ候補夫妻

用しているという批判にも一理ある。というのは、文化左翼と選挙で競うならまだしも、最大のライバルである市民プラットフォームは、EUと自党の支持層との板挟みにあって、LGBT問題についての明確な政策を打ち出していないからである。近年、ようやく同性カップルの権利関係の公証役場での登録に賛成の立場を取ったようだが、性的少数派へのコミットメントと解釈されるのを恐れて、(同性・異性を問わず)事実婚(内縁関係)の法的保護の文脈で新政策を説明していると言われる。

以上のような活発な活動とメディアへの露出によって、ポーランド政治においても国際政治においても、ドゥーダは目立つ存在であり続けている。同一政党が大統領と議会を押さえ、首相と政府に行政実務が集中している点では、市民プラットフォーム政権時代と変わらないのに、ドゥーダ大統領の存在意義が不鮮明になるようなことはなかったのである。

†ポーランドのまとめ

一九八九年以降のポーランド史においては、どのような資本主義社会を建設するかについて、リベラリズムとポピュリズムの間の闘争があった。政治体制としては、首相と内閣に執行権力を集中する典型的な首相大統領制と、大統領が独立した政治的役割を保つ首相大統領制の間に緊張があった。今世紀に入って右派二大政党制が成立すると、上述の社会経済的な志向と政治的な志向との間には相関があることが鮮明になった。リベラルは典型的な首相大統領制を志向し、ポピュリストは、大統領が独自性を保った首相大統領制を志向した。

一九八九年、ポーランドが民主体制に一歩踏み出す際、国内的な動乱やソ連の干渉を防ぐために、議会選出の大統領に強力な権限を持たせる特殊な憲法改正がなされた。翌年、党派闘争上の理由から、広範な権限はそのままで、大統領は公選となった。一九九二年の統治の混乱を克服する中で「小憲法」が採択された。大統領権力は、強力な拒否権、「大統領大臣」、非建設的な不信任案採択の際の議会解散権によって保護されたが、それらは九七年憲法によって否定された。ポーランドの場合、首相指名においては、憲法の発展段階如何にかかわらず、議会が常に強かった。二大政党制においては、選挙結果が出た時点でどのような連立が可能か見えてしまうので、大統領が連立交渉に介入する余地が小さいからである。

九七年憲法によって確立された首相大統領制であったが、その後も大統領選挙の投票率は議会選挙のそれより高かったし、次期大統領候補になるため、あるいは弟を大統領にするため、第一党の党首があえて首相にならないようなプラクティスは続いた。なぜこのような倒錯した現象が起こるかと言えば、首相大統領制が普遍的な矛盾を抱えているからである。執行権力が首相と内閣に集中されたのなら、何のために大きな予算を使って大統領を公選しなければならないのかという質問に法学者や政治学者が答えても、有権者が納得する答えではないからである。

クワシニェフスキ大統領下では、ブゼク、ミレル二代の首相が有能ではなかったため大統領が引き立った。レフ・カチンスキ時代は、兄とのタンデムかトゥスクとの重量級のコアビタシオンのおかげで、大統領が埋没することはなかった。有能なトゥスク首相と象徴機能に徹するコモロフスキ大統領の下で九七年憲法の理想が初めて実現されたが、まさに、そのことが首相大統領制の矛盾も露呈させた。格差社会に怒る有権者は、支配政党が議会で通した法案に機械的に署名する大統領も許さなかった。二〇一五年大統領選挙から、ポーランドにおけるポピュリスト革命の第三波が始まった。

九七年憲法は、建設的不信任制度を導入して政府の安定性を守ろうとしたが、結果的には、ブゼク、ミレルの不人気政府を計七年にわたって人工的に支えることになった。そのため、与党の一時的下野や内閣の交替で可能だったかもしれない路線の修正ができなくなり、選挙の際に根本的な政党制の再編が起こることになった。二〇〇〇―〇一年の選挙サイクルは、「連帯」の歴史的記憶に頼った右派野合路線に破産宣告した。二〇〇五年の選挙サイクルは、ポーランドにおける社会民主主義を粉砕した。こうして、はっきりしたイデオロギーと政策体系を持った右派二党のみがポーランドの政権党になる資格があることが明らかになったのである。

第 三 章

リトアニア

――首相大統領制とポピュリズム

2020年11月、議会選挙の結果を受けて、 ギタナス・ナウセダ大統領は首相に保守党議員のイングリダ・シモニテを任命。写真は、前年の大統領選挙で競った時の二人。(AP/アフロ)

1 リトアニアの概況

†リトアニア大公国の後継者

一四世紀、東欧でモンゴル勢力が衰退すると、支配の空白を埋めるような形でリトアニア大公国が東南方向に膨張し、後のウクライナの大半を征服した。リトアニア大公国は、後のリトアニア人とベラルーシ人、カトリックと正教徒の連合国家だった。しかし、一六世紀、この大公国はイヴァン雷帝とのリヴォニア戦争に疲れ、ポーランド士族共和国と合同した。リトアニア・エリートのポーランド化、カトリック化が進み、たとえばポーランドの国民詩人とされるアダム・ミツキエヴィチも、こんにちの地理で言えばベラルーシで生まれヴィルニュスで教育を受けた。

リトアニアは第二次ポーランド分割でロシア帝国領となり、ヴィルニュスに北西総督府がおかれた。キエフにおかれた南西総督府が右岸ウクライナを脱ポーランド化するための前進基地の役割を果たしたのに対し、ロシア政府の北西総督府に対する態度は両義的であった。この総督府の存在自体がリトアニア大公国の偉大な記憶を再生産してしまうからである。

民族史研究においては、かつて大帝国を建設した記憶に支えられた貴族的なナショナリズムと、搾取抑圧されてきた被害者意識に支えられた農民的なナショナリズムの二種類があることはつとに指摘されてきた（P・F・シュガー、I・J・レデラー編『東欧のナショナリズム――歴史と現在』刀水書房、邦訳版一九八一年）。こんにちではバルト三国と総称されるが、一三世紀のドイツ東方植民の結果、農奴化され、二〇世紀に至るまでバルト・ドイツ人に厳しく搾取されたエストニア人、ラトヴィア人と、リトアニア人のメンタリティはずいぶん違うように感じられる。

バルト三国内で、エストニアとラトヴィアは議会制を、リトアニアは準大統領制を選択した。既述の通り、ソヴェト制から議会制への発展は自然なものであるが、リトアニアの場合、戦間期に準大統領制を経験していたこと、ソ連解体期から独立初期にかけて大統領公選を求める世論がとりわけ強かったことから、こうした分岐が生まれた。文化的には、かつて同じポーランド士族共和国に属していたポーランド、ウクライナ、ベラルーシにおいても、政治家が政治を劇的に演出し、有権者がそれを観て楽しむ傾向がみてとれる。準大統領制は、この要求に適合した体制だと思われる。

†リトアニア政治の対立軸

リトアニアにおいては、エストニアやラトヴィアに比べて基幹民族であるリトアニア人の比率が高かったため、独立後もロシア語系住民から選挙権が剝奪されなかった。共産党内の民族主義派が一九九〇年共和国議会選挙よりも前に親モスクワ派と分裂していたことから、左翼に「モスクワの手先」というレッテルを貼ったり、パージしたりすることは難しかった。これはウクライナ政治との違いである。第二民族集団であるポーランド人の政党は、与党にすり寄って実利を得ようとする傾向が強く、独立したアクターにならない。

リトアニア政治では、民族問題が政治争点になりにくいかわりに左右軸、すなわち保守党（正式名称は「祖国連合」）と社会民主党の競争が大きなウェイトを占めてきた。ただしこの左右軸は、一九九〇年代のポーランドと同様、旧共産党と民主化運動を指導した旧サユディスという歴史的な対立に基づくもので、「分配か、効率か」という社会経済争点や、地政学的な争点では政策の違いは穏やかであった。社会経済的な争点においては、リトアニアの社民勢力は、効率優先で外資を導入するという点では徹底している。ロシアに対する恐怖心がポーランド以上に強いため、ポーランドにあるようなEU懐疑論は起こりえず、地政学軸での左右対立も起こらない。

ポーランドと同様、リトアニアにおいては有権者の抗議ポテンシャルが大きい。独立後三〇年の歴史の中で政権与党が議会選挙に勝ち、首相が再任されたことは一度しかない。それは二〇〇四年議会選挙後、社会民主党党首のアルギルダス・ブラザウスカスが首相として再任された際であった。しかし、この選挙においてさえ、前年に結党されたばかりの労働党が比例区で二八・四％の得票を得て第一党になった一方で、政権与党の社会民主党・社会自由党の連合は同じく比例区で二〇・七％しか得票できなかった。与党は、労働党を連立に迎え入れることで、政権を維持したのである。

有権者の抗議ポテンシャルが大きく、その一方で社民勢力のものわかりがよすぎるということは、ポピュリスト新党が急成長する好条件があるということである。一九八九年以降のポーランドで一九九〇年、二〇〇五年、二〇一五年にポピュリズムの高揚があったように、リトアニアでも社会自由党、労働党、「農民と緑の連合」というポピュリスト政党が数年おきに隆盛して、政界を席巻した。

しかし、ポーランドのポピュリストがカチンスキ兄弟の指導下で、中道連盟から「法と正義」へと連綿たる人的連続性があるのに対し、リトアニアのポピュリスト政党はそれぞれ数年で廃れ、政党制は左右二大政党制（に近い多党制）に回帰するというサイクルを繰り返してきた。カチンスキ兄弟のような、強固なイデオロギーに支えられたポピュリストがいるわけでもなく、リトアニアのポピュリズムは「プロジェクト」にすぎないとも言われる。

民主化後のポーランドにおいては、一貫して二大政党制（またはそれに近い多党制）が機能していたため、選挙結果が出ると同時に可能な連立のあり方が限られてしまい、大統領が与党連立形成に介入する余地は小さかった。リトアニアでは、二大政党の間にある中間政党がより強いので、連立の選択肢は多くなる。特に二〇〇〇年代初頭に中道ポピュリスト政党が強かった時期には、ヴァルダス・アダムクス大統領は連立形成に介入することで大きな影響力を保った。

2 まず憲法、そののち首相大統領制

†サユディスの大勝とランズベルギス議長

リトアニアは、エストニア、ラトヴィアと同様、ロシア革命によって旧ロシア帝国からの独立を達成した。リトアニアは、一九二二年憲法によって議会制を選択したが、一九二八年憲法改正によって、後のフランス一九五八年憲法に似た不完全準大統領制（大統領は公選ではなく選挙人大会によって選出）に移行した。独裁者アンタナス・スメトナは、この方法で二度大統

領に選出されたのである。

バルト三国は、一九三九年にソ連とナチスドイツの間で締結されたモロトフ・リッペントロップ秘密議定書の結果、ソ連に組み込まれた。独ソ戦中にはドイツの支配下に置かれたが、その敗北によって再びソ連領となった。エストニアやラトヴィアは、ソ連の共和国であった時代を占領時代とみなすだけではなく、ソ連時代に移住してきた住民から選挙権・市民権を剝奪した。リトアニアは、このような（国をソ連による「占領」以前の状態に戻そうとする）原状回復主義をとることはできなかった。首都ヴィルニュスをはじめ、こんにちのリトアニア領土があるのはモロトフ・リッペントロップ秘密議定書のおかげであるし（戦間期にはヴィルニュス市はポーランドに属していた）、ヴィルニュスを囲む諸郡では、ソ連からの離脱に反対するポーランド系住民が多数派であったので、原状回復主義は共和国の領土的解体につながりかねなかったのである。

一九九〇年二月の共和国議会（セイマス）選挙・地方選挙を前にして、リトアニア共産党の多数派は、一九八八年以来共和国党第一書記だったブラザウスカスを党首として、モスクワから独立したリトアニア共産党を旗揚げした。二月選挙においては、音楽学者だったヴィタウタス・ランズベルギスをリーダーとする反共民族民主組織サユディス（運動という意味）が大勝し、彼が新セイマスの議長に選出された。セイマスは、リトアニアのソ連への帰属を占領と宣言しつつも、前述の理由で原状回復主義はとれなかった。すなわち、一九三八年憲法の回復を決議した直後に、「リトアニアの独立に反しない限りにおいて」、ブレジネフ時代に採択されたリトアニア共和国憲法を再回復した。その結果、リトアニアにおける新体制の模索は、ソヴェト議会制をいかに改革するかという形で行われることになった。

セイマス議長に選出されたランズベルギスは、サユディス左派で、旧体制下で副首相を務めていたカジミエラ・プルンスキエネを首相に指名した。プルンスキエネは、ソ連への併合に抵抗して戦死した森林ゲリラの娘でありながら、自分は農業経済の専門家として、ソ連共産党内で堂々と出世した人物である。農業専門家であるということが、後に重要な意味を持つことになる。

プルンスキエネ内閣は、モスクワに対する強硬姿勢がリトアニアの経済封鎖を呼び起こしたため、一九九一年一月には倒れてしまう。しかし、その短い存立期に、社会主義圏では稀な女性首相（ポーランドでさえ、ハンナ・スホツカが首相になるのは一九九二年）がジョージ・ブッシュ・シニア、マーガレット・サッチャー、フランソワ・ミッテラン、ヘルムート・コールなどの西側大国の指導者と会談し、「鉄のレディー」（サッチャー）にあやかって「琥珀のレディー」とあだ名されたことは、リトアニアという独立を目指す新政体に、貴重な正統性を与えた。

†サユディスの分裂と九二年憲法

新セイマスは憲法委員会を設置した。この委員会は、約一年後の一九九一年四月二五日に「リトアニア憲法のコンセプトのアウトライン」を議会に提出し、議会はこれを承認した。しかしこの「アウトライン」は、議会大統領制と準大統領制を両案併記したもので、リトアニアが迫られている選択を先送りしたものだった。ただし、準大統領制案においてさえ議会が強く、たとえば議会解散は議会自身の決議によってのみ行われるとされた。

一九九一年当時、一九三八年憲法への復帰は支持されなかったとはいえ、世論調査では大統領公選への支持が高く、議会制憲法を採択するのは困難だった。サユディス内部でも大統領公選を支持する意見が強かった。セイマス議長のランズベルギスは、強い大統領制の導入を提案し、しかも議会を迂回して国民投票によって新憲法を採択すると宣言した。このような発言はリトアニア政治を緊張させた。八月クーデター未遂事件によってソ連の解体＝リトアニアの独立が間近に見える状況になり、ほぼ目標を達成したサユディスの分裂傾向が顕著となっていたからである。

最初の憲法委員会が議会制か準大統領制かという一番大切な問題への回答を先送りしたために、一九九一年一二月、「第二憲法委員会」が発足した。この委員会内では、多数を占める議

「ランズベルギスを大統領に」と訴えるポスター。背景にある「フルクサス」とは、本職は音楽学者であるランズベルギスも関与していた芸術運動である。

会派と、ランズベルギスの意を受けて強い大統領制案を支持するフランス法の専門家エギディユス・ヤラシューナスを中心とした少数派が論争した。一九九二年に両グループが別々に草案を発表した。ヤラシューナス案は一九六二年仏憲法をモデルにしたもので、大統領が議会の承認を経ずに首相を任免できる高度大統領制化準大統領制であった。

ランズベルギスは、（戦間期に存在していた）大統領職の再導入を問う国民投票を、同年五月二三日に強引に実施した。投票率は五九・二%、有効票のうち七三・〇%が支持した。通常の国民投票であれば、この結果は立派に成立とみなされただろう。しかし当時は、ソ連時代の全員投票の伝統がまだあったためか、有効投票数ではなく全有権者の過半数の賛成という非常に厳しい成立要件が定められていた。それには及ばなかったため、この国民投票は不成立となったが、ランズベルギスが掲げるような高度大統領制化準大統領制でさえもリトアニア国民が支持する気分であることは明白となった。この認識は議会派を自制させたであろう。

国民投票の失敗後、九二年六―七月には議会が分裂し、ランズベルギス派と議会派が別々に会合するようになった。国家統合の危機を回避するために両派は妥協し、九二年一〇月に議会を改選し、同日に憲法をめぐる国民投票を行うことになった。そのため憲法のヤラシューナス（ランズベルギス）案、反ランズベルギス案をすり合わせた。一九九二年一〇月二五日に行われた憲法国民投票は、投票率七五・三％、有効票のうち七八・二％の支持を得て、つまり全有権者数の五六・八％の支持を得て成立した。

†大統領議会制か首相大統領制か不分明な憲法

異質な憲法草案をすり合わせたため、国民投票にかけられた憲法草案は、大統領議会制なのか、首相大統領制なのか不分明なものとなった。一方では、憲法第六七条六項で「議会は大統領が提案した首相候補を承認する、または承認しない」、また第八四条四項で「大統領は、議会の同意を得て、首相を任命し、組閣させ、その構成を確定する」とある。これらは、大統領議会制の特徴である。しかし他方では、第八四条第六項で「新議会が選挙された後、大統領は旧政府が返上した権限を受け取り、新政府が承認されるまで、旧政府がその権限を行使し続けるよう委任する」とある。つまり議会選挙のたびごとに内閣を作り直すと規定しているわけで、これは首相大統領制の特徴である。

解任権を基準にすれば、第八四条五項で、大統領は議会の承認を得なければ首相を解任できないと明記した九二年憲法は首相大統領制憲法であった。この条項は、リトアニア民主主義の発展に大きく貢献した。大統領が単独判断で首相を解任できるロシアやウクライナにおいてエリツィンやクチマが、自らが危機に追い込まれると自分のライバルになりかねない有能な人物であろうとも首相に任命し、危機が過ぎると解任して自らは政治的に延命するのを常套手段としていたのとは好対照であった。

後述するウクライナ憲法（一九九六年）によれば、大統領は議会解散権を事実上持たない。そのかわり単独判断で多くの事柄、とりわけ幹部人事を決めることができる。リトアニア憲法によれば、セイマスが政府提出のプログラムを三〇日以内に承認しない場合、あるいは六〇日以内に二回否決した場合に大統領は議会解散権を持つ。また多くの事柄を政府・議会との共同により進めていかなければならない。たとえば、リトアニア大統領は最高裁判所長官、多くの判事、会計検査院長、国立銀行総裁、軍司令官、保安庁長官などを任命することができるが、すべて議会の承認が必要である。

ソヴェト制度における最高機関でありまた民族民主革命の指導機関となった議会と、主にソ連中央への対抗機関として構想された大統領職との間に、どのような抑制均衡メカニズムを導入するかという問題には、ウクライナもリトアニアも直面した。リトアニアはこの問題を相当程度解決し、ウクライナはそれに失敗して権力分散的な準大統領制に行きついた。

どこからこの違いが生まれたかといえば、ウクライナではまず大統領が公選され、その後本格的な憲法制定過程が始まったため、議会や政府との抑制均衡メカニズムを作ることが非常に困難になった。現職の公選大統領が、自分の権力を増大させて、しかもなるべく自分の手を縛りたくないという動機から憲法過程に干渉するのは理解できる。リトアニアでは、まず憲法を採択し、翌年に大統領は公選された。しかも強い大統領制を求めるランズベルギスは、一九九二年夏には自分の不人気を自覚しており、自分は大統領選には勝てないだろうと予想して、憲法問題への情熱を失った。議会側は、一九九二年五月の国民投票の結果、強い大統領職を求める世論が強いことを知ったので、かなりの権限を持った大統領を抑制均衡メカニズムで縛る方法を選択した。

他方ポーランドでは、大統領を公選した後に抑制均衡メカニズムを創出しなければならなかった点においてはウクライナと同じであったのに、一九九二年の「小憲法」は、連署制の広範な採用など抑制均衡原則を強化するものになった。これが可能になったのは、ワレンサが関心を持つ権限が、強い拒否権、戦略的大臣の任命などに限られており、議会側がそこでワレンサの顔を立てつつ全体としては抑制均衡を追求するという巧妙な駆け引きが行われたからである。

要するに、リトアニアの一九九二年憲法に残された問題は、首相を指名するのは大統領なのか議会多数派なのか（大統領議会制なのか首相大統領制なのか）という点のみであった。これの解決が一九九八年までかかったのである。

†左右軸と既成政党批判

一九九二年一〇月の議会選挙に続いて、翌年二月一四日には大統領選挙が行われた。両選挙では、民主労働党（旧共産党）と、その指導者（旧リトアニア共産党第一書記）ブラザウスカスが圧勝した。議員総数一四一の議会では、民主労働党が七三議席で単独過半数を占め、社会民主党（戦間期の同名の党が再建されたもの）が八議席でこれを補強した。右派ではサユディスがわずか三〇議席、キリスト教民主党が一八議席しか取れなかった。

大統領選挙にはランズベルギスは立候補さえせず、ブラザウスカスが第一回投票で六一％の得票率で当選を決めた。その五年間の任期中、ブラザウスカスは受動的な大統領であろうとした。一九九六年までは自分の党である民主労働党が議会多数派をおさえていたから（ただし、リトアニア憲法によれば、大統領は党籍を離れなければならない）、大統領は首相の活躍に任せればよかったのである。ブラザウスカスがおそらく唯一「能動的」になったのは、一九九五年、ある有力銀行が破産した際に、それに先立って自分の預金を引き出していた首相に辞任を勧めた場合のみであった。

左派に政権を戻せば生活が楽になるだろうという期待が裏切られたので、リトアニアの有権者の多数は、一九九六年の議会選挙では保守党（サユディス右派の後継政党）に投票した（第二保守革命）。総議席一四一のうち、保守党が七〇議席、キリスト教民主党が一六議席、中道連合が一三議席を獲得して連立与党を形成した。ブラザウスカスは抵抗もせず、保守党のゲディミナス・ヴァグノリュス（一九五七年生）を首相に任命して組閣を任せた。こうした円滑なコアビタシオンの受容は、リトアニアが首相大統領制に接近しつつあったことを示す。

　リトアニアの政治体制にとって、この左右コアビタシオンよりも深刻な試練は、一九九七年一二月―九八年一月に予定された大統領選挙であった。リトアニア民主労働党が、国民に犠牲を強いる市場経済への移行やEU加盟に熱心な、ものわかりのよすぎる左翼になってしまったため、抗議票は行き場を失い、ポピュリスト政党にとって格好のチャンスが生まれた。言い換えれば、従来の左右軸に加えて、既成政党批判が効果を生む状況が現れた。一九九七―九八年大統領選挙は、左右軸の観点からは、ブラザウスカスの支

ブラザウスカス（1998年撮影）

ヴァグノリュス首相（1996～99年）。スプートニク／共同通信イメージズ

アダムクス大統領（2008年撮影）

持を受けた左派のアルトゥラス・パウラウスカスと、中道右派の帰国リトアニア人ヴァルダス・アダムクスの間で争われたが、いずれも既成政治家とは一線を画していた。

アダムクスは一九二六年生まれ、独ソ戦の中でドイツに、やがてアメリカに移住した。リトアニア人を海外から支援する活動を行う一方、レーガン政権下で環境行政において重要な役割を果たした。ペレストロイカ期からリトアニアに頻繁に帰国するようになり、一九九七年、中道連合が説得してリトアニアに帰化させて、大統領候補として担ぎ出した。ポーランドのティミンスキに見られたような、帰国者シンドロームである。これに対し、リトアニアのエリートは、受動的大統領の伝統が定着しつつある最中に、アダムクスがアメリカ式の強い大統領制を持ち込むのではないかと不安になった。

パウラウスカスも、政党政治家としての経歴は長くなかった。彼は検察畑を歩いてきた人物であり、一九九〇―九五年にはリトアニアの検事総長を務めた。一九九八年の大統領選挙の惜敗後、「新連合（社会自由党）」を旗揚げし、既成政党批判の急先鋒となった。二〇〇〇年の議会選挙で社会自由党が勝ったため、二〇〇〇―〇六年には議会議長を務めた。

一九九七―九八年大統領選挙の結果を表3―1に示す。リトアニア独立運動の英雄であったランズベルギスが、帰化候補や検察官あがりの候補に第一回投票で敗れたことは、既成政治家の時代が去ったことを示すかのようである。他方、第一回投票でランズベルギスに入った票が、「左派政権許すまじ」の一念から決選投票ではアダムクスに移ったことは、既存の左右軸の強さを示している。

候補者	所属政党	第1回投票得票率%	決選投票得票率%
ヴァルダス・アダムクス	無所属	27.9	50.4
アルトゥラス・パウラウスカス	無所属	45.3	49.6
ヴィタウタス・ランズベルギス	保守党	15.9	
投票率%		71.5	73.7

表3-1　1997-98年大統領選挙の主な結果

†一九九八年の憲法裁判所決定

一九九七―九八年大統領選挙は、リトアニア憲政にとって重大な副産物をもたらした。保守党出身のヴァグノリュス首相は、民主労働党のブラザウスカス大統領との間ですでに一年以上、左右コアビタシオンを経験していたが、左派のパウラウスカスが勝っても、帰国政治家のアダムクスが勝っても、難しい立場に立たされるのは目に見えていた。

これに先立つ一九九三年の大統領選挙の後、当時の現職首相は、新任のブラザウスカス大統領に首相任命の自由を与えるために辞任していた。パウラウスカスが勝てば自分も首相を辞めなければならないのか。辞めなくてもよければコアビタシオンとなるが、一九九六年の議会選挙で自分が属する保守党が圧勝していたので左右両極化したコアビタシオンになってしまう。

アダムクスが勝てばイデオロギー的には自分に近いが、首相大統領制に向かっていたリトアニアの準大統領制の方向性が逆転してしまうのではないか。こうした懸念から、ヴァグノリュス首相（リトアニア政府）は、一九九七年一二月、大統領選挙第一回投票の直前、一九九六年一二月に議会が自らの任期全期（一九九六―二〇〇〇年）につき政府綱領を承認したことの合憲性を憲法裁判所に問うた。言い換えれば、「政府は、一九九八年に選ばれる新大統領を無視し、議会が一九九六年に与えた信任のみによって仕事をしてよいのか」を問うたのである。これが許されるならリトアニア憲法は首相大統領制、許されないなら大統領議会制ということになる。

憲法裁判所は、一九九八年一月一〇日に判決を下した。この判決は、内閣辞任の概念を二分し、議会改選の際は、内閣は文字通り辞任する、大統領改選の際は、内閣は、「表敬のために」権限を大統領に返す（démission de courtoisie）のであるとした。後者の場合、大統領は辞任した首相を自動的に再任命しなければならない。同時に、大統領は政府が本当に議会多数の支持を得ているかどうか調べる権利を持つが、それは自動的再任命に影響しないと判決は論じた。

実は、この判決の起草者は、七年前にはリトアニアにドゴール憲法を導入しようとしたフランス法学者のヤラシューナスであった。今回はリトアニアの準大統領制を極限的に議会制的に解釈するために、フランス法学の知識を動員したのである。

現実政治においては、大統領になったアダムクス（中道）は現職首相のヴァグノリュス（保守党）を自動的に再任命してコアビタシオンが生まれ、憲法裁判所判決がそのまま実行されたような形になったが、憲法学上は、それほど安直には済まなかった。当時リトアニア大学国際関係政治学研究所所長であったエギディユス・クーリスが、一月一〇日判決を批判する長大な論文を発表し、その年のリトアニア政治学会の賞をとったのである。

†クーリスによる批判

クーリスによれば、一九九二年憲法が定める準大統領制は大統領制と議会制の間の妥協である。準大統領制は準大統領制的に解釈するしかないのであって、「準大統領制の要素を持つ議会制」などという憲法裁判所の定義はナンセンスである。大統領に常時（コアビタシオンでないときも）数えるほどしか権限がないのなら、予算をかけて大統領を公選する必要はなく、議会制に移ればいい。「表敬辞任」はフランス第三共和制から採取した用語であるが、フランス第三共和制ほど失敗した議会制はない。これは、一月一〇日判決の起草者ヤラシューナスがフランス法の専門家であることをクーリスが揶揄したものである。

エギディユス・クーリス／本人Facebookより

この論文の発表の数年後、私はクーリスと面談したが、その際にクーリスは以下を付加した。①議会選挙では議会多数派が生まれないことがしばしばある。その際は大統領の選択権が否応なく現れる。

②自由民主主義体制では、有権者の議員への命令委任は否定されており、議員は議会において自由判断権を持つ。議員は自分の所属政党に政治的には拘束されるが、憲法的に拘束されるわけではない。首相への投票にあたっても同じである。逆に言えば、大統領は首相候補を自由に推薦して議員の信を問うことができる。

③リトアニアの準大統領制は、ラトヴィアやエストニアの議会制よりも多元主義という点で優れている。もしリトアニアが議会大統領制を選択していたら、議会多数派が大統領をコントロールして一枚岩的な体制が生まれただろう。

一九九九年、アダムクス大統領はクーリスを憲法裁判所所長に任命した。皮肉なことに、クーリスは自分が批判した判例を守る立場になった。二〇一三年以降、欧州人権裁判所に派遣されている。写真は、二〇一二年のクーリスである。

一九九八年憲法裁判所決定の前も、リトアニアの大統領は、ワレンサとは違って自制的に権力行使した。たとえば拒否権は、「受動的」ブラザウスカス大統領だけでなく、「能動的」アダムクスも滅多に行使しなかった。一九九三年から二〇〇一年までに、大統領は八三法案（採択された法案のわずか二・八％）にしか拒否権を行使していない。拒否権を議会が克服する際も、法案を単に再可決するのではなく、大統領の意見を受け入れて妥協可能な法案にする場合が多かった。第二に、大統領が指名して議会の支持を得た首相よりも、議会多数派がノミネートした首相の方が長期政権を築く傾向が現れた。一九九三年―二〇〇一年六月までの時期につき、議会指命だと首相存続平均三四カ月、議会多数ではなく大統領指命だと首相存続平均七カ月であった。

3 首相大統領制下での大統領の自立性

†保守党内の派閥操作

リトアニアは憲法解釈の確定により、後述するウクライナは明文上の改憲により、首相大統領制に移行した。この移行がうまくいくかどうかは、移行直後の数年間に安定した連合政治が維持されるかどうかにかかっている。

リトアニアもウクライナも、この条件を享受しなかった。リトアニアでは、一九九八年から二〇〇一年までに五人の首相が交替した。この恒常的な内閣危機の中、アダムクス大統領は、①国民への直接アピールによって、②議会で一党優位である保守党内の派閥争いを操ることによって、そして③首相指名のための政党間連合政治に介入することによって、影響力のあるアクターであり続けた。言い換えれば、首相大統領制の下でも大統領が議会の意向の受動的な執行者になるわけではないということを示したのである。

一九九七年に始まるアジア金融危機は、ロシアを媒介してリトアニア経済にも打撃を与えた。これにより、アダムクス大統領とヴァグノリュス首相の関係が悪化した。アダムクスは、ヴァグノリュスの危機対策が甘いと判断し、一九九九年四月、テレビで首相を糾弾した。政府の責任領域に対するこの突然の介入に驚いた議会は、ヴァグノリュス首相への信任投票を成立させたが、首相は辞任した。この事件は、大統領には、憲法上は単独判断での首相解任権はないが、テレビで国民に直接訴えることで、事実上、首相の職務継続を不可能にできることを示した（上述の方法①）。

「金融危機に対する対処が甘かった」というのは、保守党ランズベルギス派やアダムクス派の言い分であり、ヴァグノリュス自身が二〇〇四年に私に語ったところによれば、真の解任理由は、ランズベルギスが一九九七―九八年大統領選挙における自分の屈辱的敗北をヴァグノリュス首相のせいだと考えたからである。実際、ランズベルギスは、ロシア金融危機以前からアダムクス大統領に接近していた（上述の方法②）。ヴァグノリュス解任の結果、保守党は分裂した。多数派は大統領の越権行為を批判して、後継首相指名を拒否したが、五月、アダムクスは、保守党の中で大衆に人気のあったロランダス・パクサス・ヴィルニュス市長を首相指名して切り抜けた（方法②）。

2003年3月、ブリュッセルのNATO司令部訪問中のパクサス大統領（右）。事務局長のジョージ・ロバートソン卿（当時）と／NATO photos

パクサスは、ソ連時代はパイロットであった。ソ連の終わりとともにリトアニア共産党から民主労働党に移ったのは順当だが、一九九五年にはイデオロギー的には対極の保守党に移った。一九九七年、同党からヴィルニュス市会議員になり、市長に選出された（リトアニアの地方自治体は首長公選ではなく、首長を議会が公選するカウンシル制をとっている）。

パクサス内閣は、バルト海沿岸部にあるマジュイケイ石油精製所の私有化をきっかけとして倒れた。この精製所は一九八〇年に竣工され、こんにちでも国の最大級の生産施設である。一九九九年、アメリカ企業「ウィリアムズ」とロシア企業「ルコイル」がこの製油所の私有化をめぐって競争した。リトアニアの経済的な自立のためには「投資は西から、原油は東（ロシア）から」という政策が望ましく、実際、保守党党首のランズベルギスはウィリアムズによる私有化を熱心に支持した。他方、ルコイルの経済的支援を受けていたパクサスは自分のパトロンを支持し、保守党の意見は分裂した。大型精油施設を購入することにしか関心がないウィリアムズと違って、当時のロシアはリトアニアの世論に影響する様々な梃子を持っていた。

結果的にはウィリアムズが勝ったが、パクサスはウィリアムズによるマジェイケイ製油所の私有化契約に署名したくなかったので、「国益をアメリカに売り渡すのか」と表明して、一九九九年一〇月に辞任し、翌月には保守党も離党した。ルコイルの反米宣伝がリトアニア社会に浸透していたので、この辞任・離党はパクサス人気を沸騰させた。

これに目をつけたのがクライペダ市長で、自由党党首であったエウゲニユス・ゲントヴィラスであった。自由党は一九九〇年結党の老舗でありながら党勢の停滞に悩み、一九九六年議会選挙においては一議席しか取れなかった。ゲントヴィラスは、二〇〇〇年秋の議会選挙に勝つために、パクサス人気を利用したかったのである。他方では、アダムクス大統領は、首相を辞任、保守党を離党したパクサスをエネルギー問題担当の大統領顧問に任命した。

ヴァグノリュスの事実上の解任とマジェイケイ製油所問題のごたごたに愛想を尽かして、キリ民党、中道連合は与党連立を離脱、ヴァグノリュス派は保守党を離党した。政治危機が予想されたが、一九九九―二〇〇〇年、パクサスの後を継いだアンドリュス・クビリュス首相が小康状態を実現し、リトアニア経済を金融危機から立ち直らせた。クビリュスは、アダムクス大統領と最もうまくいった首相であった。

クビリュス元首相と著者（2018年）

以上に見たように、アダムクス大統領は、与党第二リーダー（パクサスやクビリュス）を与党指導者ランズベルギスに絶えず対置することで、独自の政策を実現したのである（方法②）。

†大統領の連立政治

一九九七―九八年大統領選挙に敗れたパウラウスカスは、左派中道主義の社会自由党を旗揚げした。この党は、二〇〇〇年春の地方選挙で躍進した。たとえば地方議員総数で、保守党が一九九名、民主労働党が一七二名だったのに対し、社会自由党は二七〇名獲得した。国の全六〇自治体の中で一五の地方議会で社会自由党は第一党となった（民主労働党は八、保守党は六）。

パウラウスカスは、既成政党を批判するだけでなく、NATO加盟路線を批判した。マジェイケイ石油精製所スキャンダルのせいで反米感情が高まっていたので、NATO批判の効果が上がった。同年秋の議会選挙でも同様の結果が出るならば、左右を問わずリトアニアの既成エリートが追求していたEU、NATO早期加盟路線が妨げられるおそれがあった。

パウラウスカスを先制するかのように、二〇〇〇年四月の議会教書において、アダムクス大統領はヴァグノリュス、パクサス政府だけではなく、既成政党全般を批判した。そして、秋の議会選挙に向けて「新政治」すなわち保守・中道連合構想を打ち出した。後に保守党が拒否したので、純粋な中道連合が生まれた。ただし既述のように、パクサスが保守党を離党し、自由党の党首になっていたので、右派内にもアダムクス構想の受け皿はあった。こうして、大統領が国民への直接アピールによって、連合政治の方向性まで左右したのである（方法①）。

左翼はアダムクスの「新政治」構想に民主労働党と社会民主党の合同で対抗した。二〇〇〇年一〇月八日の議会選挙の結果、表3‐2に見るように、社会民主党中心の選挙ブロックが一四一議席中五一獲得し第一党になった。しかし第二党の自由党（パクサス）と第三党の社会自由党（パウラウスカス）が連合すれば、議席数において社会民主党を凌駕することができる。

政党	比例区		小選挙区獲得議席	議席合計
	得票率%	獲得議席		
社会民主主義的連合（社会民主党、ロシア人同盟、「新民主主義」）	31.1	28	23	51
社会自由党	19.6	18	11	29
自由連合	17.3	15	18	33
保守党	8.6	8	1	9
キリスト教民主連合	4.2	0	1	1
農民党	4.1	0	4	4
キリスト教民主党	3.1	0	2	2
中道連合	2.9	0	2	2
ポーランド人選挙行動	2.0	0	2	2

総議席 141　投票率 58.6%

表 3-2　2000 年 10 月議会選挙の主な結果

これを狙って、二〇〇〇年一〇月、アダムクス大統領は、第一党党首であるブラザウスカスではなく、第二党党首パクサスを首相に指名し、自由党と社会自由党の連立政権が成立した。アダムクスは、首相大統領制下の大統領でも、第一党党首を自動的に首相に任命するわけではないということを誇示したのである（方法③）。

こうして成立したパクサス政権は、いまやウィリアムズに払い下げされたマジェイケイ製油所への原油供給問題で再び窮地に立たされた。パクサス首相はアダムクス大統領にロシアとの仲介を頼み、アダムクスはプーチン大統領と交渉して、ロシアの新興オリガーク企業であるユーコス（二〇〇三年に逮捕収監されるミハイル・ホドルコフスキーが社長）が、今後一〇年間の原油供給を条件に、ウィリアムズからマジェイケイ製油所を買い取るという合意を取り付けた。パクサスはユーコスのライバル会社であるルコイルの庇護者だったので、この決定に反対して二〇〇一年六月に辞任し、中道連立政権は瓦解した。中道左派の社会自由党は連立交渉の相手を社会民主党にかえた。

中道連合が崩壊してもなお、アダムクスは第一党（社会民主党）党首ブラザウスカスを首相に指名したくなかったので、自由党のクライペダ市長ゲントヴィラスを首相代行に指名しようとした。しかし、社会自由党が社会民主党と連合したことで左派が議会過半数を制したため万策尽き、ブラザウスカスを嫌々首相に任命した。ブラザウスカスは、この後二〇〇六年まで首相を務めることになる。

以上のようにアダムクスは、①国民への直接アピール、②与党内の派閥争いを利用、③首相指名のための与党連立形成に参加という三つの方法を用いて独立したアクターであり続けたが、議会内の力関係に応じて力点は変えた。保守党が一党優位であった時代には、①と②に依拠し、二〇〇〇年の議会選挙で社民党、社会自由党、自由党の鼎立が生まれると、それだけ与党連立形成の選択肢が広がるので、③を主に用いるようになった。

大統領と首相の関係は、与党連合の強さに左右された。首相を支える与党連合の議席占有率が高いと、首相は大統領の助けをあまり必要としなくなるので首相と大統領の関係は悪くなる。一党優位であった保守党に支えられたヴァグノリュス首相とアダムクス大統領の関係は悪化した。これに対して、ヴァグノリュス派が脱退し、中道右派連合が崩壊した後のクビリュス首相は、アダムクスの助けが必要なので、後者に相当気を遣った。

後のダリア・グリバウスカイテ大統領は、そもそも政党嫌いだったので、②や③には関心がなく、もっぱら①国民への直接アピールを用いた。これは東欧におけるポピュリズムの勃興期に合ったスタイルであった。与党連合の議席占有率が高いと首相と大統領の関係が悪くなり、逆もまた然りという法則性は、グリバウスカイテ時代も変わらなかった。

†パクサス弾劾――公選大統領の倫理的基礎

前項で見たような波乱の中で、二〇〇二―〇三年の大統領選挙が近づいた。二〇〇一年一〇月、自由党大会は、パクサスでなくゲントヴィラスを同党の党首すなわち次期大統領候補に選んだ。一九九九年に党の人気を上げるためにパクサスを党首として招いておきながら、大統領候補にはしないというのは、いわば使い捨てである。パクサスは激怒して離党し、自由民主党を結成して自ら党首、つまり次期大統領候補になった。

二〇〇二年、当時七六歳の現職アダムクスは周囲の反対を押し切って、再選を目指した。五年前に彼を担ぎ出した中道諸党は今回は彼を支持せず、保守党のみが支持した。決選投票に進んだのはアダムクスとパクサスであったが、二〇〇三年一月五日の決選投票では一〇ポイント近い差をつけてパクサスが勝った。これは驚くに値しない。パクサスは現職より三〇歳若く、資金に恵まれ、ロシアの選挙キャンペーン会社に助けられていた。

二〇〇三年から二〇〇四年まで職務にあった短命なパクサス大統領の最大の功績は、リトアニアのEU加盟であった。パクサスは、自分の本職を生かしてEU加盟支持の航空ショーを組織するなどした。二〇〇三年五月一〇―一一日の国民投票では、有効票の九一・一%がEU加盟を支持した。

翌二〇〇四年五月一日にリトアニアはEUに加盟したが、まさにこの五月、ロシア系企業家にリトアニア国籍を付与したスキャンダルのため、パクサス大統領は弾劾されてしまった。同月二五日付の憲法裁判所の弾劾決定は、「国家元首は憲法字句上（expressis verbis）大統領に与えられた権限の集積者ではない。大統領は、国民に直接選挙された国家元首として、リトアニア国家、社会の価値を象徴し、国際関係においてリトアニア共和国を人格化するのである」と宣言した。この決定を起草した憲法裁判所判事は、「この決定によって直接公選大統領制の倫理的基礎を明らかにした」と、後に私に述べた。

パクサスの弾劾を受けて、二〇〇四年六月、大統領選挙が行われた。アダムクスが再び立候補した。六月二七日の決選投票に進んだのはアダムクスと、ソ連末期のリトアニア共和国首相で左派を代表するプルンスキエネであった。五二・七%対四七・四%の得票でアダムクスが勝った。二〇〇二年、二〇〇四年と、社会民主党の大統領候補が二回続けて決選投票に残れなかったことは特筆されてよい。

アダムクス、プルンスキエネというスタンダードな二候補によって大統領の椅子が争われたのとは対照的に、同日に行われた(リトアニアのEU加盟後最初の)欧州議会選挙では、結党間もない労働党がリトアニアに割り当てられた一三議席中五議席を獲得した。同党の党首ヴィクトラス・ウスパスキフは、ロシア共和国のアルハンゲリスクに生まれたリトアニア人で、リトアニア独立時にリトアニア国籍を取得し、その後、短期間で成功したビジネスマンである。労働党は、同じ二〇〇四年一〇月のリトアニア議会選挙でも比例区で二八・四%得票し、全一四一議席のうち三九議席を獲得し、第一党となった。

第二会派は社会民主党と社会自由党の左派選挙ブロックで計三一議席とった。以下、保守党が二五議席、自由中道連合(パクサス離脱後のゲントヴィラス派の残部自由党が、九〇年代の勢いを失っていた中道連合と合同したもの)が一八議席、自由民主党(パクサス党)が一一議席、農民・新民主主義連合(プルンスキエネ党)が一〇議席、ポーランド人選挙行動が二議席獲得した。

選挙後、労働党は社会民主党、社会自由党とともに、第二次ブラザウスカス内閣を成立させた。これが、現職首相が議会選挙後も再任された独立リトアニア唯一の例である。二〇〇六年、労働党党首ウスパスキフに学歴詐称や汚職疑惑が浮上し、本人はロシアに逃亡した。労働党は政権から離脱し、第二次ブラザウスカス内閣は崩壊した。ここで国の指導者としてのブラザウスカスの二十年余の政治人生は終わる（党務はまだあと一年握り続ける）が、二〇〇〇年代前半の大統領職をめぐる変転の中でもリトアニア政治が安定していたのは、二〇〇一年から二〇〇六年までブラザウスカスが一貫して首相だったおかげである。

ところで、二〇〇四年の同時選挙の際にリトアニアに特徴的な投票行動が見られた。それは、「議会選挙においては、生活苦に腹が立つから怒りに任せて投票する。しかしそれだけでは危険なので、大統領選挙では体制を安定させるように投票する」というものであった。つまり相当数のリトアニア人は、議会選挙ではウスパスキフのようなポピュリストに投票したが、大統領選挙ではアダムクス（またはプルンスキエネ）のような安定感のある候補者に投票したのである。

4　ポピュリズムとグリバウスカイテ時代

†EU加盟と経済苦境

リーマンショック後の東欧ではポピュリズムが隆盛した。社民勢力があまりにも体制順応的で効率優先の政策を進めていること、EU新規加盟国の住民が、LGBTや移民への寛容のような新しい文化価値を、旧欧州による自分たちの伝統的な文化への攻撃と感じていることがその背景にある。したがって、ポーランドの章で見たように、東欧ポピュリズムの政策は、文化的な保守主義（その意味では右）と社会的な分配優先（その意味では左）を結合したものとなる。

リトアニアの状況も、効率最優先の政策による国民の疲弊、社民への失望、新しい文化価値への嫌悪感という点では東中欧と同様である。それどころか、EU加盟がリトアニア（とラトヴィア）社会にもたらした否定的影響は、東中欧の場合よりも著しい。EU加盟は、より所得が高く、高等教育が充実した旧加盟国への移住引力となるはずである。ところが、東中欧四国においては、二〇〇四年のEU加盟後二〇一七年までに、ハンガリーで三三万人（二〇〇四年人口の三・二%）、ポーランドで二二万人（同じく〇・六%）人口を減らしただけで、チェコとスロヴァキアはむしろ人口が増えている。これに対して、リトアニア人口は三四〇万人から二八五万人に（二〇〇四年人口の一六%）、ラトヴィアでは二二八万人から一九五万人に（同じく一四%）減ったのである。

ウクライナやモルドヴァなどEU非加盟国からは、当事者が制限・差別を受けるため非熟練労働者の一時・季節移民が主となるが、教育・就職・住宅の獲得・結婚などで差別を受けないEU加盟国からの移民は、若く教育水準が高い階層の恒久的な移民が主となる。自国の少子化に苦しむ旧欧州の大学は、東欧からの入学者を増やすことに照準を絞り、バルトの青年たちは、旧欧州の大学で教育を受けた後に所得の低い祖国に戻ろうとはしない。これから二、三十年以内に、リトアニアとラトヴィアは、年金生活者と非熟練労働者のみが暮らす国になるであろうと言われる。

上記の人口は居住地ベースであり、西欧で暮らすリトアニア人やラトヴィア人が自国籍を離脱したわけではなく、またEU市民である限り差別はないのでその必要もなかった。しかし、最大の移住先である英国がEUを離脱したいま、彼らは選択を迫られている。①祖国に戻るか、②EU残留国に再移住するか、③自国籍を捨てて英国籍を取得し英国で働き続けるかの三者択一となる。①は経済的に魅力がなく、②は英語以外の言語を習得する手間がかかるので、③を選ぶバルト人が多くなると予想される。そうなると、国籍ベースでも急速な人口減少が始まる。

リトアニアの平均賃金は旧欧州の三分の一くらいであるが、その程度の賃金格差だと旧欧州にとって魅力的な投資先ではない。外資に来てもらうためには、労働法制や環境法制を「自由化」し、法人税を減税し、その分を所得税や付加価値税に皺寄せするしかない。そこまでやっても事態は改善されず、ソ連の解体後のリトアニアの非工業化（de-industrialization）は、他の旧ソ連諸国と同様、今も続いている。今後の発展戦略としては、製造業ではなく、国民の教育水準や外国語能力が高いことを生かしたITセンター創出などがあげられている。これ自体が夢のような話であるし、万一実現されたとしても、ポスト・インダストリアルな業種の雇用創出効果は低い。

このようにリトアニアの状況は東中欧よりも厳しいが、それに反して、リトアニアでは、ポーランドのようなあからさまなポピュリズムは現れていない。二〇一六年議会選挙では、穏健ポピュリズムの「農民と緑の連合」が、それまでの一議席から五四議席に躍進し、政府を担った。この躍進は、それまで社会民主党に投じられていた左派的な批判票の相当部分を吸収し、労働党や「秩序と正義」（パクサス党）のような老舗のポピュリスト政党から票を奪ったことにより達成された。しかし、農民・緑連合の文化的保守主義は、せいぜい節酒運動くらいであり、政府を担ってから行った目立った政策は、夜八時以降の酒類販売を禁止したこと以外になかった。労働法制を以前のような厳格なものに戻す（後述）という強硬ポピュリズムの公約は反故にしてしまった。

今世紀初頭からポピュリスト政党が活躍してきたリトアニアでハンガリーやポーランドのような事態が起こらなかったのはなぜか。第一には、リトアニアではロシアによる侵略を絶えず警戒しているため、文化面でも経済面でも、ロシアからの保護者としてのEUへの懐疑を表明しにくいからである。第二には、グリバウスカイテ大統領（二〇〇九―一九年）の活発な活動自体がポピュリスト的であり、それが住民の不満をある程度吸収したからである。

†ディープステート疑惑と保守党の政権復帰

二〇〇六年、労働党の離脱によるブラザウスカス政権の崩壊の後を受けて、社会民主党のゲディミナス・キルキラスが首相となった。しかしこの政権は無力な少数派内閣であった。キルキラス自身、ソ連共産党の若手幹部から民主労働党の幹部に鞍替えした後、比例区からしか議会に当選したことがない社民貴族であった。ただし、メディアに盛んに露出し、ソーシャル・メディアを活用するなど現代的なセンスにも長けていた。キルキラスが首相になってから一年間は、ブラザウスカスはキルキラスに党指導者の地位を譲らなかった。キルキラス内閣が二年半も存続できたのは、野党保守党が、労働党を主敵とする戦術のため、社民政権を過度に追い詰めなかったからである。

ソ連解体後のリトアニアは、全国統一したエネルギー公社を持っていなかったが、EU加盟の条件として公約したイグナリナ原発の閉鎖が二〇〇九年に迫ったので、エネルギー政策の強化が求められていた。地理的に統一した半官半民のエネルギー国策会社の設立と、イグナリナ原発に代わるヴィサギナス原発の建設は一体のものとして推進された。

ところが議会選挙の年である二〇〇八年に、この国策会社をめぐる大規模な汚職疑惑が起こった。民間から統一エネルギー事業に参加したリトアニア最大のスーパーマーケット・チェーンである「マクシマ」の株式評価が不自然に高くなったため、プロジェクト自体が、実はマクシマへの利益供与を目的としたフェイクだったのではないかという疑惑が起こったのである。政・官・財が一体となって国家を私物化する構図が明らかとなった。

このスキャンダルのため、二〇〇八年一〇月の議会選挙では社会民主党は敗北した。同党のパートナーであった社会自由党は議会からほぼ消失し、二度と勢力を回復することはなかった（表3-3）。キルキラス社会民主党党首は敗北の責任をとって、党首の地位をアルギルダス・ブトケヴィチュスに譲った。

保守党は、国民復興党、共和国自由運動と連立し、八年ぶりに政権を奪回した。クビリュス保守党党首が自分にとって二度目の内閣を組織した。

クビリュスは、彼が一九九九年に最初に首相になったときにはアジア金融危機対策に追われ、このたびはリーマンショックに見舞われた不運な政治家である。しかも連立の一翼を担った国民復興党は、芸能人を結集した冗談政党であり、すぐに解体して、クビリュス内閣は少数派政権となった。この不利な状況で、不況克服のため「ドラコン的方法」（クビリュス）をとらなけ

政党	比例代表		小選挙区獲得議席	議席合計
	得票率%	獲得議席		
保守党－キリ民党*	19.7	18	26	44
社会民主党	11.7	10	16	26
国民復興党	15.1	13	3	16
「秩序と正義」**	12.7	11	4	15
共和国自由運動***	5.7	5	6	11
労働党・青年党連合（ウスパスキフ党）	9.0	8	2	10
自由中道連合	5.3	5	3	8
ポーランド人選挙行動	4.8	0	3	3
農民人民連合	3.7	0	3	3
社会自由党	3.6	0	1	1

投票率 48.6%

*2006年、保守党、キリ民党、政治囚連合が保守合同。
**パクサスの自由民主党が改称。この党名は明らかにポーランドの「法と正義」の模倣であり、パクサスが自由主義から保守ポピュリズムに転じたことを示す。
***自由中道連合の党首アルトゥラス・ズオカスに汚職疑惑が持ち上がり、ゲントヴィラスなど反ズオカス派が離脱して立ち上げた政党。

表3-3　2008年10月議会選挙の主な結果

ればならなかった。たとえば公務員給与が二〇％カットされ、ＥＵからの補助金はひたすら景気浮揚策に注入された。二〇一〇年には経済復調傾向が見られたが、翌一一年、前年のギリシア金融危機がリトアニアに波及し、経済はまたしても暗転した。

クビリュスは前政権から統一エネルギーシステム問題を引き継いだ。東日本大震災以降、原発が売れずに困っていた日立ＧＥニュークリア・エナジーと、ヴィサギナス原子力発電所を建設する契約を結んだが、これは環境保護の観点から問題があるとされ、国民投票で拒否された。しかし、単一のエネルギー国策会社は作った。

†グリバウスカイテの登場

国民に不人気な緊縮政策を実行し、自分が多数派を握っていない議会に圧力をかけるために、クビリュスは、二〇〇九年の大統領選挙にダリア・グリバウスカイテを担ぎ出した。彼女は空手の有段者であり、共産主義時代は上級党学校で政治経済学を教え、ソ連共産党中央委員会付属社会科学アカデミーで社会学博士号を取得した。一九九〇年代にはリトアニア政府内で対EU関連の役職を歴任し、一九九九年、保守党政権下で財務次官となった。社会民主党のブラザウスカス内閣では財務大臣を務め、ブラザウスカスを師とさえ呼んだ。

2009年大統領選での地滑り的勝利を祝うグリバイウスカイテ

グリバウスカイテは、二〇〇四年のリトアニアのEU加盟後には、欧州委員会で財務計画・予算担当委員となった。この役職にあって、彼女はEUの農業保護主義を批判し、IT投資を増額するなど、より発展志向の予算を作成した。なお、旧欧州の農業保護主義を

候補者	所属	得票率%
ダリア・グリバウスカイテ	無所属（保守党支持）	69.1
アルギルダス・ブトケヴィチュス	社会民主党	11.8
ヴァレンティナス・マズロニス	「秩序と正義」	6.2
ヴァルデマル・トマシェフスキ	ポーランド人選挙行動	4.7
カジミエラ・プルンスキエネ	農民人民連合	3.9
ロレタ・グラウジニエネ	労働党	3.6

投票率 51.8%

表 3-4　2009 年 5 月大統領選挙の主な結果

批判することは、リトアニア農産物の輸出の機会を増すので国益にもかなっている。以上の経歴から、イデオロギーにはこだわらない人物であることがわかる。これはポピュリストとしては貴重な資質である。

二〇〇九年五月一七日大統領選挙におけるグリバウスカイテの人気は圧倒的であり、彼女は第一回投票で、次点候補であった社会民主党党首ブトケヴィチュスに得票率で五七%以上の差をつけた（表3－4）。プーチン並みの勝ち方と言ってよい。

やや話を急ぐと、二〇一四年に彼女は再選されたとはいえ、五年前のような熱気は去っていた。社民党候補の猛追を受け、決選投票までもつれ込んで五七・九%対四〇・一%で勝った。

†政治哲学とリーダーシップ

アダムクス大統領が外交・防衛に主な関心があり、その意味でリトアニア憲法と整合的であったのに対し、グリバウスカイテは内政にも大きな関心があった。大統領が政府を監視し、政府が過ちを犯した場合には、それを正すという発想である。アダムクスが首相任命権を主に使って内政に関与していたのに対し、グリバウスカイテの内政関与はもっと恒常的であった。どの程度彼女や取り巻きが自覚していたかは別として、グリバウスカイテは、共産主義的執行権力二元制下の共産党中央委員会の役割に近いものを自分に課していた。しかもそれが、強い指導者を求めるリトアニア国民に受けたのである。

彼女は政党政治が嫌いであり、司法・治安機関の強化によって、政党政治が引き起こしがちな腐敗や個別利益の跋扈から国家を救うという発想であった。そのため、憲法が大統領に保障する、検察、裁判官、会計検査院、軍などの指導的役職の任命権を丁寧に使った。通常は、これら官僚機構には内部的な昇進のルールがあり、大統領は形式的に任命するだけだが、グリバウスカイテは候補者を自分で審査した。裁判官を任命するにあたっては、個人的に面接さえした。

リトアニアにおいては裁判官は終身ではあるが、グリバウスカイテは、飲酒運転、家庭内暴力など倫理違反により、自分の就任後、二〇一八年三月までに一七名の裁判官を罷免した。こうして彼女は、任期中に司法・警察への国民の信頼度を倍増した。

グリバウスカイテは、特務機関が収集した情報で政党指導者を脅しており、後者が彼女を恐れるのは、このためもあると噂されていた。本当にそのようなことをしていたとすれば、明らかに違法である。

大統領の内政への関与が恒常化し、多面化した結果として、大統領府が膨張した。二〇一八年三月の時点で、大統領府には三四名の大統領顧問、その他六〇名のスタッフが働いていた。その中には元政党活動家も多い。つまり、グリバウスカイテは大統領府を一種の政党にしたのである。それどころか、リトアニアのような小国では、社会民主党のような有力政党の幹部でさえ、議員歳費で暮らすか、議員でない場合はボランティアであることを考慮すれば、百人近くの有給職員を抱える大統領府は巨大政党だと言えるだろう。

大統領選挙の際、グリバウスカイテ派は「大使」を有権者の中に派遣し、学生、作家などの様々な社会団体とのパイプを作った。選挙後にそのつながりを生かして世論を探知していたのである。

グリバウスカイテは、内政問題でも、自分が重大とみなした問題ならば介入できると考えていた。社会政策については、グリバウスカイテは特に二期目に入ってから分配重視の傾向を強め、いわば左傾化した。これは彼女のイデオロギーが変わったというよりも、国民の生活条件の悪化に対応したものであった。後述するように、二〇一六年、社会民主党政権が提出した労働法「自由化」の改正案に拒否権を行使した。二〇一八年三月の私の調査時には、チャイルドケアに取り組んでいた。

彼女は小国の一大臣からEU官僚になり、そこから大統領に担ぎ出され、政党政治や本来の外交の経験がないので、それまでのリトアニア大統領に比べると視野が狭かった。ブリュッセル滞在中にバラク・オバマ米大統領から食事に誘われて断ったことがある。EUの諸会議には、アダムクス時代までは首相が主に出席し、稀に大統領が出席していたが、グリバウスカイテの代になり、彼女が必ず出るようになった。彼女にとっては、EUの会議・行事に出席することは、胸躍る里帰りであった。

以上をまとめると、グリバウスカイテの活発なリーダーシップのおかげで、リトアニアは、ポーランドで見たような首相大統領制の矛盾（象徴機能しか果たさない大統領をなぜ公選しなければならないのか）に遭遇せず、厳しい社会状況に対する国民の不満を吸収した。ただし、クビリュス元首相が二〇一八年に私に語ったところでは、政府が活発なら、大統領は政府の政策をあれこれ論評できるので、大統領も活発であるかのように見える。しかし、二〇一二―一六年の社民政府、それを継いだ農民・緑政府のように「政府活動が不活発」だと、大統領はやることがなくなる。クビリュスによれば、準大統領制においては、結局のところ政府が政治のあり方を規定しているのである。

政党	比例区		小選挙区獲得議席	議席合計
	得票率%	獲得議席		
社会民主党	18.4	15	23	38
保守－キリ民党	15.1	13	20	33
労働党	19.8	17	12	29
「秩序と正義」	7.3	6	5	11
共和国自由運動	8.6	7	3	10
ポーランド人選挙行動	5.8	5	3	8
「勇気の道」	8.0	7	0	7
農民と緑の連合	3.9	0	1	1

投票率 52.9%

表 3-5　2012 年 10 月議会選挙の主な結果

†第二期アダムクス、グリバウスカイテの歴代首相との関係

アダムクスの二期目以降についても、「首相が議会多数派の支持を得ていれば、首相は大統領に助けを請う必要がないので首相と大統領の関係は悪化し、その逆の場合には両者間の関係は良くなる」という傾向性が見られた。

二〇〇六―〇八年のキルキラス社会民主党政権は少数派内閣であったため、首相はアダムクスとの良好な関係を保つべく努力した。またアダムクスは、すでに高齢で、第一期の頃のように首相にあれこれ言うほど活発ではなくなっていた。両者は、しばしば朝食を共にした。

二〇〇八―〇九年のクビリュス首相（保守党）とアダムクス大統領との関係も良好であった。両者は一九九〇年代に一度タンデムを組んでおり、お互いをよく理解していた。

アダムクスに代わったグリバウスカイテはクビリュスの政策に遠慮なく意見を述べたが、両者の関係も良好であった。そもそもクビリュスがグリバウスカイテを大統領選挙に担ぎ出した経緯があったし、不人気な緊縮政策を、少数派内閣として実施するためには、大衆人気のあるグリバウスカイテに議会に圧力をかけてもらうしかなかった。クビリュスは、毎週月曜日、大統領府に出向いてグリバウスカイテと打ち合わせをしていた。

金融危機からの血路は開いたものの、保守党は二〇一二年一〇月の議会選挙で惜敗し、政権を社会民主党に渡した（表3－5）。首相になったブトケヴィチュスは、組閣の段階からグリバウスカイテと衝突した。グリバウスカイテは、「（犯罪性が高いと噂されていた）労働党は入閣させるな」とブトケヴィチュスに要求した。ブトケヴィチュスは、それに従わなかったばかりでなく、「秩序と正義」（パクサス党）、ポーランド人選挙行動までも連合に招いて、議席占有率六〇％を超える過大与党連合を作った。これは首相による大統領への示威行為であり、両者の関係は緊張した。大統領と首相の週一回の打ち合わせも途絶えた。

ブトケヴィチュス政権はリトアニア経済回復の恩恵を受けたが、二〇一五年のユーロ導入は物価の上昇をもたらした。しかし与党は物価上昇の事実自体認めず、国民の生活実感からの乖離を露呈した。さらに社会民主党政権は、その末期の二〇一六年、労働法を「自由化」する改正案を議会に提案した。社会民主党の主張は、「社会主義時代以来の硬直した労働法を改正しなければ外資は来ない。現行法は現に遵守されていないのだから、もっと現実的な法にして守らせよう」というものだった。

グリバウスカイテは、この改正法案はあまりにも労働者の利益を無視しているとして拒否権を発動した。その後、議会は、やや労働者寄りに修正された法案を採択したが、労働法「自由化」は、二〇一六年議会選挙前夜に、社会民主党のイメージに決定的打撃を与えた。

†二〇一六年選挙における農民・緑連合の躍進

与党・社民党の不人気のなか行われた二〇一六年一〇月議会選挙の結果、前回選挙では一議席しかとれなかった「農民と緑の連合」が五四議席を獲得して第一党となった。この党の前身は、一九九〇年に生まれた農民党と、首相解任後、民主労働党に合流しなかったプルンスキエネが一九九六年議会選挙に向けて組織した女性党が、その後の離合集散を経て二〇〇一年に合同した「農民・新民主主義連合」だった。党首は旧女性党系のプルンスキエネであり、前述の通り、彼女はパクサス弾劾後の二〇〇四年の大統領選挙でアダムクスと争い、惜敗した。

二〇〇九年、旧農民党系の指導者ラムーナス・カルバウスキスがプルンスキエネの後を継いだ。カルバウスキスは一九九〇年代に成長した農業企業のCEOであり、リトアニア有数の富豪だった。新党首の下で、この党は、二〇一二年議会選挙では成果を上げられなかったが、二

政党	比例区		小選挙区獲得議席	議席合計	増減
	得票率%	獲得議席			
農民と緑の連合	18.4	19	35	54	+53
保守党	22.6	20	11	31	−2
社会民主党	15.0	13	4	17	−20
共和国自由運動	9.5	8	6	14	+4
ポーランド人選挙行動	6.1	5	3	8	+1
「秩序と正義」	5.6	5	3	8	−3

投票率 50.6%

表 3-6　2016 年 10 月議会選挙の主な結果

〇一六年選挙で躍進した。

他党について述べると、二〇一六年選挙に向け、保守党は、イメージ刷新のため、党首をクビリュスからガブリエリュス・ランズベルギス（建国の父ヴィタウタスの孫、当時三三歳）にかえた。若年でありながら、私が地方支部でインタビューした限りでは、保守党内での彼の指導力の評価は上々である。ただし、選挙に勝てば首相になると公言したことはひんしゅくを買ったようである。

二〇一六年選挙の特徴は、大量の左翼票が社会民主党から農民・緑連合に流れたことである。保守党は健闘しているが、小選挙区で農民・緑連合に完敗しているところが、リトアニアのこれまでの議会選挙とは違う（表3-6）。これまでの選挙でも、二〇〇〇年における社会自由党、二〇〇四年における労働党など、新しいポピュリスト政党が躍進したことはあった。しかしこれらの党は比例区で議席を稼いだのであって、小選挙区では伝統的二大政党が強かった。比例区・小選挙区半々の並立制こそが、今世紀のリトアニアの政党制がポピュリズムの挑戦を受けながらも、左右二大政党制に近い穏健多党制にとどまってきた理由の一つであった。この条件が失われたのである。

農民・緑連合は組閣にあたり大連立を二大政党に持ちかけた。保守党は拒否し、社会民主党は受諾した。社民

スクヴェルネリス首相（2016〜20年）

との中道左派連立がいったんは成立し、議会は前政府で内務大臣として人気があったサウリュス・スクヴェルネリスを首相に選んだ。スクヴェルネリスは、二〇一六年選挙には農民・緑連合の支持を受けて出馬していた。ところが二〇一七年に社民党自体が分裂し、社民党中央に従う七議員は連立を抜けた。このため、スクヴェルネリス内閣は少数派内閣となってしまった。

その後、二〇一九年の大統領選挙まで、スクヴェルネリスは、「秩序と正義」、ポーランド人選挙行動を巻き込みながら連立を維持したが、上述のように目立った変化を引き起こすことができなかった。二〇一九年の大統領選挙にスクヴェルネリスは出馬したが、第一回投票で三位に終わり、決選投票に進めなかった。ただし、リトアニアは首相大統領制なので、大統領選挙に負けても、二〇二〇年の議会選挙において農民・緑連合が保守党に負けるまでは首相でいられた。

結局、リトアニアでは、ハンガリーやポーランドのような旗幟鮮明なポピュリスト運動は起こらなかったのである。

†社会民主党の分裂

ブトケヴィチュスは、議会選敗北の責任をとって社会民主党首を辞任した。これまでは社会民主党の党首はセイマス議員の互選により決めてきたが、党の大きな後退に鑑みて、このたびは全党員選挙で新党首を選ぶことになった。大方の予想を裏切り、また党の既成指導者の妨害を打ち破って全党員投票で勝ったのは、一九七九年生まれのギンタウタス・パルツカスであった。

北部のパネヴェジス市出身のパルツカスは、一九九七年に進学のため上京した。二〇〇一―〇二年にロンドンで出稼ぎしたため、英語も堪能である。帰国後、欧州議会の社会民主党議員の助手になり、二〇〇三年には入党した。二〇〇七年の地方選挙の結果、ヴィルニュス市の行政府長になったが、二〇〇九年にはこの市議会の与党連合が壊れたので、パルツカスはIT関連の本職に戻った。二〇一三年、社会民主党書記長として専従活動家になり、二〇一五年の地方選挙の結果、ヴィルニュス市副市長になった。そして、二〇一七年四月の党内選挙に勝って党首に就任した。

社会民主党党首パルツカスと著者（2018年）

　社会民主党党首となったパルツカスは、同党は農民・緑連合との連立政権に留まるべきか、離脱すべきかという問題に直面した。社会民主党の既存指導者は、同党が参加する現政権は左派中道政権であるし、同党が抜けたら保守党を強めるだけなので留まるべきと考えた。パルツカス指導部は党内レフェレンダムを行うことにした。全六〇支部中の四五支部が連立離脱すべき、七支部が残るべきと意思表示し、他は「農民・緑連合と交渉を続けよう」という立場だった。連立離脱が決まったのである。

　社会民主党のセイマス議員たちの多くはこの決定に従わず、一七議員中の一〇名が「たとえ党が連立離脱しても会派として残る」と宣言し、農民・緑との連立協定に議員の資格で署名した。これは明白な党規律違反なので、「党は彼らに過ちを正す時間を与えた」（パルツカス）が、キルキラスを中心とする既成指導者たちは、社会民主党を離党して新党を結成することを宣言した。こうして二〇一八年三月、社会民主労働党が生まれた。党名に「労働」が入っているのは、二〇一六年選挙で議会からほぼ消失した労働党の党員を積極的に吸収したからである。

しかし、これには意図されざる真実もある。政権残留派の中には、共産主義時代にブラザウスカス党第一書記のスポークスマンだったキルキラス自身をはじめ、二〇〇〇年の左派合同以前の民主「労働」党、すなわち旧ソ連共産党員が多く、パルツカスに従う党員の中には左派合同以前の社会民主党員、すなわち戦間期社会民主党の精神の継承者が多いと言われる。二〇一六年に一七名しか当選しなかった社会民主党の議員のうち一〇名はキルキラスの社会民主労働党に移った。

パルツカスが私に語ったところでは、社会民主党は中道に寄り過ぎ、党内民主主義も失った。保守党の方がむしろ、党内論争の文化を保っている。西欧は貧困を克服し、福祉国家がすでに達成されているので、社民の課題は、LGBTや少数民族などアイデンティティ問題に移っている。しかし東欧はそのような状況になく、社会問題に依然取り組まなければならない。東欧社民は、伝統的な争点におけるイニシアチブを失い、アイデンティティをめぐる新しい争点におけるイニシアチブはまだ手にしていない。パルツカスによれば、社会民主党は、二〇一二―一六年の政権時代に貧困やリトアニア経済の地域格差などの問題に取り組まず、ユーロ導入が物価上昇をもたらしたという事実自体認めなかった。

以上は、党首とはいえ党内若手改革派の意見にすぎないことは断っておかなければならない。私は、ここ二〇年くらいリトアニア西南部のマリヤンポレ県を定点観察している。この県のヴイルカヴィシュキス郡は、ソ連解体いらい構造不況と失業に苦しみ、一九九〇年代末に社民の牙城となり、前党首ブトケヴィチュスの地元でもある。二〇一八年三月に私が訪れた時、この郡の社民リーダーたちは、「連立政権離脱を支持したのは、党への貢献度が低い弱い支部ばかりだ。いまの執行部（パルツカス）になってから党の支持率が上がったわけでもない」と述べた。実際、二〇一九年の大統領選挙において、社民党の候補は四・八％しかとれずに第一回投票で消えた。

†リトアニアのまとめ

リトアニアでは、独立後に民族民主派が分裂する過程で、憲法をめぐって大統領派と議会派の闘争が起こった。両派の妥協で一九九二年憲法が採択されたため、一九九〇年代前半には、同国が大統領議会制なのか首相大統領制なのかはっきりしなかった。一九九八年一月の憲法裁判所決定は、リトアニア憲法が首相大統領制を定めているという解釈を確定した。リトアニアは、ポーランドと同様、不確定性の約五年間を経て、首相大統領制を確立した。

欧州側に位置する旧社会主義国（東中欧、バルト諸国）は、一九九〇年代における資本主義への移行、二〇〇〇年代以降のEU規範への適応という苦痛に満ちた過程を経験し、未だにその只中にある。これら地域の社会民主主義勢力は効率重視、資本に従順であり、庶民の不満を吸収できない。ここにポピュリズム隆盛の条件がある。

ポーランドやリトアニアにおける首相大統領制の命運は、それがポピュリズムとどのような関係を構築するかで左右された。ポーランドにおいては、ポピュリストは、公選大統領に象徴的な機能しか与えない現行の首相大統領制を批判し、大統領がより積極的な役割を果たすために憲法改正を提案している。

リトアニアでは、首相大統領制の確立後も、アダムクス大統領が与党連立形成に積極的に関与して、大統領の独立した役割を維持した。アダムクスやブラザウスカス首相は、社会自由党や労働党を連合政治に招き入れ、その結果、ポピュリスト政党は既成政党化した。リトアニアでは準大統領制がポピュリズムを馴致したと言ってよい。他方、相当数の有権者は、議会選挙ではポピュリストに投票して溜飲を下げ、大統領選挙では安定感のある既成政治家に投票してバランスを図るという特異な投票行動を示した。

リトアニアのEU加盟とリーマンショックの後、ポピュリズムは、いっそう力を増した。歯に衣着せず政府を批判するグリバウスカイテ大統領の政治スタイルは、ポピュリズムの時代に合っていた。彼女の議会政治への介入は、アダムクスが行ったような、与党連立形成を利用したエレガントなものではなく、治安機関も動員した監視的なものであったが、これがまた国民に受けた。大統領のポピュリスト的パフォーマンスを見ることで有権者が憂さ晴らしするようになったのである。これが、リトアニアでは「法と正義」のような急進的ポピュリスト政党が育たなかった理由の一つではないかと推察する。大統領自身は意図していなかっただろうが、彼女の毒が毒を制したのである。

ポピュリスト政党が定期的に現れては議会選挙・地方選挙を席巻し、首相大統領制でありながら大統領が劇場的な役割を果たすリトアニア政治は、不安定で頼りないものに見えるかもしれない。しかしこの体制は、有権者の不満を絶えずシステムに取り込み、体制内化してゆく。揺らぐことのない恩顧体制を築いたかのように見えて、それがまるで砂の城のように街頭暴力で崩れてしまうウクライナやアルメニアの政治体制と比べれば、この体制は強靱なのである。

第四章

アルメニア
——一党優位制と強い議会の結合

2020年10月、第2次カラバフ戦争中、前線を訪問するパシニャン首相夫妻。
（アンナ・ハコビャン夫人facebook）

1 アルメニアの概況

†被害者としての自己イメージ

アルメニア政治を理解する上では、アルメニア人の一種の被害者意識に注意を払うことが必要である。「聖書に登場する民族のうち、現存するのはユダヤ人、ギリシア人、アルメニア人のみ」とはよく言われることである。古代においてはアルメニア国家が広大な領域を支配したこともあった。アルメニアは世界で最初にキリスト教を国教化した国である。しかし、ローマ・東ローマ帝国、ペルシア系の帝国、チュルク系の帝国、ロシア帝国の狭間にあるアルメニアは恒常的に諸帝国の分割統治を受けた。

統一した領土国家を形成することの難しさの反面として、アルメニア人はヨーロッパからインドに及ぶ広大な商業網を形成し、諸帝国に知識階層、高級官僚として浸透した。こうした民族にとっては、小さな領土国家を形成するよりも、広大・強力な帝国に庇護された方が有利だった。

一九世紀末にオスマン、ロシア両帝国で組織された、アルメニア独立をめざすダシュナクツチュン党（アルメニア革命同盟）は、当初は大衆的な支持を得られなかった。状況を変えたのは一九一五年以降のオスマン帝国におけるアルメニア人大虐殺であり、アルメニア人の多くは自己防衛のために領土国家を求めるようになった。この要求に応えたのはボリシェヴィキ政権であり、アルメニアはソ連内の連邦構成共和国となった。

ただし、上記の歴史の結果、ソ連内アルメニア共和国の領土は、アルメニア人自身にとっては到底受け入れられない小さなものとなった。たとえば、日本人にとっては富士山にあたるアララト山は、こんにちではトルコ領である。しかも、その明媚な姿はアルメニア全土から見える。こうした状況は、「歴史的不正を正す」という志向をアルメニア人の意識に生まざるをえない。これが後述するカラバフ問題でのアルメニアの強硬姿勢を生む。

†カラバフ閥と、それへの反感

アルメニアは、二〇〇八年以降のロシア対西側の地政学的対立の激化の中で、限定的な選択肢しか持たなかった。そもそもアルメニア人の命を救うために自国の軍隊（若者）を派遣する用意がある国は、昔も今もロシアしかない。オスマン帝国末期、欧米諸国はアルメニア国家の樹立を支持し、そのことによってオスマン帝国のトルコ民族主義者を激怒させながら、大虐殺が始まるとアルメニア人のために何もしなかった。

アルメニアは、ロシアを中心とした集団安全保障条約（CSTO）の発足時（一九九二年）からのメンバーであり、同国のアゼルバイジャン、トルコとの断交状態、グルジアとの緊張した関係のため、今後離脱することはまず考えられない。言い換えれば、アルメニアにおいては、親露か親欧米かという地政学上の見解の違いは深刻な争点にはならない。

では、アルメニア政治において左右軸が重要になりうるだろうか。アルメニアにおいては、共産党は二〇〇三年以降、議会選挙で一議席も獲得していない。そのほか統一労働党など左翼的な名称の政党も、二〇〇七年選挙以降、議会からは消えた。これは、有権者が国家の分配機能を重視する傾向が強い旧ソ連諸国では例外的である。たとえば前章で見たリトアニアでは、二〇一六年までは社会民主党がしばしば政権をとったし、そのほかにも様々な左派ポピュリスト政党が現れて議会選挙を席巻してきた。理由を説明するのは難しいが、アルメニアにおいては左右軸もあまり重要ではなかった。

結局、二〇〇三年以降のアルメニアでは、オリガーク対反オリガークという争点が、最も大きな票動員能力を持っていた。これは、一九九八年の大統領選挙で勝ったカラバフ閥が二〇一八年まで二〇年間政権を掌握してきたことと結びついている。恩顧主義的なつながりを大切にするアルメニア社会では、政治家が友人の企業家に便宜を図るのは当然のように行われており、特定閥の長期政権は経済における不公正に容易に転化する（と、少なくとも野党は批判する）。

†下からの革命とエリートの断絶

アルメニアは、下からの民族民主革命を経験したために、共産党体制下の執行権力二元制の大統領議会制への転化が妨げられた国である。フランス法学の影響、カラバフ戦争遂行上の必要、初代大統領レヴォン・テル＝ペトロシャンの独断的な気質から、大統領議会制の代わりに高度大統領制化準大統領制が形成され、これが一九九五年憲法に結晶化した。

私は、二〇〇五年にアルメニア初代首相のヴァズゲン・マヌキャンと面談した際、「なぜアルメニアでは、他のソ連継承諸国と違って、戦略課題は大統領、経営的な課題は首相という分業が成立しなかったのか」尋ねた。マヌキャンは、「中央アジア等では、共産党第一書記が大統領になった。アルメニアで起こったのは下からの革命だった」と答えた。

マヌキャンによれば、共産党体制の伝統の代わりにアルメニアの大統領法に影響を持ったのはフランス法であった。もともとアルメニアは親仏的な国であり（アルメニア語で「ありがとう」は「シノルハカルチュン」だが、普通の会話では「メルシー」が使われる）、ロシア革命期に一時的に独立した南コーカサスでは、アルメニアはフランス、グルジアはイギリス、アゼルバイジャンはドイツの影響下にあると言われた。テル＝ペトロシャンの家族は第二次世界大戦の直後に（戦間期にフランスの委任統治を受けていた）シリアから移住してきたので、フランスに親戚を多く持っていた。

旧ソ連諸国の大統領議会制が共産党体制の伝統に立脚していただけに定着する傾向が強かったのに対し、アルメニアの一九九五年憲法は最初から評判が悪く、その後のアルメニアは、およそ一〇年サイクルで憲法改正を行った。二〇〇五年には首相大統領制に移行し、二〇一五年には議会制に移行した。

同じく頻繁に憲法を変える国でも、ウクライナとモルドヴァは二つの憲法の間を振り子のように行き来しただけだが、アルメニアは、次第に議会を強める方向で異なる三タイプの憲法を経験したことが特徴である。次第に議会が強化されたことだけを見れば、体制の民主化が順調だったかに見える。実際には、一党優位制が定着したため、議会を強めてもコアビタシオンになったり、大統領や首相が追い詰められたりする恐れがなくなったことが、議会強化の背景にあった。

2 カラバフ戦争と高度大統領制化準大統領制

†カラバフ運動の始まり

独立に連なるアルメニアの国家建設は、一九八八年のカラバフ運動から始まった。独立後アルメニアの三代の大統領、レヴォン・テル＝ペトロシャン、ローベルト・コチャリャン、セルジ・サルキシャンはすべてカラバフ運動とその後の戦争が輩出したリーダーである。

中でもコチャリャンとサルキシャンは、カラバフ首都のステパナケルト市出身である。人口一四万人のカラバフ出身者が、人口二九〇万人のアルメニアのリーダーを、一九九八年から二〇一八年まで務めたのである。世代的にも、テル＝ペトロシャンは一九四五年生まれで、カラバフ運動開始時に四〇歳代の半ばにさしかかろうとするところであったが、コチャリャンとサルキシャンは、いずれも一九五四年生まれで、カラバフ運動開始時に三〇歳代半ばであった。つまり、カラバフ運動・戦争の中核を担った世代がアルメニアの実権を握り続けたのである。

一九二〇年、ボリシェヴィキ革命が南コーカサスに波及した時点で、カラバフがアルメニア、アゼルバイジャンのいずれに帰属すべきかという問題は、ボリシェヴィキ党内の論争とロビー合戦を引き起こした。先行する非共産政権下で、カラバフはアゼルバイジャンが実効支配していた。こうした場合の初期ソヴェト政権の一般政策は、現状の実効支配を追認し、そのかわり支配権を獲得した側に係争地域の自治権を認めさせるという痛み分けであった。つまり、アゼルバイジャンによるカラバフ実効支配をソヴェト・ロシアが追認する代わりに、「カラバフに自治を認めよ」とアゼルバイジャン側に命ずるのが初期ソヴェト政権のスタンダードな政策のはずであった。

ところがカラバフについては、一時的にカラバフのアルメニア共和国への帰属を認めそうになるなどボリシェヴィキの政策が動揺したので、とりわけ大きな不公正感をアルメニア側に残すことになった。ソ連末期でもカラバフ人口の四分の三を占めていたアルメニア系住民は、ゴルバチョフのペレストロイカが始まると、カラバフのアルメニアへの帰属換えを公然と要求するようになった。

一九八八年二月二〇日、ナゴルノ・カラバフ自治州ソヴェトは、アルメニア、アゼルバイジャン、ソ連の最高会議に向けて、カラバフをアルメニア共和国に移すよう請願決議した。これに加え、カラバフ東部のアスケランにおいてアゼルバイジャン人が殺害され、激高したアゼルバイジャン側はスムガイトにおけるアルメニア人虐殺を引き起こした。

三月一日には、カラバフで今後の帰属替え運動を進めるために「鶴」という組織が生まれたが、その組織の宣伝・イデオロギーを担当したのが、当時、共産党職員で、後にカラバフとアルメニアの大統領になるローベルト・コチャリャンであった。

カラバフ運動・戦争の過程は多くの研究者によって分析されているので、ここではこれ以上紹介しないが、それまで一四年間、アルメニア共産党第一書記だったカレン・デミルチャンが、紛争の責任を取らされて一九八八年五月に解任されたことには触れておこう。紛争が血なまぐさい局面に達すると同時に辞めさせられたことは彼にとって幸運であった。このおかげで、デミルチャンの名は、平和で安定していた時代の思い出と一緒に市民に記憶されることになったからである。

†テル＝ペトロシャンの台頭

カラバフ自治州ソヴェトが帰属換え決議を採択するとほぼ同時に、アルメニアの首都エレヴァンで「汎アルメニア国民運動」および「カラバフ委員会」が生まれた。前者はポーランドの連帯、リトアニアのサユディス、ウクライナのルフなどと同様の反共民族主義の統一戦線であり、後者は、その名の通りカラバフ運動の支援組織であった。後のアルメニア大統領レヴォン・テル＝ペトロシャンは、両団体のリーダーとして頭角を現した。

テル＝ペトロシャンは、一九四五年にシリアのアレッポに生まれた。一九四六年には両親がソ連に移住したため、アルメニア共和国で暮らし始めた。エレヴァン大学を卒業後、ソ連科学アカデミー東洋学研究所レニングラード支部の大学院で教育を受け、一九七八年からエレヴァン市のマテナダラン古文書研究所で勤務した。博士候補論文のテーマは「アルメニア文学とアッシリア文学の関係」であった。東洋学者として堂々たるエリートコースを歩んでいたと言ってよい。この経歴は、アブハジアの初代大統領ウラジスラフ・アルジンバにも似ている。

一九八八年一二月のアルメニア大地震直後の混乱を利用して、治安当局はカラバフ委員会のリーダーたち、テル゠ペトロシャンや後に首相になるヴァズゲン・マヌキャン（当時、エレヴァン大学の数学の教授だった）らを逮捕し、翌年五月までモスクワで留置した。これによってテル゠ペトロシャンの人気はますます上がり、出獄するとすぐに、一九八九年八月のソ連人民代議員の補欠選挙で当選した。

一九九〇年に入ると、ソ連中央は、アルメニアとカラバフに対する統治能力をほぼ喪失した。アゼルバイジャンとの紛争状態の中で、アルメニアでは、自警団活動、難民援助などにおける汎アルメニア国民運動と共産党組織の協力が進んだ。こうした中で共和国の最高会議（議会）選挙が五月から一一月にかけて行われた。小選挙区制で選ばれる二五九議席をめぐり、共産党と汎アルメニア国民運動が二大政党制のような競争を繰り広げた。両党派によって選挙管理委員会が形成されたため、その後のアルメニアの選挙と違って不正は少なかったと言われる。

挙国一致ムードの中で、汎アルメニア国民運動の選挙スローガンも、独立ではなくソ連内での自治を強化する、トルコに対して領土要求はしないなどの穏健なものとなった。しかし当選後は、汎アルメニア国民会議のメンバーは急進化した。一九九〇年八月二三日、最高会議はアルメニアの独立宣言（曖昧な主権宣言ではない）を採択し、国名から「社会主義」と「ソヴェト」を削除した。一一月七日、最高会議は、国家機関における政治活動を禁止した。これは言うまでもなく共産党をターゲットにした措置だった。

一九一年大統領法

共和国最高会議にも当選したテル＝ペトロシャンは、汎アルメニア国民運動の候補として八月四日の議長選に挑み、アルメニア共産党第一書記を退けて当選した。八月一三日、新議長は、首相にマヌキャンを推薦し、最高会議はそれを承認した。彼自身のホームページに、当時の写真が掲載されている。

一カ月も経たないうちに、最高会議議長と首相の間に権限争いが起こった。マヌキャン首相は、経営的な問題については政府がオートノミーを持つ大統領議会制的な制度運用を目指したが、テル＝ペトロシャン議長は政府も自分に従属させようとした。意見を調整するために、最高会議議長、首相を含む五人のリーダーが構成する、共産党政治局まがいの秘密会議が生まれたが、これもうまくいかなかった。

一九九〇年一一月、マヌキャン首相は最高会議を説得して、最高会議の承認なしで閣僚や知事を任命する一年間の時限権力を得た。それまで最高会議は、マヌキャンが指名する閣僚候補をしばしば拒否していたからである。実は、この時限権力は、最高会議議長の政府への干渉を防ぐための措置であった。一年後、最高会議がこの権力の延長を拒否したために、マヌキャンは首相を辞任した。二年の時差で、ウクライナのレオニード・クラフチュク大統領とレオニード・クチマ首相も、よく似たシナリオを繰り返した。

一九九一年には、ソ連中央との対立、カラバフ情勢の一層の悪化から、最高会議は公選大統領制導入を急いだ。六月二五日には大統領職導入を決議し、さらに八月一日には大統領法を採択した。この法は高度大統領制化準大統領制を選択した。第一に、「大統領は、政府の活動を指導し、閣議を主宰することもできる」とした。これは、テル－ペトロシャン議長が大統領に公選された場合、マヌキャン首相は、その助手のような立場になることを意味していた。

マヌキャン首相(1990〜91年)。http://vazgenmanukyan.am/

第二に、首相の任命手続きにつき次のように定めた。「大統領は首相を任命し、解任する。首相の同意のもとに、それ以外の閣僚を任命し、解任する。内閣の辞任を受理し、三日以内に最高会議にそれを連絡する。最高会議は、単純過半数(ただし、総代議員数の三分の一以上)により、大統領に、内閣、首相、いずれかの閣僚の任命につき、見直しを要求することができる。

大統領は、最高会議の見直し要求に同意するか、それとも当該任命決定に固執するか、一五日以内に最高会議に連絡する。大統領が当該任命決定に固執する場合には、最高会議は総代議員数の三分の二以上の賛成で、当該任命を取り消すことができる。この任命取り消しは、大統領にとって義務的である」。

つまり、大統領が首相を任命・解任するにあたって議会の承認は必要でないが、議会は人選の見直しを要求することができると定めたのである。「大統領は議会の承認を得て首相を任命する」という、他のソ連継承共和国によく見られる大統領議会制の定式、ドゴール憲法第八条の定式「大統領は首相を任命する」に比べ、何とも煩瑣な手続きである。

この複雑さには、当時のアルメニアの憲法体制が置かれていた中途半端な位置が映し出されていた。多くのソ連継承共和国においては、ソヴェト（議会）を至上とする政治制度に大統領職を接木したため、「大統領が首相を任命するのなら議会の承認を得なければならない」という縛りがかかった。旧体制から指導者が断絶しているアルメニア共和国では、こうしたソヴェト的な縛りが緩い。代わりに、ドゴール憲法やミシェル・ルサージュ（Michel Lesage）のような仏法学者の影響が強かった。だからといって、ドゴール憲法のような直截な高度大統領制化準大統領制に飛びつくわけにもいかない。挙国一致の雰囲気の中では、ソヴェト的な伝統に価値を見出す代議員を無視するわけにはいかなかったし、そうでない代議員にとっても、最高会

出典：Мира не будет? Война?, JAM news

議こそが民族民主革命の指導機関だったからである。

一九九一年八月のクーデター未遂事件は、独立と大統領公選への流れをますます加速した。九月二一日には国民投票が行われ、有効票の九九・五％がアルメニアの独立を支持した。これを受けてアルメニア最高会議は、九月二五日に「国家独立の基礎について」の法を採択した。

国民投票―独立法採択と並行して、北コーカサスのジェレズノヴォドスクで、カラバフ紛争激化防止のための会談が行われた。ロシア、カザフスタン共和国大統領（それぞれ写真左から一人目、三人目。写真はJAM news）の仲介の下、アゼルバイジャン共和国大統領アヤズ・ムタリボフ（右端）と、アルメニア共和国最高会議議長テル－ペトロシャン（左から二人目）が会った。カラバフは一九八八年の帰属替え要求を撤回し、アゼルバイジャンはカラバフ自治州の自治権を尊重することで妥協が図られた。四人の共和国リーダーの中で、この時点でまだ「大統領」の称号を帯びていないのはテル－ペトロシャンのみであった。

その大統領の選挙は一〇月一六日に行われ、有効票の八三％の支持を得てテル＝ペトロシャンが当選した。一一月一九日には最高会議法が採択された。一一月二二日にはマヌキャン首相が辞任し、大統領野党として国民民主連合を旗揚げした。マヌキャンに懲りたテル＝ペトロシャンは、一九九七年にカラバフからローベルト・コチャリャンをリクルートするまで、政治的自立性のないテクノクラート的な首相しか任命しなかった。

一九九五年憲法の制定過程

一九九一年一二月にカラバフ戦争が始まったため、その後のアルメニアの憲法制定過程は遅れた。アルメニア独立後の一九九二年、議会は憲法委員会を発足させた。この委員会多数派の案は、一九九一年大統領法が導入した高度大統領制化準大統領制を追認した。これに対し、民族主義野党であるダシュナクツチュン（アルメニア革命同盟）は議会制（議会大統領制）を提案した。マヌキャンをリーダーとする国民民主連合は大統領議会制を提案した。首相であった頃からマヌキャンの立場は一貫していた。政治体制として議会制が望ましいが、アルメニアで政党制が未発達な現状では議会制は無理なので、当面は準大統領制（大統領議会制）しかないという考えである。

やがて野党は、議会制案と大統領議会制案をすり合わせた折衷案を作成した。これは戦間期のリトアニア憲法や一九五八年のドゴール憲法に似ており、大統領を議会選出でも公選でもなく、特別に招集される選挙人会議(全国議員と地方自治代表者)において選出するというものであった。ちなみに、旧ソ連諸国の中では、議会大統領制のエストニアが、議会が大統領を選出できなかった場合にこの方式をとることになっている(同国憲法第七九条)。

このように憲法の検討過程においては興味深い諸案が出たが、やがて野党は、憲法採択の手続きをめぐって委員会多数派(大統領派)と決裂した。野党は、「現状の憲法委員会や議会は、憲法を制定するに足る正統性を欠いている」と主張して、憲法制定会議を招集することを要求し、その要求が否決されると憲法委員会をボイコットした。一九九四年四月、憲法委員会は、高度大統領制化準大統領制の憲法草案のみを議会に提案した。

同年五月九―一一日、カラバフ戦争の停戦協定がアゼルバイジャン、アルメニア、カラバフ三者によって署名された。これにより、アルメニア、アゼルバイジャン両国にとって立憲主義的な統治をおこなう条件が生まれた。

一九九五年五月一二日、アルメニア議会は憲法草案を可決し、さらに七月五日の国民投票により新憲法は成立した。ただし、投票率五五・六%、賛成が七〇・三%(つまり総有権者の三七・八%)という惨めな支持率であった。

新憲法においては、一九九一年大統領法にあった、「議会は大統領による首相任命を承認または否認する権利はないが、異議申し立てはできる」原則が、議会の内閣不信任権（第七四条）として、より明確化された。すなわち、議会は「総議員の過半数」の支持で内閣不信任を決議する権利を持ち、この履行は大統領にとって義務的とされたのである。第八六条は、一九九一年大統領法の延長で、「閣議は大統領が招集し、主宰する。もしくは大統領の委任によって首相が招集し、主宰する」と定めた。

テル－ペトロシャンが議会の内閣不信任権を認めたのはなぜか。NGO指導者のヴァルタン・ポゴシャンが二〇〇五年に私に語ったところによれば、テル－ペトロシャンは議会解散権が何としても欲しかった。実際、ドゴール憲法にあってアルメニアの一九九一年大統領法にない最大の要素は、大統領の議会解散権であった。大統領が議会解散権を獲得したこと（第五四条三項）の引き換えに、議会には内閣不信任権が与えられなければならないのである。この論理構成は、同じく高度大統領制化準大統領制である台湾憲法と同じである。

ポゴシャンは、テル－ペトロシャンが、ロシアやウクライナの大統領議会制をうらやましく思った可能性も指摘する。まず、尊大なテル－ペトロシャンには、高度大統領制化準大統領制の下では大統領が閣議を主宰し、社会経済的な些事もこなさなければならないのが苦痛だった。また、テル－ペトロシャンは、首相を「生贄の羊」にするために、六年余りの任期中に六人首相を更迭した。つまりこの点ではエリツィンやクチマ大統領にひけはとらなかったが、議会が承認した首相でなければ解任の有難味がなく、効果的な生贄にはならないことに気づいた。

同時期のグルジアでも、シェヴァルドナゼ大統領は他のCIS諸国のような大統領議会制を希望していたが、大統領が首相に責任転嫁することを恐れる議会の要求で純粋大統領制が導入されたという事情がある。つまり、アルメニアでもグルジアでも、現職大統領自身は、大統領制や高度大統領制化準大統領制よりも、ロシア・モデル（大統領議会制）の方が望ましいと考えていたのである。

なお、この後、アルメニアで高度大統領制化準大統領制が廃れてしまったのは、本章で説明する政治的理由だけでなく、行政的な理由もある。大統領が閣議を主宰して日常的な政策に忙殺されるより、首相にオートノミーを与えた方が国家統治のためにより効率的だと考えられるようになったのである。

3 首相大統領制へのデファクトな移行

†一九九五―九六年選挙サイクル――「不正選挙」言説の始まり

一九九五年憲法は、大統領の任期を五年、議会の任期は四年とした。この憲法下で、それぞれ三回の大統領選挙と議会選挙が行われた。このうち最初の選挙サイクル（一九九五年の議会選挙と九六年の大統領選挙）では、現職大統領テル－ペトロシャンと、彼を支持する「共和国ブロック」が勝った。一九九八年、カラバフ問題をきっかけに共和国ブロックが解体し、テル－ペトロシャンが辞任すると、第二回目の選挙サイクル（一九九八―九九年）は競争的な様相を帯びた。この競争的多元主義は一九九九年の議会内テロによって壊された。第三回目の選挙サイクル（二〇〇三年）では、コチャリャンが再選され、彼を支持する共和党が第一党となった。

政党	小選挙区獲得議席数	比例区		議席計
		得票率%	議席数	
共和国ブロック	68	43.9	20	88
シャミラム党	0	17.4	8	8
共産党	4	12.4	6	10
国民民主連合	2	7.7	3	5
民族自決連合	0	5.7	3	3
アルメニア民主自由党	1	2.6	0	1
ダシュナクツチュン	1	–	–	1
無所属	72	–	–	72

総議席数 190（小選挙区 150、比例区 40）　投票率 54.3%

表 4-1　1995 年 7 月議会選挙の主な結果

一九九五年七月、新憲法採択の二カ月後、議員定数一九〇（うち一五〇は小選挙区選出）の議会選挙が行われた。この選挙に向けて、テル－ペトロシャンの支持母体である汎アルメニア国民運動は、五つの小政党を巻き込んで共和国ブロックを結成し、優位を一層顕著にした。表

4－1から、ポーランド、リトアニア、ウクライナ、モルドヴァなどでは目的を達成してとうに分裂した反共民族主義統一戦線が、カラバフ戦争のおかげでアルメニアではまだ生きているのがわかる。

一九九六年九月二二日に行われた大統領選挙においては、共和国ブロックの支持を受けたテルーペトロシャンと、リベラルからダシュナクツチュンまでの雑多な小野党の支持を受けたマヌキャン元首相が二大有力候補であった。

第一回投票でテルーペトロシャンが五一・八％、マヌキャンが四一・三％得票して決着がついた。マヌキャン陣営はこの結果を認めず、不正選挙であるとして憲法裁判所に訴え出（のちに却下）、大規模な抗議行動を組織した。第一回投票で第三位の共産党候補が六・三％得票していたので、決選投票に持ち込めば自分にも勝ち目があるとマヌキャンが考えたとしてもうなずける。マヌキャン支持者の一部は議会建物に突入して正副議長を殴打することまでやってのけた。

結局、政府は軍隊まで動員してマヌキャン派の抗議行動を鎮圧したが、大統領選挙に負けた側が負けを認めたことが一度もなく（必ず、「自分は負けていない、不正が行われた」と主張する）、著しい場合には街頭暴力を引き起こすという独立アルメニアの悪しき政治伝統がここに始まった。

†テル=ペトロシャンの失脚

大統領選挙後、ダシュナクツチュン、国民民主連合のいずれも弾圧された。ダシュナクツチュンに対する弾圧は一九九三年頃から始まっていた。アルメニアの政党法に反して、トルコなど外国籍を持つ党員が多かったからであるが、やがて国家転覆を企てたなどの荒唐無稽な理由があげられるようになった。大統領自身による人権侵害を抑止できないのなら何のための憲法かと市民は憤った。

大統領に再選されたテル=ペトロシャンであったが、一九九七年にカラバフ問題でアゼルバイジャンと妥協しようとしたため失脚した。それまでのカラバフをめぐるアルメニアとアゼルバイジャンのアプローチの違いは、「パッケージ方式か、段階方式か」とまとめられる。カラバフ・アルメニア側は、カラバフ戦争の結果としての占領地をアゼルバイジャンに返還し、アゼルバイジャン難民の帰還を認めることと引き換えに、カラバフの独立をアゼルバイジャンに認めさせようとした。アゼルバイジャン側は、カラバフのステータス問題は最も解決困難な問題なので、それは先送りにし、占領地の返還と難民の帰還を通じた信頼醸成をまず行おうと主張した。アルメニア側に言わせれば、占領地と難民問題を「解決」した後に、アゼルバイジャンがカラバフの独立を承認するはずがないのである。

テル＝ペトロシャン大統領は、段階方式を取ることを前提にアゼルバイジャンと妥協しようとした。これは、内容的にカラバフ・アルメニア側にとって受け入れがたいものであるだけでなく、憲法上の意思決定手続きを蹂躙するものであった。このような問題は大統領の独断で決めることはできず、カラバフ代表（大統領と国防大臣）も含む安全保障会議の決議によらなければならなかったからである。

テル＝ペトロシャンの裏切りにショックを受けた院内会派「共和国」は解体し、議員たちは短時間で（本来はカラバフ戦争の退役軍人会の会派である）エルクラパに移った。テル＝ペトロシャンは辞任を決意した。憲法上、議会の議長が大統領代行になるはずであったが、この議長はテル＝ペトロシャンと同意見だったので、共に辞任した。

こうして国家指導者としての序列第三位で、カラバフ政策について大統領への異議を表明していたローベルト・コチャリャン首相が大統領代行となった。コチャリャンはカラバフの初代大統領であったが、一九九七年三月にテル＝ペトロシャンにリクルートされてアルメニアに移り、首相を務めていた。

†一九九八―九九年選挙サイクルと政党制の発達

テル＝ペトロシャンの後任を決めるために一九九八年三月に大統領選挙が行われた。有力候補は、コチャリャン首相＝大統領代行と、ソ連時代にアルメニア共産党第一書記であったカレン・デミルチャンであった。

大統領候補になるにはアルメニアに一〇年以上居住した事実が求められるので、つい最近までカラバフに住んでいたコチャリャンに、そもそも立候補資格があるかが問題視された。

コチャリャン大統領（1998-2008年）

デミルチャン元共和国共産党第1書記

コチャリャンは、これを住民票の操作により切り抜けた。デミルチャンは、一九八八年の失脚以来、十年ぶりに政治にリバイバルした。民族主義と戦争に疲れた南コーカサスでは、一九九二年にグルジアでエドアルド・シェヴァルドナゼ、一九九三年にアゼルバイジャンでヘイダル・アリエフというように、ソ連時代の共産党第一書記が政権に復帰していた。デミルチャンもこのリバイバル・ブームに便乗しようとしたのであろう。

平和だった旧き良き時代を懐しむ人々がデミルチャンを支持したとすれば、コチャリャンはテル－ペトロシャンの妥協を批判したことで株をあげ、エルクラパ、ダシュナクツチュン、セルジ・サルキシャン内務・国家安全

候補者	政党	第1回投票得票率%	決選投票得票率%
ローベルト・コチャリャン	無党派	38.5	58.9
カレン・デミルチャン	社会党	30.5	40.1
ヴァズゲン・マヌキャン	国民民主連合	12.2	
セルゲイ・バダリャン	共産党	10.9	
パルイル・アイリキャン	「民族自決」	5.4	
投票率%		63.5	68.1

表4-2　1998年3月大統領選挙の主な結果

保障大臣、ヴァズゲン・サルキシャン国防大臣などの武闘派に好まれた。コチャリャンは、ダシュナクツチュンに対し、テル-ペトロシャン時代のような弾圧を止めるともちかけた。

武闘派の中では、同じカラバフ閥のセルジ・サルキシャンが大統領候補になる可能性もあったが、この時点ではコチャリャンに譲った。「コチャリャンの後には自分が」という意識は当然あっただろう。ヴァズゲン・サルキシャンはカラバフ戦争の英雄で、エルクラパのリーダーの一人として国民に人気があった。彼の支持はコチャリャンの勝利に大きく貢献したと言われる。

一九九六年大統領選挙で次点だったマヌキャンは、「デミルチャンは、万一勝てばすぐに武闘派とくっつくだろう」と思っていたので、自分の立候補を取り下げなかった。野党候補が統一できなかったため、第一回投票ではコチャリャンがかろうじて第一位となった。しかし、決選投票で反コチャリャン票がデミルチャンに集中するとすれば、コチャリャンが勝てる数字ではなかった（表4-2）。OSCEは、カラバフ問題でより穏健だと考えられていたデミルチャンに期待していたこともあり、この大統領選挙結果の公正さに重大な疑義を表明した。

他の旧社会主義諸国と同様、民族主義統一戦線（共和国ブロック）が分裂して初めて、本当の複数政党制の時代が到来した。次のような政党が現れた。

共和党――ソ連時代に地下活動をしていた民族主義団体を起源とし、一九九〇―九一年に合法政党として活動を開始した。一九九五年議会選挙の際は共和国ブロックに参加したが、一九九八年二月にテル－ペトロシャンのカラバフ政策を批判して離脱した。七月、自党にイデオロギーが近い在郷軍人会エルクラパと合同した。これにより共和党に吸収されたヴァズゲン・サルキシャンが党首になった。翌年の議会選挙に向け、人気のあるヴァズゲンを党の看板にするためであった。

ヴァズゲン・サルキシャン

人民党――大統領選挙で負けたデミルチャンが同年五月に創立した。左派的で議会主義的な綱領を掲げ、初級党組織の拡充に力を注いだ。

「法の支配」――一九九七年末、法律家や政治学者が中心になって作った政党。やがて一九六八年生まれで法学博士候補のアルト

政党	小選挙区獲得議席数	比例区		議席計
		得票率%	獲得議席数	
「統一」ブロック	33	41.3	29	62
共産党	2	12.0	8	10
「法と統一」	1	7.9	6	7
ダシュナクツチュン	3	7.8	5	8
「法の支配」	2	5.3	4	6
国民民主連合	2	5.1	4	6
無所属	32	–	–	32

総議席数 131（小選挙区 75、比例区 56）　投票率 51.7%

表 4-3　1999 年 5 月議会選挙の主な結果

ゥール・バグダサリャンが党首になった。アルメニアでは稀な親EU政党であるが、イデオロギーが似た競争相手がいないので、議会で一定の勢力を獲得した。

「法と統一」——元エレヴァン市長のアルタシェス・ゲガミャンが立ち上げた左派中道政党。

†準コアビタシオンと議会テロ

一九九九年五月三〇日投票の議会選挙に向けては、ヴァズゲンの共和党とデミルチャンの人民党が選挙連合「統一」を結成した。人民党の活動家は、武闘派と組むことに相当の抵抗があったようだが、デミルチャンの鶴の一声で連合が決まった。「統一」は、比例区で四一・三％得票し、小選挙区における当選者も合わせて総議席一三一中の六二議席を占めた（表4-3）。その内訳は、共和党が四一議席、人民党が二一議席であった。インテリに人気があった人民党は二一議席中一九を比例区で稼ぎ、共和党は小選挙区で強かった。

コチャリャン大統領は、やむを得ずヴァズゲンを首相に任命し、デミルチャンは議会議長になった。大統領が議会選挙の結果を無視しようと思えば無視できる憲法体制下で、首相と議会議長が議会多数を押さえて大統領を掣肘するコアビタシオンのような状況が生まれたのである。この準コアビタシオンが続いていれば、アルメニアの民主主義の発展は違った道を辿っただろうと考えるアルメニア人は多い。

ところが、一九九九年一〇月二七日、武装グループが議会に突入し、ヴァズゲン、デミルチャンを含む八名を射殺したため、準コアビタシオンは突然終わった。テロを背後で操っていたのはコチャリャン大統領ではないかと市民は当然にも疑った。苦境に陥ったコチャリャンは、殺されたヴァズゲンの弟アラムを首相に任命した。アラムは共和党の党首にもなった。さらにテロを防げなかった責任を取らせて、セルジ・サルキシャン国家安全保障大臣を解任した（その代わり大統領府長官に任命したから、あまり大きな左遷ではない）。

テロ事件のほとぼりが冷めると、二〇〇〇年五月、コチャリャンはアラムを解任して、自分に忠実なアンドラニク・マルガリャンを首相に任命した。やがてマルガリャンは、アラムから共和党党首の地位も奪った。マルガリャン内閣の国防相として、セルジ・サルキシャンも復活し、やがてテロ事件の調査・捜査も停止された。この幕引きに納得しない人民党は共和党と袂を分かち、「統一」は分裂した。共和党内でもヴァズゲン・サルキシャンに忠実だったグループは党を離れたが、主流派は政権にとどまることを望んだ。

この後、マルガリャンは首相として七年間の長期政権を築くが、その庇護下で共和党も成長、そして変質した。旧体制下の地下民族主義組織とカラバフ戦争退役軍人を起源とする活動家の党だったはずなのに、政府機構と一体化した権力党になっていったのである。ただし、コチャリャン大統領自身は共和党に入党せず、自身が「国民全体の指導者」であることを強調した。リトアニアやウクライナの憲法と違って、当時のアルメニア憲法は大統領が政党員であることを禁止していなかったので、これはコチャリャン自身の嗜好である。後継者のサルキシャン大統領が、共和党党首として政局運営したのとは対照的であった。

†二〇〇三年選挙と連立政治

二〇〇三年二月の大統領選挙に向けて、人民党は一九九九年に殺されたデミルチャンの息子ステパンを候補とした。弔い合戦を演出しようとしたわけだが、この人選は世襲批判も呼び起こすことになった。

ステパンが野党統一候補にはなれなかったにもかかわらず、コチャリャンは、四九・五%というわずかな不足で第一回投票で過半数を制することができなかった。決選投票では、コチャ

政党	比例区		小選挙区	議席計	政権に対する態度
	得票率%	獲得議席数	獲得議席数		
共和党	23.7	23	10	33	連立与党
「法の支配」	12.6	12	7	19	
ダシュナクツチュン	11.5	11	0	11	
「公正」ブロック（人民党、国民民主連合など）	13.7	14	0	14	野党
国民統一党（ゲガミャン党）	8.9	9	0	9	閣外協力
統一労働党	5.7	6	0	6	
諸派・無党派	−	−	39	39	
議席計		75	56	131	

総議席 131（小選挙区 75、比例区 56）　投票率 51%

表 4-4　2003 年 5 月議会選挙の結果

リャン六七・五%、デミルチャン三二・六%の得票で、コチャリャンが圧勝した。

野党側はこの結果を認めず、憲法裁判所に選挙結果の無効を訴えた。憲法裁判所は、「確かに違反が多かったので、一年後に大統領の信任投票を行う」という、拘束力はないとはいえ、やや奇妙な決定を下した。これにより政権と憲法裁判所の関係は悪化し、後の二〇〇五年改正憲法では憲法裁判所の地位は低められた。OSCEの評価もいつもに増して辛辣だった。コチャリャンが一九九九年のテロ事件の禊と考えていた大統領選挙にけちがついたのである。政権の正統性を得るためには、その三カ月後の議会選挙で勝って、議会多数派に依拠した政府を作るしかなかった。

二〇〇三年五月二五日投票の議会選挙に向けては、野党は選挙ブロック「公正」を形成した。共産党はアルメニア独立後初めて一議席も取れなかったが、その分左翼票を吸収して統一労働党が六議席獲得した。コチャリャンは、前議会で既に接近傾向が見られた上位三党、つまり共和党、「法の支配」、ダシュナクツチュンが与党連合を形成するように説得し、それが成功したおかげで総議席一三一中の六三議席を確保した（表4－4）。これだけでは過半数でないが、統一労働党と国民統一党の閣外協力を得て、共和党党首マルガリャンの政府が継続することになった。後にコチャリャンは、この連立交渉を、「カラバフ戦争よりも苦しかった」と述懐している。

連立与党は、連立協定で合意した分だけ大臣職や知事職を受け取ることができた。首相大統領制にありがちなことだが、連立交渉の取引材料にするために、新たな（必要性の疑わしい）大臣や次官の職まで導入された。野党系の議員は、「公正」の一四名と無党派を合わせて二四－二六名いたが、連立与党が議会委員長職までも独占したことに抗議して、議事への参加を、情宣目的で行う場合を除いてボイコットした。

一九九九年のテロ事件は、コチャリャン大統領の正統性にとって一大危機であったが、コチャリャンは議会に依拠することでそれを克服した。その結果、アルメニアは、憲法上は高度大統領制化準大統領制であっても、デファクトには首相大統領制に近づいた。

†憲法を現実に追いつかせる

現実政治が首相大統領制に移行しつつあるから、憲法は放っておけばよいと考えられたわけではない。一九九八年の大統領選挙に際してすでに、コチャリャン候補は一九九五年憲法の改正を公約していた。民主的な公約を掲げることで、「カラバフから来たタカ派」というイメージを払拭したかったのである。

選挙後、一六名の政党代表と一六名の専門家からなる憲法委員会が設置されたが、一九九九年までこの委員会は不活発だったので、純粋な専門家委員会に改組され、二〇〇一年までに首相大統領制に基づく新憲法草案が準備された。政党代表が入ると憲法審議が途端にうまくいかなくなるのは、後述するウクライナと同じである。

二〇〇一年にはアルメニアは欧州評議会に加入し、その後はヴェニス委員会の助言と監督を受けることになった。同年六月、ヴェニス委員会は、憲法委員会が準備した草案に対して三〇〇ページに及ぶ「結論」を発行した。数点（エレヴァン市長公選問題など）を除いて、ヴェニス委員会はアルメニア案を承認した。ところが草案の審議が憲法委員会から議会に進むと、大統領派は草案にあった首相大統領制を、ロシア憲法に類似した大統領議会制に修正してしまった。その案が、二〇〇三年五月二五日、議会選挙と同時に国民投票にかけられた。野党側は大統領権限が再び強められたことに反対であり、大統領側も一九九五年憲法が存続することに不便を感じなかった。よって与党も野党も国民投票に向けて有権者を動員せず、国民投票は不成立に

	1995年憲法	2005年憲法
首相任命権	大統領のみ。議会の承認は必要ない。	議会過半数もしくは最大多数の支持を得ている者を任命
大統領の首相解任権	無制限	なし
大統領の議会解散権	無制限	解散できる場合の制限列挙
議会が内閣不信任決議をあげる要件	総議員の過半数	同左

表4-5　1995年憲法と2005年憲法の対比

終わった。

加盟したばかりの欧州評議会のお墨付きを得た憲法草案をロシア風の草案に勝手に書き換え、しかも投票が成立しなかったという失態は、アルメニアと欧州評議会の将来の関係に禍根を残しても不思議ではない。ここでアルメニアの憲法問題は、国の内政だけではなく対欧州政策の文脈に置かれることになった。そのため議会は、副議長のチグラン・トロシャン（共和党）を委員長として「欧州構造への統合問題に関する臨時委員会」を新設し、憲法改正にも責任を負わせた。ちなみにトロシャンは、欧州評議会議員会議へのアルメニア代表団の団長でもあった。

二〇〇四年、アルメニア議会はヴェニス委員会と交渉を再開した。アルメニア議会では三草案が現れた。第一は連立与党案であり、ロシア憲法に類似した大統領議会制を提案した。第二は、政府に閣外協力している統一労働党の草案であり、ヴェニス委員会も支持した二〇〇一年案、すなわち首相大統領制案に立ち戻れと主張するものだった。第三は、野党連合「公正」の議会制案であった。ただし、「公正」は委員会審議をボイコットしていた。

二〇〇五年六月、連立与党は首相大統領制をついに受け容れた。その後の修正を経て、首相任命に関して次の条文が採択された。すなわち大統領は、「議会における議席配分と議員会派との協議に基づいて、議員過半数の信任を得ているか、それが可能でない場合には、最大多数の議員の信任を得ている人物を首相に任命する」。一九九五年憲法においては、閣議は大統領が主宰するのが原則で、首相が主宰するのは例外だったが、二〇〇五年憲法ではそれが逆転し、閣議は首相が主宰するのだが、「外交、国防、国家安全保障上の問題については大統領が招集し主宰することもできる」とされた。表4－5で一九九五年憲法と二〇〇五年憲法を対比する。

この憲法草案が一一月二七日の国民投票にかけられ、投票率六五・三％、賛成票九四・五％で承認された。アルメニアのように恩顧政治が発達しているうえに「勝者総取り」の政治文化を持ち、軍事的な緊張に晒されている国が、憲法の明文上は首相大統領制に移ったとしても、現実には大統領議会制の要素が残るものである。それでもなお、新憲法下で議会選挙の重要性が高まったのは事実である。実は、この憲法改正は、二〇〇八年で任期が切れるコチャリャン大統領の後継者問題と絡んでいた。

4 二〇〇五年憲法下での首相大統領制と一党優位制

†予備選挙としての二〇〇七年議会選挙

二〇〇五年憲法は、大統領と議会の任期を共に五年とした。アルメニアは、この憲法下で二回の選挙サイクルを経験した。最初の選挙サイクル(二〇〇七―〇八年)では、コチャリャンからセルジ・サルキシャンへと大統領が代替わりした。第二回目の選挙サイクルは、サルキシャンの再選を許した。二〇〇三年議会選挙で三三議席を獲得していた共和党は新憲法下で議席を倍増し、二〇〇七年選挙では六三議席(表4-6)、二〇一二年と一七年の選挙ではいずれも六九議席(単独過半数)をとった。こうしてアルメニアの一党優位制は確立された。

政党	獲得議席数	増減
共和党	63	+30
「繁栄するアルメニア」	26	新党
ダシュナクツチュン	16	+5
「法の支配」	8	−11
「遺産」	7	新党
無所属	11	−28
計	131	

総議席131(比例区90、小選挙区41議席)　投票率59.9%

表4-6　2007年6月議会選挙の主な結果

話を二〇〇七年に戻すと、二期目を終わろうとしているコチャリャン大統領の後継者の最有力候補は、セルジ・サルキシャン首相であった。彼は一九五四年、ステパナケルトで生まれ、カラバフ戦争の英雄の一人であった。一九九三年からアルメニアにリクルートされて、特務、内務、国防の大臣職を歴任していたが、二〇〇七年四月、マルガリャン首相が心臓麻痺で急死したのを受けてついに首相になった。同年六月一〇日投票の議会選挙で支持母体の共和党が第一党になったのを受け、同年一一月には同党の党首になった。

セルジ・サルキシャン大統領（2008-2018年）

「繁栄するアルメニア」リーダー、ツァルキャン

　この議会選挙の結果、「公正」系の野党と左翼政党は壊滅し、代わりに「繁栄するアルメニア」と「遺産」が議席を得た。

　「繁栄するアルメニア」は、大富豪であるガギク・ツァルキャンが二〇〇四年に創立した。イデオロギー的には共和党と違いのない保守民族主義政党であるが、共和党が喧嘩早いのに対し、どの政治勢力とも仲良くするのが身上である。国際的には統一ロシア党、二〇一四年以前のウクライナ地域党と公式の友党関係にあり、ツァルキャン党首が中国でビジネスを展開しているので中国共産党とも仲が良く、欧州評議会議員会議では人民党グループに属すと言えば、その八方美人ぶりがわかるだろうか。

党首がアルメニア・オリンピック委員会長を務めていることにも示されるように、社会活動を活発に行ってソフトパワーを重視するところが共和党とは違う、と自負していた。四月革命後の二〇一八年の議会選挙の結果、与野党問わずそれまでの議会政党の中で唯一議会に残れた政党であり、独特の強靱さがあるのは確かである。

「遺産」は、アメリカで弁護士をしていたが一九九〇年にアルメニアに帰化し、独立アルメニアの最初の外務大臣になったラフィ・ホヴァンニシャンが二〇〇二年に作った政党である。右派リベラル野党なので、左派的な性格の強い「公正」とは一線を画してきた。

実は、二〇〇七年議会選挙においてコチャリャン大統領は、表向きはサルキシャン＝共和党支持を表明しながら、「繁栄するアルメニア」を応援していた。つまり、自分の後継者と認めたサルキシャンの支持基盤である共和党を弱めて、サルキシャンが大統領になった後も院政を布こうとしたのである。コチャリャンは「繁栄するアルメニア」の創立そのものに関与したという説さえあるが、もしそうなら、二〇〇三年に大統領として再選されるや否や、大統領三選禁止をいかにしてすり抜けるか知恵を絞っていたということになる。議会選挙の結果、共和党が「繁栄するアルメニア」に圧勝したため、コチャリャンはやむを得ず政界からは引退した。

†大統領選挙へのテル－ペトロシャンの参入

以上の経過で、翌二〇〇八年二月の大統領選挙におけるセルジ・サルキシャンの勝利は決まったかのように思われたが、そう簡単にはいかなかった。二〇〇七年一〇月、アルメニア初代大統領テル－ペトロシャンが「アルメニア国民会議」を創設し、野党大統領候補として十年ぶりに政治にカムバックしたからである。

テル－ペトロシャンは、十年前に自分がカラバフ問題で妥協を説いたのは正しかったと主張した。この十年間で、解決方法をめぐる論争どころか、外交でカラバフ問題を解決しようとする志向自体がアルメニア、アゼルバイジャン両方で後退してしまったではないか。また、彼は、コチャリャンからサルキシャンへの権力禅譲にとっても最大の傷である一九九九年のテロ事件を再調査することを約束した。

テル－ペトロシャンは、自分を野党統一候補にすべく諸政党への働きかけを行い、「遺産」や人民党はこの誘いに乗った。前哨

候補者	所属政党	得票率%
セルジ・サルキシャン	共和党	52.8
レヴォン・テル－ペトロシャン	アルメニア国民会議	21.5
アルトゥール・バグダサリャン	「法の支配」	16.7
ヴァハン・ホヴァンニシャン	ダシュナクツチュン	6.2

投票率 72.1％

表 4-7　2008 年 2 月大統領選挙の主な結果

戦としての議会選挙でサルキシャン＝共和党に敗れたツァルキャンとコチャリャンは、サルキシャンを応援した。

テル－ペトロシャンは、一部に熱狂的な支持者がいるものの支持の広がりを欠き、二〇〇八年二月一九日投票の大統領選挙は第一回投票で決着がついた（表4－7）。「法の支配」のバグダサリャンがテル－ペトロシャンと同水準の得票で第三位につけていることは注目されるが、政権が野党票を割るために彼を立てたという説もある。有力三野党（アルメニア国民会議、「法の支配」、ダシュナクツチュン）の候補の全得票を足してもサルキシャンの票に及ばないのだから、サルキシャンは順当勝ちしたと言えよう。一九九八年、二〇〇三年の大統領選挙に比べれば、この選挙はOSCEの評価も高かった。

ところが、テル－ペトロシャンは敗北を受け容れず、支持者を街頭に動員した。治安部隊との衝突で、三月一日には一〇名の死者が出た。二〇〇八年大統領選挙は、大統領選挙のたびごとに敗者が敗北を認めずに街頭暴力が発生するというアルメニア政治の悪しき伝統を最悪の形で繰り返したものであり、「そもそも大統領の直接公選が問題だ」ということで、二〇〇五年憲法の改正がはや議論されるようになった。

なお、この紛争に際しテル－ペトロシャンの選挙参謀の一人であったニコル・パシニャン（後のアルメニア首相）が、デモを扇動した罪で収監されている。ニコルは北部の鉱山町に一九七五年に生まれ、エレヴァン大学文学部卒の筋金入りの野党系、つまりカラバフ派閥に批判的なジャーナリストであった。

†実態においては大統領議会制

自分の政権の出発点を血塗られたサルキシャン大統領にとって、国民和解の雰囲気を創出することは急務だった。このためサルキシャンは、五つの議会政党すべてを網羅する大連合を作り、大統領選挙第一回投票で得票三位だったバグダサリャンを安全保障会議書記に任命した。

五党連立は、ダシュナクツチュンがトルコとの和解政策に反対して二〇〇九年に連立を抜けたのを除けば、二〇一二年議会選挙まで維持された。当時のトルコのアフメト・ダウトオール外相は周辺国との「ゼロ・プロブレム外交」を展開していたが、アルメニアもその対象だった。アルメニアの政権としてはなんとしてもトルコに国境封鎖を解除して欲しかったが、ダシュナクツチュンは、歴史問題を棚上げにし、カラバフを不利にしかねない和解には反対したのである。

チグラン・サルキシャン首相（2008～14年）

大連立に成功すると、サルキシャン大統領は、一九九八年以来アルメニア中央銀行総裁だったチグラン・サルキシャン（大統領とは単なる同姓で親戚ではない）を首相に任命した。チグラン首相の下で、アルメニアがリーマンショックから比較的早く立ち直ったのは事実である。しかし、大統領が首相に望んだのはテクノクラートとしての役割のみであった。チグランを共和党に入党させて副党首にはしたが、連合政治と議会対策は、大統領が共和党党首として自ら行い続けた。かつてコチャリャン大統領が無党派を貫き、マルガリャン首相が共和党党首だったのとは対照的である。

二〇〇五年憲法は首相を大統領の助手のような地位から解放したが、党人＝政治家としては、チグランはセルジの助手であった。首相はテクノクラートで、大統領が政治を指導するのなら、それは大統領議会制に近い。これを象徴するかのように、チグランは、二〇一二年議会選挙の後だけではなく、二〇一三年大統領選挙の後も辞任して（大統領に再選された）セルジによって再任命された。首相大統領制の下では、首相職は議会にのみ依存するので、大統領選挙の後の辞任・再任は不必要なはずである。さらに、二〇〇五年憲法は、外交を政府と大統領の共同管轄下に置いているのに、たとえばトルコとの関係正常化問題に、チグランは一切関与しなかった。

†二〇一二―一三年選挙サイクル――サルキシャンの無難な再選

二〇〇七—〇八年の波乱がうたかたであったかのように、サルキシャン大統領の一期目のアルメニア政治は凪に見舞われた。二〇〇七—〇八年の選挙サイクルが、共和党の一党優位が完成したこと、そしてそれは容易には転覆できないことを示したので、諸政党は与党連立の中に入って利権の分け前を受けながら力を蓄えることをめざすようになった。特に「繁栄するアルメニア」にこの傾向は強かった。反対に、連立を出たダシュナクツチュンは二〇一二年五月六日投票の議会選挙で大きく後退した。この議会選挙の結果は表4－8の通りである。行論の都合で、二〇一五年憲法改正の際、賛成したか（○）、反対したか（×）も表示する。

表が示す通り、主要二党の議席占有率がますます上がった。テル－ペトロシャンのアルメニア国民会議は七議席を獲得した。出獄して間もないニコル・パシニャンも、同会議から当選した新議員の一人であったが、翌年二月の大統領選挙に向けてテル－ペトロシャンが不出馬宣言したことに激怒して、袂を分かった。ダシュナクツチュンも、「法の支配」も大統領選挙に候補を立てなかった。

政党	獲得議席数	増減	2015年憲法改正
共和党	69	＋6	○
「繁栄するアルメニア」	37	＋11	○
アルメニア国民会議	7	新党	×
「遺産」	5	－2	×
ダシュナクツチュン	5	－11	○
「法の支配」	6	－2	×
無所属	2	－9	－
計	131		

投票率62.4％

表4-8　2012年5月議会選挙の結果

その結果、この大統領選挙では「遺産」のホヴァンニシャンが唯一の野党候補となった。

唐突ではあるが、この時点でホヴァンニシャンは悪い候補ではなかった。それ以外の有力政治家は、一九九八年から二〇〇八年にかけてコチャリャンかサルキシャンに少なくとも一度負けていた。ホヴァンニシャンは、アメリカ国籍放棄から一〇年経っていなかったために二〇一一年以前の大統領選挙には出られず、それだけ新鮮だった。セルジ・サルキシャンが二月一八日の第一回投票で五九％得票して再選されたとはいえ、野党票を独占したホヴァンニシャンは三七％獲得した。例によって、敗者（ホヴァンニシャン）は負けを認めずハンガーストライキを行い、彼の支持者は街頭での衝突を引き起こした。

5 議会制への移行と革命

†二〇一五年の憲法改正

二〇一三年に再選されたサルキシャン大統領は憲法改正のための委員会を設置した。敗北を認めないホヴァンニシャンもこの委員会に招いたが拒否された。憲法改正論の論拠は下記の通りであった。①大統領の直接選挙は街頭抗議行動を誘発し、最悪の場合は二〇〇八年のように死者が出る。軍事的な緊張の中にあるアルメニアには大統領直接公選は向かない。②同じく安全保障上の理由で、コアビタシオンを生み出しかねない準大統領制ではなく、権力が一元化される議会制か大統領制の方が望ましい。しかし、③過去二〇年間でアルメニア社会は成熟したので、一九九五年憲法に似た大統領制に移行するのは世論が許さないだろう。したがって議会制（議会大統領制）しかない。

野党側は、憲法改正の中身よりも、大統領が改正を提案する動機を批判した。三選禁止のため、サルキシャンは二〇一八年には大統領を降りなければならない。政治制度を議会制に変えて、首相として国の指導者の座に居続けようとしているのだ、と。確かに、二〇〇〇年以来の長期政権のおかげで共和党は議会選挙を著しくコントロールできるようになった。変化への小窓があるとすれば、野党候補が必ず合計四〇％前後の票を獲得できる大統領選挙である。サルキシャンは、この小窓をも閉じようとしているのだと野党は批判した。サルキシャンは、国民投票直前になって、自分は大統領退任後、首相に立候補するつもりはないと言明して批判を凌いだ。

憲法の改正内容に話を戻すと、モルドヴァで起こったような議会大統領の長期空席を防ぐために、改正憲法案では、大統領選出要件を段階的に引き下げてゆく方式がとられた。すなわち、大統領選出のための第一回投票では、議員総数の四分の三の支持が必要とされたが、その要件が満たされない場合、第二回投票を行い、議員総数の五分の三の票を得た者がいれば、その者が大統領となる。そうでなければ第三回投票が行われ、ここでは議員総数の過半数の支持で大統領が選ばれるとされた。なお、二〇一七年憲法は、大統領が政党員であることを禁止した。アルメニアにとってとりわけ重要な軍の最高司令官には、大統領ではなく首相がなる。

新憲法下で国の指導者となる首相の選出については、手続きを議会内に限定するのではなく、必ず安定多数派（連合）を生み出す選挙制度と組で考案された。

すなわち、①議員総数の出発点は（これまでの一三一議席ではなく）一〇一議席だが、これは固定数ではなく議席のボーナス配分に応じて増えうる。②選挙制度は、これまでの並立制でなく比例代表制である。③選挙法典が「安定的議会多数派」の形成を保証する。もしそれが達成されなければ、選挙後の連立で「安定的議会多数派」を作る。④もしそれが達成されなければ、第二回投票を行って、議席を第一回投票結果に追加する。連立形成作業も、失敗した組み合わせにこだわらず新たに行ってよい。⑤新議会の成立後、大統領は、③④の手続きで指名された議会多数派の候補を首相として任命する。⑥内閣辞職の場合は、七日以内に、議会が、議員総数の過半数の支持で新首相を選出する。⑦これに失敗した場合は、七日以内に同じ手続きを繰り返す。それでも首相を選出できなかった場合は、議会は解散する。ウクライナの二〇〇四年憲法と同様、少数派内閣を憲法上排除しているところが特徴である。

この改正案を、共和党、「繁栄するアルメニア」、ダシュナクツチュン党が支持し、アルメニア国民会議、「遺産」、「法の支配」が反対した。表4－8が示すように、主要三党の支持だけでも議員の約八〇％の賛成を得ることができる。与野党間の圧倒的な力の差もあって、準大統領制から議会制への移行という根本的な憲法改正であったにもかかわらず、審議過程は、一九九五年、二〇〇五年憲法の審議過程に比べれば淡々としたものだった。議会は特別な憲法委員会さえ作らず、憲法改正問題は常設の立法委員会で審議された。現職大統領の真意はヴェニス委員会の与り知るところではないので、ヴェニス委員会は改正案の条文だけを検討して肯定的な結論を出した。

二〇一五年一〇月に議会は改正案を可決し、一二月の国民投票で承認された。投票率五〇・八％、賛成六六・二％（全有権者の三二・二％の支持）という惨憺たる結果であったが、事前に成立に必要な投票率が二五％にまで引き下げられていたので、それでも新憲法は採択された。

憲法改正の結果、二〇一八年にサルキシャンの任期が切れると同時にアルメニアは議会制に移行することになった。議会が首相と大統領の双方を選ぶ重要な役割を担うことになるので、その議会を選ぶ選挙法の改正は、憲法改正と一体をなすものと考えられた。既述の通り、そもそも新憲法の中に、比例代表制、必ず議会多数派を生み出す制度という、これから検討される選挙法典への縛りがかかっていた。

†与党に有利な選挙法典

二〇一六年六月に採択された選挙法典は、ポーランドの選挙制度に類似した、全国選挙区、地方選挙区（アルメニアは一三選挙区に分割された）二層の比例代表制を採用した。特徴的なことに、全国選挙区は拘束名簿式であるが、地方選挙区は非拘束名簿式であり、党内レーティングの要素を色濃く帯びている。

すなわち、①有権者は、投票所の入り口で、自分が支持する政党への投票用紙を受け取る（逆に言えば、支持しない政党への投票用紙は端から受け取らない。膨大な紙の無駄が生じることになる）。②その投票用紙の表面には、政党名と当該政党の全国区名簿トップ3が印刷してある。裏面には、当該選挙区の当該政党の候補者がアルファベット順に並べてあり、有権者はレーティング投票する。③全国的な得票がドント式で配分される。地方選挙区では、当該政党への議席配分数と党内レーティング投票の結果で、当選者が決まる。④第一回投票の結果、過半数の議席を取ったが議席占有率が五四％に満たない政党が出た場合、ボーナス議席（最初の一〇一議席以外の議席）が与えられて、議席占有率を五四％まで引き上げる。⑤逆に、一つの政党の議席占有率が三分の二を超えた場合、その党の議席占有率を三分の二まで下げるよう、その他の党にボーナス議席が与えられる。こうして一つの政党が単独で憲法改正して独裁的な体制を導入しうる危険性を排除するのである。⑥選挙結果公示後六日以内に議会多数派連合ができない場合、上位二党の間で決選投票が行われ、勝った党に、その党の議席占有率を五四％まで引き上げるだけのボーナス議席が与えられる。

政党	得票率%	獲得議席数
共和党	49.2	58
ツァルキャン連合（「繁栄するアルメニア」）	27.4	31
「出口」	7.8	9
ダシュナクツチュン	6.6	7
「アルメニア再生」（旧「法の支配」）	3.7	0
オハニャン-ラフィ-オスカニャン連合*	2.1	0
アルメニア国民会議・人民党連合	1.7	0

投票率 60.9％

＊セイラン・オハニャンは、2008〜16年、アルメニア国防相。ヴァルタン・オスカニャンは帰国政治家。1998〜2008年、アルメニア外相。

表4-9　2017年4月議会選挙結果

準大統領制から議会制に移行するにあたって、政治の不安定化を防ぐために幾重にも安全装置をかけたいという気持ちはわかる。しかし、二〇一六年当時のアルメニアの政治状況からいって、五〇％以上五四％以下の議席を獲得しうるのは共和党しかなかったし、上位二党になりうるのは共和党と「繁栄するアルメニア」しかなかった。与党に有利な選挙法改正を行ったと言われても仕方がないだろう。

その他の特徴として、ウクライナの二〇〇四年改正憲法と同様、少数派内閣を憲法・選挙法上排除していることが注目される。また、地方選挙区での議席の配分が非拘束名簿に沿って行われることで（与党寄りになるのが通常の）地方ボス層が並立制時代よりもさらに当選しやすくなるだろうと批判された。

†四月革命とその後

表4－9が示すように、二〇一七年四月二日投票の議会選挙の結果、バグダサリャン派、ホヴァンニシャン派、テルーペトロシャン派など、老舗の野党は新選挙法に適応できずに議会から消えた。他方では、翌年の革命の担い手となる「出口」が九議席を獲得している。

2018年4月革命中のパシニャン

共和党は六割近い議席を獲得し、五四％ボーナス条項を発動させるまでもなく、サルキシャンの大統領から首相への鞍替えが可能になった。実際、二〇一八年の大統領任期切れ後、彼は首相に立候補し、四月一七日、議会はそれを承認した。サルキシャンは、憲法改正の前提として、自分は首相にならないと約束していたのだから、この豹変は市民を激怒させた。

「出口」のニコル・パシニャンは大統領の首相への鞍替えに反対して、三月末から国の西端のギュムリ市からエレヴァン市まで、約二百キロ行進した。抗議行動は、議会がサルキシャンを首相に選出した一七日以降ピークに達し、サルキシャンは四月二三日に辞任した。議会多数を占める共和党は、副首相を首相に格上げしたかったが、パシニャンは「自分が唯一の正統な首相候補」と述べて抗議行動を続けた。ついに五月九日、街頭圧力に押された議会は、五九対四二票でパシニャンを首相に選出した。

二〇〇八年大統領選挙後の街頭暴力とは違って、石や火炎瓶は投げられなかった。また、二〇〇八年は最大でも約四万人しか街頭に出なかったと言われるが、二〇一八年の抗議行動には普通の市民でも安心して参加できた。ウクライナでは、整然たる抗議行動だったオレンジ革命の十年後に血みどろのユーロマイダン革命が起こったが、アルメニアではこの順序が逆転した。その一つの理由としては、二〇一八年のアルメニアの四月革命が地政学的な性格をもたなかったこと、したがって外国の干渉・操作がなかったことがあげられよう。

政党	議席	スタンス
「出口」	9	連立与党
ツァルキャン連合 （「繁栄するアルメニア」）	31	連立与党
ダシュナクツチュン	7	連立与党
共和党	51	野党

表 4-10　2018 年 12 月議会選挙以前の議会会派

その後の議会の構成は、表4-10に示すとおりである。パシニャンがツァルキャン連合（「繁栄するアルメニア」）やダシュナクツチュンの支持を取り付けたことは意義深いが、四七対五一の少数派内閣であった。少数派内閣状況を克服するため、一〇月一六日、パシニャン首相は辞任した。予想通り、議会は後継多数派を形成できず、憲法の規定に従って解散した。

議会選挙に先立って、パシニャン派は、不評だった地方選挙区の非拘束式を止めること、法定得票を従来の政党五％、選挙ブロック八％からそれぞれ四％、七％に引き下げることを主な内容とする新選挙法典を議会に提案した。しかし、共和党のボイコット戦術で成立せず、二〇一八年一二月九日、議会選挙は二〇一六年選挙法典に従って行われた。

その結果は文字通り革命的で、「私の一歩」（パニシャン党）が、得票率七〇・四％で八八議席獲得する一方、共和党は法定得票に達せず議席ゼロとなった。そのほか、「繁栄するアルメニア」が得票率八・三％で二六議席獲得、四月革命までは院内会派「出口」の一翼を担っていたが、その後パニシャンと袂を分かった親欧米政党「明るいアルメニア」が得票率六・四％で一八議席獲得した。言い換えれば、「繁栄するアルメニア」を除き、四月革命以前の与野党はすべて五％の最低得票をとれずに議会から消えた。このようなラディカルな議員構成の変化は、ゼレンスキー大統領を支持する新党「人民の僕」が五六％の議席を獲得した、ウクライナの二〇一九年議会選挙に似ている。

二〇一八年四月の政変も、その年一二月の選挙も、アルメニアのロシア寄りの外交方針は変えなかった。野党「出口」時代のパシニャンは、ロシア寄り外交を東西等距離外交に変えるなどと主張していた。しかし、政権獲得後の彼自身のブリュッセル詣でにもかかわらず、ＥＵから具体的な援助を引き出せなかった。

†アルメニアのまとめ

アルメニアにおいては、民族主義革命による共産主義的執行権力二元制からの断絶、カラバフ戦争、フランス法の影響といった要因から、「高度に大統領制化された準大統領制」が生まれた。これが一九九五年憲法として結実したが、この憲法は、最初から正統性を欠いていた。大統領の個人独裁や不正選挙とイメージ的に結びついたためである。テル＝ペトロシャン大統領の後継者争いにおいて、コチャリャンは、ハト派のポーズをとるために早くも憲法改正を掲げた。一九九九年の議会選挙の結果、コチャリャンのライバルたちが議会の多数派となり、コアビタシオンが生まれた。コチャリャンは、憲法上は自分のライバルを首相に任命しなくてもよかったが、力関係からいってそれはできなかった。この準コアビタシオンは、テロによって終わった。

戦争という集権的憲法を正当化する理由がなくなると同時に、二〇〇一年の欧州評議会への加盟により「議会を強めよ」というヴェニス委員会からの圧力も強まった。憲法改正の検討過程（一九九八—二〇〇五年）は、一九九九年テロの後始末、二〇〇三年の連立形成など、コチャリャン大統領が議会対策に心を砕かなければならない時期と一致していた。そのため憲法上の首相大統領制への移行と、政党政治における一党優位制の建設が同時進行することになった。

二〇〇五年にアルメニアは首相大統領制に移行した。二〇〇七年議会選挙の結果、共和党は議席を倍増して一党優位制を完成させ、コチャリャンからセルジ・サルキシャンへの権力移譲をスムーズにした。ところが大統領選挙におけるサルキシャンの勝利を挑戦者だったテル＝ペトロシャンが認めず、一〇名の死者を出す最悪の街頭暴力が発生した。サルキシャンは、この状況を克服するため大連合を作り、首相に中央銀行総裁だったチグラン・サルキシャンを招いた。首相大統領制でありながら、連合政治と議会対策は大統領が行い、首相はテクノクラートという、大統領議会制のような分業が生まれた。

外見と実態の間の乖離がアルメニアの政治制度の特徴であった。高度大統領制化準大統領制でありながらコアビタシオンが生まれたり、首相大統領制でありながら、大統領と首相の分業が大統領議会制に似ていたりする。比例代表制と称して、実際は小選挙区制と同じように地方ボスに有利な選挙制度を考案する。アルメニアの政治家や法学者と話していると、比較法的知識が豊かなのに感心する。しかし、制度の精神にはあまり関心がなく、外国から学んだ制度のあれこれの部品を操作的に使うことに熱心なようにも見える。

二人のサルキシャンのタンデム体制が生んだアルメニア政治の小康状態の中、議会選挙と大統領選挙の間の矛盾がいっそう激しくなった。一方では、共和党と「繁栄するアルメニア」だけで議席の八割以上を占拠してしまう。ところが大統領選挙では、野党候補が恒常的に四割近い票を取る。

一本化に成功してもしなくても野党が四割近くとれるということは、野党にとって名誉なことではない。常識で考えれば、野党が一本化して与党に勝てそうなときは有権者の期待から野党票が増え、野党候補が一本化に失敗すれば、野党支持者はしらけてしまって野党票は減るはずである。このようなメカニズムが働かない、しかも野党候補が誰であろうとも合計すれば四割近くまで行くということは、野党候補への票は、実は与党現職への抗議票以上ではないということを示している。これでは体系的な活動をする野党は育たない。

アルメニアの野党活動のこのような散発性は、おそらく、アルメニア政治にオリガーク（カラバフ閥）・対・反オリガークという対立軸しかなかったことに起因している。地政学的選択や左右選択が意味を持つ政治であれば、より組織的で体系的な野党が生まれるはずである。

二〇一五年の議会制への移行は、有権者が不満を表明する小窓としての大統領選挙を廃止してしまった。二〇一六年の選挙法典によって、老舗の野党は議会から消えた。こうして、有権者の不満は街頭に向かうしかなかった。盤石のように見えた恩顧体制が街頭抗議行動によってあっけなく崩壊し、権力空白をついて新党がいきなり議会の大多数を占めるという現象は、ウクライナ、グルジア、クルグズスタンなどでも見られ、これらの比較は有意義であろう。

第五章
ウクライナ
——権力分散的準大統領制

ヴォロディムィル・ゼレンスキー大統領とデヌィス・シュムィハリ首相。
(ウクライナ大統領府プレスセンター)

1 ウクライナの概況

†東西対立論の虚実

本書執筆時（二〇二〇年秋）、ドンバスにおける軍事紛争は継続しており、ウクライナは悲劇的な状況にある。二〇一九年にヴォロディミル・ゼレンスキーを大統領候補として圧倒的に支持したウクライナ有権者の平和への悲願は実現されていない。本章の最後でウクライナがこうした状況になってしまった理由についても言及するが、ここではウクライナについての二つのステレオタイプを再考することから始めよう。

第一に、ウクライナは、親ロシア的な東南部と親欧的な西部の文化的分裂に特徴づけられる国であり、こんにちの内戦（ドンバス戦争はロシアによる干渉戦争であってウクライナの内戦ではない、という解釈はここでは措く）もこの分裂の帰結であるとする見解がある。

しかし歴史を見れば、ウクライナは、①一七世紀のボフダン・フメリヌィツィキー反乱の結果、ロシア領になった東部（左岸ウクライナ）、②一八世紀後半の露土戦争の結果、ロシア帝国領になった南部、③一八世紀末のポーランド分割の結果、ロシア帝国領になった右岸ウクライナ、ロシア革命までロシア領ではなかったが、第二次世界大戦に前後してソ連に組み込まれた領土、つまり、④ポーランドから獲得されたハリチナ（ガリツィヤ）、⑤ルーマニアから獲得されたブコヴィナ、⑥戦間期チェコスロヴァキアから獲得されたトランスカルパチヤの六部分に分けられる。

これら地方の歴史と特性については、拙稿（「ウクライナ政治の実相を見誤るな」『ロシアNIS調査月報』第五九巻第一号、二〇一四年、「多様で錯綜した西ウクライナ——ハリチナー、ザカルパッチャ、ブコヴィナ」『ウクライナを知るための65章』明石書店、二〇一八年、「ルーシの歴史とウクライナ」『ロシア文化事典』丸善出版、二〇一九年）を参照していただきたいが、独立ウクライナが東西分裂と言えるような単純な状況ではなかったことは確かである。

投票地理においても、独立から二〇〇四—〇五年のオレンジ革命までは東西で票が常に割れていたわけではなく、そのほかに左右軸（東部が必ず左翼を支持するわけではない）や進歩・保守軸（都市在住で教育水準が高い企業家や知識人・対・その逆の社会階層）があって、東西軸は、そのほかの対立軸が働かない場合に前面に出てくる、むしろ残余の対立軸であった。病的なウクライナ東西対立は、オレンジ革命後、かなり人工的に作り出されたものである。

†コメコン経済圏の中心

第二に、ウクライナは農村地域という固定観念があるが、実際は、戦後ソ連において軍事産業や宇宙産業が集中する先進共和国であり、ロシア共和国はウクライナに工業の原材料を供給する、むしろ国内植民地的な地位にあった。戦後ソ連においてなぜウクライナが特に重視されたかと言えば、コメコン経済圏の中心に位置していたからである。たとえばソ連のリトアニア共和国は外国(同時にコメコン加盟国)としてはポーランドとしか接していなかったが、ウクライナ共和国はポーランド、チェコスロヴァキア、ハンガリー、ルーマニアと接していた。チェルノブイリ原子力発電所からはハンガリーはじめ東ヨーロッパ諸国に電力が輸出された。

皮肉なことに、ソ連時代の特権的な地位が独立後のウクライナ経済にとって仇となった。ソ連とワルシャワ条約機構がなくなれば、ウクライナの兵器やロケットなど誰も買わなくなる。ロシアも、いまや外国になったウクライナに国家機密であるところの武器やロケットを発注するのではなく、国内で開発するようになる。

この点では、ウクライナはベラルーシと対照的である。ベラルーシは、ソ連時代、トラクター、家庭電化製品、織維・被服など民需品を主に生産していた。これは、ソ連においてベラルーシが特権共和国ではなかったことを示しているが、ソ連や社会主義体制がなくなっても民需が消えることはない。このためベラルーシはウクライナよりもうまく資本主義経済に適応したのである。

ソ連の崩壊後、ウクライナの名目賃金は、常にロシアの半分、ベラルーシの三分の二くらいである。独立後の経済状況の悪さへの国民のフラストレーションが、ウクライナの政治紛争がしばしば激烈な形態をとることの背景にあると考える。

本章では、一九九六年憲法により権力分散的な準大統領制が生まれるまでの経過を追い、二〇〇四年の憲法改正によって権力の分散性がいっそうひどくなったことを叙述する。第二に、権力分散的準大統領制がウクライナの政党制とどのように呼応していたかをみる。第三に、二〇〇八年以降のウクライナ内政の地政学化の中で憲法問題がどのように利用されたのかを観察する。

2 九六年憲法に至る紆余曲折

†クラフチュクと高度大統領制化準大統領制

一九九〇年三月に選出されたウクライナ最高会議（議会）は、旧最高会議の幹部を短期間引き継いだ後、六月にウクライナ共産党中央委員会第一書記であったヴォロディムィル・イヴァシュコを議長に選んだ。一カ月後、この人物が党務に専念するために議長職を離れた後、七月一六日、最高会議はウクライナの主権宣言を採択した。その後、レオニード・クラフチュク党中央委員会第二書記が最高会議議長になった。

まだ独立は想定していなかったとはいえ、主権宣言したからには共和国独自の新憲法を作成しなければならない。一〇月には最高会議内に憲法委員会が設置され、クラフチュクが委員長となった。憲法委員会は四九名の代議員と一〇名の専門家からなる非能率なものだったので、実際の憲法草案の検討はワーキング・グループに委ねられた。

憲法委員会はワーキング・グループの検討結果を「ウクライナ新憲法のコンセプト」として

発表し、一九九一年六月一九日、最高会議はこれを承認した。「コンセプト」は、大統領が最高会議の承認を得て首相を任命するとした点では大統領議会制の枠内にあったが、大統領が閣議を直接主宰することを許しつつ、大統領の議会解散権は認めないなど、高度大統領制化準大統領制にも近かった。

加えて、「コンセプト」は、大統領による知事任命制を定めていた。このような強力な大統領職は、「コンセプト」が、大統領法（一九九一年七月五日に採択）に立法化される過程で最高会議内の旧守派の抵抗を受けて骨抜きにされたが、その発想法はその後の憲法準備過程に引き継がれた。

議会を至上機関とするソヴェト制の理念に挑戦する機が熟していない時期に、主にソ連中央への対抗上、大統領職が導入された。議会と大統領の間の抑制均衡メカニズムを導入するのは難しいので、当分の間、議会と大統領の相互不干渉を原則とする、高度大統領制化準大統領制に似通った体制になってしまうのである。

二〇〇四年に私がキエフで調査した際、ウクライナの著名な比較法学者ペトロ・マルティネンコは、一九九六年に採択されたウクライナ憲法が、抑制均衡が効いた準大統領制に「到達しなかった」のは、出発点としての一九九一年の「コンセプト」があまりにも大統領制に近かったからだという面白い説を述べた。

クラフチュク大統領の就任式。Ukrinform／共同通信イメージズ

†クチマ首相下での準大統領制への接近

一九九一年一二月一日、ウクライナ共和国は、ウクライナの独立を問う国民投票と大統領選挙を同時に行った。独立は有効票の九〇％が支持、大統領候補としてはクラフチュクが六一・六％の票を獲得した。一二月五日に就任式が行われたが、まだウクライナ国歌さえなかったときの話である。写真が示すように、クラフチュクは、ブレジネフ時代に採択されたウクライナ憲法の上に手を置き、脇には一六世紀に筆写されたペレソプニツァ聖書を置いて宣誓した。

独立以前のウクライナにおける大統領制をめぐる議論は、ソ連中央に対抗する文脈の中で展開されたので、大統領の共和国統治上の役割は重要ではなかったが、ウクライナが独立すればそうはいかない。一九九二年二月には、議員の三分の二以上の支持を得て社会主義時代の憲法が大きく改正された。この改正憲法も大統領議会制の枠内とはいえ高度大統領制化準大統領制に近く、大統領が内閣の活動を直接指導するとされ、閣僚も、首相ではなく大統領が直接任免するとされた（ただし、重要閣僚については議会の承認が必要とされた）。

この憲法改正によって、前年の大統領法が棚上げにした、大統領による知事（および郡長の）任命制が導入された。他方、大統領に議会の解散権はなかった。こうして、大統領が広範な人事権を持つ代わりに大統領には議会解散権はないという、後のウクライナ憲法にも引き継がれる取引が成立したのである。しかし独立後の状況は、ウクライナ準大統領制の高度に大統領制化した偏りを多少は是正することになった。

ロシアを上回る経済危機の中で、一九九二年一〇月、最高会議は社会主義時代以来の首相であったヴィトリド・フォーキンに対して不信任決議をあげた。クラフチュク大統領は、ウクライナ最大級の企業である南部機械工場（ドニプロペトロウシク市）の企業長であり、漸進的経済改革を掲げるレオニード・クチマを新首相候補として最高会議に推薦した。これは、議員の中の左派的な部分にも、産業ロビーにも受け容れられる人選だった。クチマ首相は、経済危機克服のため、政府が法律と同等の強制力を持つ政令を発する非常大権を最高会議に要求するなど、政府の議会からの独立性を追求した。同時に、閣僚を自分で選び、政府を大統領からも独立させようとした。

実は、これはクラフチュク大統領にとっても願ったり叶ったりであった。彼は経済学博士ではあったが、共産党指導者としてはイデオロギー畑を歩んできた人物であり、ウクライナ経済の空前の危機を前にして混迷していた。他方、新生国家であるウクライナには、国際的な承認の獲得、非核化など外交面で多くの課題があり、雄弁で銀髪の美男子であるクラフチュクはそういった場では生き生きと活動できるのであった。

こうして、新生国家の理念を担う大統領、実務を担う首相という形で、より典型的な準大統領制がデファクトに生まれた。しかし、一九九三年春頃にはクラフチュクはクチマをライバル視するようになり、内政上の権限を自分に取り戻そうとした。

最高会議、特にその議長イワン・プリュシチは、クチマの辣腕指導にもかかわらず経済が好転せず、執行権力が分裂していることを逆手にとって、議会の存在感を高めようとした。一九九三年春、最高会議はクチマ首相の非常大権の延長を拒否した。クチマは、結局、一九九三年九月に辞任した。クラフチュクは、ドンバスの炭鉱ストを慰撫するために副首相としてキエフにリクルートしていたユヒム・ズヴャヒリスィキー前ドネツク市長を暫定首相に任命した。同じ九月には、最高会議は大統領と議会を翌九四年に前倒し改選することを決議した。同月、ロシアでは大統領と最高会議の対立が暴力的な局面を迎えようとしていたのだが、ウクライナがその二の舞にならぬよう大統領も最高会議も自制したのである。

以上のような政治のジグザグは、最高会議の憲法準備にも反映した。まず、クラフチュクの大統領就任後、最高会議の憲法委員会は、クラフチュクとプリュシチ議長を共同委員長とするようになった。一九九二年七月、憲法委員会は、一九九一年「コンセプト」と一九九二年改正憲法の延長線上で、高度大統領制化準大統領制に近い大統領議会制を提案した。この草案によれば大統領は内閣を直接指導し、首相は大統領の代理にすぎないのであった。しかし、このようなクラフチュク個人の野心を露骨に示す草案が議会の憲法的多数（三分の二）の賛同を得ることは無理だった。

一九九三年、クラフチュク人気の低落を受けて、最高会議とプリュシチ議長の憲法準備への影響力が増した。この年の一〇月に提案された草案では、内政上の権限は内閣に集中され、大統領の役割は国家元首としての象徴機能と外交に限定された。しかし、翌年の大統領と議会の繰上げ選挙が決まった後に提出された憲法草案には、議員の真剣な検討を誘うほどの求心力も時間もなかった。

一九九二―九三年の憲法準備は、様々なアクターが自分の権力を強めるような草案を書き、その他のアクターがそれを阻止しようとするために憲法採択に必要な議会多数の支持は集められないというパターンを繰り返した。自分の提案を実現はできないが、他者の提案を阻止するには足る力を持ったアクターが多いという点で、拒否権政治とでも呼ぶべきか。

なお、一九九二年草案と一九九三年草案は大統領の強さにおいては対照的であったが、いずれも、一九九二年二月の改正憲法よりも、国家機関間の抑制均衡に配慮したものであった。大統領の拒否権、大統領弾劾、弾劾不成立の場合の議会解散、首相の任免手続などがより詳細に規定され、ウクライナはより標準的な準大統領制（大統領議会制）への道を歩んでいた。しかし、この方向性は、「憲法合意」によって覆されることになる。

†九五年「憲法合意」

一九九四年の最高会議は、全議席小選挙区で選ばれた。左派が復調して被選出四〇五議席中一二六議席（うち共産党九一議席）、中道諸政党計一六議席、右派四二議席（ウクライナ独立の立役者であった「ルフ」〈運動〉は凋落して二二議席）であった。社会党党首のオレクサンドル・モロズが議長に選ばれたが、真の最大「会派」は、二一八名の無党派議員であった。その大半は地方ボスであり、日本で言えば保守系無所属にあたる。このような議会の構成は一九九八年選挙の後も繰り返されるが、一見左派が強いように見えて、大統領が案外切り崩せる議会なのである。

一九九四年六―七月の大統領選挙でクチマが勝ったことは新憲法採択の機運を高め、その年の一二月、クチマはポーランドに学んで、憲法委員会に小憲法（正確には、「権力と地方自治に関する憲法的法律」）を提案した。これは、議会を強めた一九九三年草案を無視し、ロシアの一九九三年憲法をモデルにしたものであり、最高会議の左派と正面衝突することになった。クチマは、これもエリツィンに倣って、大統領と最高会議を信任するかどうかを同時に問う国民投票を行うぞ、と最高会議を脅した。ロシアで一九九三年春に行われた同種の信任投票でエリツィンに有利な結果が出たことが、その後のロシア最高会議・地方ソヴェトの武力解体につながったことを記憶するウクライナの議員たちは、ここでクチマに屈服した。

こうして、一九九五年六月八日、クチマ大統領とモロズ最高会議議長の間で「憲法合意」が締結された。写真もその雰囲気を伝えるが、これは大統領の政治的勝利であり、議会にとっては強いられた妥協であった。

憲法合意——クチマ大統領（右）とモロズ最高会議議長／Легенда о Конституции. Как в 1996-м Кучма задавил Мороза и коммунистов, dsnews.ua

憲法合意は、一年以内に憲法を採択すると期限を切り、それまでの期間については、大統領が議会の承認なしに首相を任命できるとした。つまり、時限的に高度大統領制化準大統領制が採択されたのである。また、この合意は、前年に公選されていた州知事・郡長を、国家官吏として再び大統領の任命下に置いた。

†定着しなかった高度大統領制化準大統領制

クチマ大統領は、憲法合意をそのまま新憲法の雛型にしたかったが、高度大統領制化準大統領制の方向性は新憲法に向けて定着しなかった。その理由は、第一に、憲法合意は、議会の憲法的多数（全議員の三分の二）の支持を得ておらず、正統性がなかったことである。

第二に、一九九二年改正憲法以来、大統領が議会の承認を得て首相を任命する習慣が定着していたのに、それを破棄することは、制度改変のコストが大きすぎた。第三に、憲法合意期間中（一九九五―九六年）も、エヴヘン・マルチュク、パヴロ・ラザレンコのような大統領から自立した、あくの強い人物が首相を務めたという人間的事情があった。第四に、一九九五年一一月にウクライナは欧州評議会に加盟したが、欧州評議会及びその下部機関であるヴェニス委員会は、概して強い大統領職に批判的であった。

それまでの議会内の憲法委員会が不活発だったため、一年以内の憲法採択をめざし、クチマ大統領とモロズ最高会議議長が新たな憲法委員会を設置した。この委員会内では、一〇人の専門家から構成されたワーキング・グループが重要な役割を果たした。政党政治に引きずられる議会の憲法委員会（一九九二―九四年）よりも専門家委員会の方が効率的で憲法制定への貢献が大きかったことは、前章で見たアルメニアと同様である。専門家の課題は、クチマの意図に反して、憲法合意で定められた高度大統領制化準大統領制を大統領議会制に戻す方向で憲法を準備することであった。

憲法委員会の専門家、法学者たちは次のように論じた。ウクライナでは政党制が発達していないため、現時点では議会制の条件はない。他方、欧州ではアメリカ型の純粋な大統領制は一つもなく、これはウクライナがとるべき道ではない。準大統領制を導入することで、将来調整が可能となる。もしウクライナで政党制が発達すれば、憲法の明文改正をしなくても、準大統領制を議会制的に運用することが可能である。

法学者たちの重要な論拠は、上述のとおり、一九九二年―九五年の間にすでに一定の組織運営(大統領議会制)が定着しているので、それ以外の制度(特に高度大統領制化準大統領制)を導入することは制度改変のコストが大きいということであった。

†抑制均衡を欠いた九六年憲法

検討の場が憲法委員会から議会に移ると、党派利害が絡んできた。共産党・社会党は、彼らの伝統的信条に従って議会制を要求した。クチマは、憲法合意が与えてくれた大きな権力を奪われることに不満であった。パヴロ・ラザレンコ首相は、首相の権限と独立性が不足と考えた。しかし、すべてのアクターが、自分の方針を貫徹しようとすれば、他の党派が団結して阻止してくることを認識していた。

このような拒否権政治の下、小規模な「中道」(ムィハイロ・スィロタ派)が妥協案を提案した。スィロタ案の最大の特徴は、大統領の議会解散権を事実上剥奪したことである。大統領が議会を解散できるのは最高会議が会期中に三〇日間招集されないときのみであり、このような事態は想定しがたい。CIS諸国の憲法では、議会が大統領推薦の首相候補を二回または三回拒否した場合、大統領が議会を解散する仕組みになっている場合が多いが、ウクライナ憲法案では、議会は大統領の首相候補を何度でも拒否できる。左派にとっては、大統領の議会解散権を否定している分だけ、ワーキング・グループ案よりスィロタ案の方がましであった。

これだけでは大統領が不満なので、スィロタ案は、大統領権力、特に幹部任免権を強めた。たとえばリトアニア憲法によれば、大統領は、最高裁判所の判事、一定割合の憲法裁判所の判事、軍幹部などの候補者を議会に提案することができるが、ウクライナ憲法によれば大統領はこれらを自分の判断で任免できる。リトアニア憲法は議会の承認がない限り大統領は首相を解任できないが、ウクライナ憲法では大統領は単独判断で首相を解任できる。

これはCIS諸国の憲法に共通の問題点だが、大統領が首相を能力不足ゆえにではなく政治的動機から解任する傾向が強いウクライナでは、大統領の単独判断による解任権はとりわけ大きな害をもたらした。そのうえ、大統領による知事任免が憲法上確立され、大統領が主宰する第二内閣とも呼ぶべき安全保障会議が詳細に規定された。

こうして、最高会議は大統領の議会解散権が否定されたので満足、大統領は広範な人事権などを得たことで満足という「イケアのカタログ」方式で、一九九六年六月二八日、最高会議はウクライナ憲法を採択した。

ポーランドでは、オルシェフスキ時代の弊害は誰の目にも明らかだった。この中で妥協の精神が生まれ、副署制のような抑制均衡メカニズムが広範に取り入れられた。ワレンサ大統領の不満は、彼がこだわった三点（強い拒否権、大統領大臣、非建設的不信任の際の議会解散権）で譲ることで慰撫された。リトアニアにおいては、一九九二年五月の国民投票で、国民がかなりの権力を持った大統領を求めていることが明らかになった。議会派ができることは、検討中の憲法で大統領の権限が相当大きくなることは避けられないので、それを議会との抑制均衡メカニズムの下に置くことだった。

ウクライナでは、ソヴェト憲法上は未だ最高機関である議会とどのような関係にあるかが明らかでないまま、かなりの権力を持った大統領職が導入された。抑制均衡メカニズムを導入しようとする度に権力間の対立が深まったので、苦肉の策として、大統領と議会が相互不干渉的に活動するモデルに行きついた。

一九九五年末には、ウクライナは旧ソ連諸国の中で新憲法を採択していない唯一の国になっていた。これは、新生国家ウクライナの生存能力・自己統治能力を疑わせた。隣のロシアでは、新憲法をめぐる大統領と議会の間の対立が、数百人の犠牲を伴う武力紛争にまで発展していた。妥協によってウクライナが新憲法を採択したことの意義は大きい。しかし、この妥協は、一九九二―九三年に探求された抑制均衡メカニズムを放棄することで成立したのである。こうして、権力分散的な準大統領制（大統領議会制）が生まれた。

3　議会寡頭制の成長と二〇〇四年憲法改正

†憲政の停滞

憲法採択の翌年には、クチマが次の大統領選挙に向けて自分のライバルになるとみなしたラザレンコ首相を解任した。ラザレンコは地元のドニプロペトロウシク州に帰り州議会議長に復職、「フロマダ（共同体）」という野党を駆ってクチマ政権への抵抗を続けた。しかし国内外で汚職や詐欺を追及され、一九九九年にはアメリカに逃亡した。最高会議は彼の議員不逮捕特権を剝奪した。ラザレンコはアメリカの銀行をマネーロンダリングに使っていたため、アメリカで逮捕され、二〇一二年まで刑務所に、その後は出入国管理局の拘置施設に入っていた。

大統領が、首相解任という憲法上の権限をライバルを叩くために行使したこと、憲法採択時の首相の犯罪行為がここまで露呈したことは、ウクライナ憲政の前途に立ち込める暗雲を示していた。

そもそも大統領自身が憲法を遵守しなかった。たとえば、憲法は大統領の拒否権を克服する要件として全議員の三分の二による再議決を要求した。ところが、議会がこのような厳しい要件を満たした後でさえ、クチマは再可決された法案に度々署名しなかった。その中には、内閣法のような憲法の具体化に不可欠な法もあった。

一九九六年憲法は、大統領が推す首相候補を議会が回数無制限で拒否することを認めたため、大統領は与党を一層必要とするようになった。この役割は、「憲法合意」期の一九九六年二月に弱小諸党が合同して生まれた人民民主党が担うはずであった。この党は、一九九七年にクチマがラザレンコ首相を解任するよう強く要求し、外見上は、クチマはこの提案に応えてラザレンコを解任した。後を継いだのは、同じくドニプロペトロウシク閥のヴァレーリー・プストヴォイテンコであったが、彼は、二二六議員（半数プラス一）の支持で、薄氷の思いで首相として承認された。後に、彼は人民民主党の党首となった。

首相と大統領与党の党首が同一人物で、しかもその党が議会第一党になれば、ウクライナはアルメニアのように首相大統領制にデファクトに移行できたかもしれない。しかし、人民民主党は成長しなかった。

比例区・小選挙区半々の並立制で行われた一九九八年三月の議会選挙では、人民民主党は比例区五%の得票で、小選挙区と合わせて二八議席しかとれなかった。対照的に、共産党は比例区二四・七%の得票で、小選挙区と合わせて一二一議席獲得した。にもかかわらず、議会は大統領に抵抗できるような安定的な多数派を形成できず、憲法が保障した首相候補の回数無制限の拒否権、つまりコアビタシオンを実現できる憲法上の可能性を生かせなかった。上述の議会選挙の後でさえ、左派三党(共産、社会、進歩社会党)の合計は全四五〇議席中の一七一議席にすぎず、ラザレンコのフロマダ党の二四議席を合わせても過半数に届かなかった。

議席の半数を占める小選挙区では相変わらず地方ボスが強く、一九九八年選挙でも無所属議員が一一七議席とった。このような議員構成下で、クチマ大統領が、人民民主党のような与党を育てるよりも、個別に保守系無所属を動員し、野党議員を切り崩すことで争点ごとの親大統領多数派を作ることを志向したのは当然であった。

†ユシチェンコを支持する議会多数派

大統領による議員切り崩しを防ぐには、相対多数にすぎないくせに伝統的に議会指導職を占めてきた左派の議会支配を止めさせることが必要であった。そのチャンスは、一九九九年一〇—一一月の大統領選挙後に訪れた。共産党の猛烈な追撃を汚いキャンペーンで乗り切ったクチマの権威は、一九九六年のロシア大統領選挙後のエリツィンと同様、ひどく傷つけられた。国庫は破産的状況であり、国際債務を急いで整理しなければならなかった。

大統領選挙後の一二月、クチマは、プストヴォイテンコ首相を再任命しようとしたが、最高会議は拒否した。窮したクチマは、国立銀行総裁ヴィクトル・ユシチェンコを首相候補として提案し、議会はこれを承認した。議会や改革的市民にとっては、一九九六年の通貨改革（フリヴナの導入）の成功で、金融家として国際的な評価を受けていたユシチェンコは望ましい首相候補であった。他方、ユシチェンコは大統領選挙中にクチマを応援しており、クチマにとっても受け容れられる首相候補であった。

とはいえ、クチマは、ユシチェンコが首相に就任した後も、人民民主党の党首になることは求めなかった。クチマは、ユシチェンコが党人として自分を支えるのではなく、あくまで実務官僚として経済危機を克服してくれることを望んだのであろう。実際、不人気になるに決まっている緊縮財政の実施には最高会議の支持が不可欠であったが、ユシチェンコが実務官僚的な首相であったことは、首相支持の連合を形成するのを容易にしただろう。

一九九九年末、右派中道一一政党、二四〇議員がユシチェンコの政綱を支持する議会多数派を形成し、翌年一月、この多数派が、左派系の議会指導部を更迭した。この議会内での小クーデター以降、「議会多数派」という言葉がウクライナの政治語彙と憲法語彙に入るのである。

クチマは、ユシチェンコ首相が独立した政治基盤を持つことを嫌い、ユシチェンコ支持の議会多数派に敵対的であった。そこで、議会クーデターの三カ月後の二〇〇〇年四月、国家制度の改革方向に関わる四項目を問う国民投票を行った。最高会議で憲法改正を実現するような多数派を持たない大統領が、ヴェニス委員会が公に批判したような国民投票を行って何になるのかと当時訝しがられたが、これは実はユシチェンコを支持する議会多数派に圧力をかけるものであった。

以下の四項目が問われ、圧倒的に支持された。①最高会議が恒常的多数派を形成できない場合は、大統領は最高会議を解散する。②議員免責制度を廃止する。③議員数を四五〇から三〇〇に減らす。④州の利益を反映する上院を導入する。①は、二〇〇二年以降の憲法論争で大きな意味を持つであろう。②は、ポピュリズムによくある要求であり、二〇一九年にゼレンスキー政権下で実現された。

†「クチマ抜きのウクライナ」運動

二〇〇〇年、ウクライナの国家財政は独立後初めて均衡した。ところが、クチマに批判的だったジャーナリストのゲオルギー・ゴンガゼが行方不明になり、殺害されたことが想定された。このスキャンダルの中で、クチマが執務室電話を通じて行っていた会話の録音が暴露された。翌年二月、ラザレンコ首相時代に国策会社「ウクライナ統一エネルギーシステム」社長であり、ユシチェンコ内閣で副首相も務めたユリヤ・ティモシェンコが、ロシアのガス輸入にまつわる不正疑惑で逮捕された。反クチマ派はこれを政治弾圧とみなし、「クチマ抜きのウクライナ」運動が盛り上がった。活動家が独立広場(マイダン)にテントを張って座り込む(というか住み込む)ウクライナの政治伝統がここに始まった。このような動乱の中で、ユシチェンコ首相は一貫してクチマ擁護の立場に立ち、クチマを「父」とまで呼んだ。

二〇〇一年四月、最高会議は、国民に苦痛を強いるユシチェンコの緊縮財政政策を批判して不信任決議を採択し、クチマはユシチェンコを解任した。議会で反首相の多数派が形成されたのは、地域党を初めとした親クチマ議員が左派(共産党、社会党)に合流したからだった。つまり、議会の不信任決議が通ったのは、財政危機や国際債務危機をユシチェンコ首相のおかげで切り抜けたクチマ大統領にとって、進歩的市民に人気のあるユシチェンコが煙たくなっていたからだと推理することができる。そうだとしても、大統領自らがユシチェンコを解任するのではなく、議会による不信任という形をとったことは、大統領議会制から首相大統領制への移行の予兆だとみなすこともできる。

†二〇〇二年議会選挙――ユシチェンコの勝利

二〇〇〇―〇一年の動乱の後、二〇〇四年大統領選挙と、その前哨戦とみなされた二〇〇二年三月の議会選挙をめざして政党政治が活性化した。

首相解任後のユシチェンコは、「われらがウクライナ」党を旗揚げしたが、ここに至っても依然としてクチマ野党の立場には立たなかった（是々非々政党であった）。クチマは、大統領府長官であったヴォロディムィル・リトヴィンに、大統領支持ブロック「統一ウクライナのために」を結成させた。その中核は、もはや人民民主党ではなく、ドネツク州閥が生み出し、ヴィクトル・ヤヌコヴィチ同州知事を事実上のリーダーとする地域党であった。

比例区でも、総議席数でも第一党となったのは「われらがウクライナ」であった（一一二議席）。「統一ウクライナのために」は比例区では共産党にさえ勝てず第三位、小選挙区での善戦によってようやく議会第二党となった（一〇一議席）。第三党以下は、共産党六五議席、統一社会民主党（名前に反してオリガーク政党）二四議席、社会党二三議席、ティモシェンコ・ブロック二二議席であった。依然として、無所属九四議員が決定的な意義を持った。見かけの割には親クチマ的な新議会は、クチマの腹心であったリトヴィンを議長に選び、ユシチェンコ解任後に首相になっていたアナトーリー・キナフ（産業界代表、ムィコライフ州閥）の続投を許した。

二〇〇二年の議会選挙結果を見たクチマ大統領は、自前の選挙ブロックには見込みがないことを悟り、それを解散させる一方、二〇〇四年の大統領選挙に向けては地域党＝ドネツク閥に頼ることに決めた。その一環として、同年一一月には、ドネツク州知事ヤヌコヴィチをキエフに呼んで首相に任命した。「われらがウクライナ」、ティモシェンコ・ブロック、共産党、社会党を除くほとんどの議員（二三四票）がヤヌコヴィチの任命に賛成投票した。

なお、東部政党であった共産党がヤヌコヴィチ首相任命に反対したことには注目しなければならない。欧米のウクライナ専門家の間では、共産党は地域党の友党であったかのように誤解している人が多いが、これは、ウクライナ内政における左右対立を無視して、ウクライナ政治をすべて親欧・対・親露のプリズムで見ようとする先入観である。そもそも二〇〇二年議会選挙における地域党の躍進自体が共産党の票田を切り崩した結果であり、地域党に恨み骨髄の共産党がこの時点で地域党を支持するはずがないのである。

†クチマの先制的憲法改正案

クチマは、ドネツク閥に頼るようになった反面、二〇〇四年の大統領選挙でヤヌコヴィチはユシチェンコに勝てないだろうと悲観して、先制的に大統領権限を縮減する憲法改正方針を親大統領政党に押し付けた。この憲法改正方針が、二〇〇四年大統領選挙における勝ちを見込んでいた野党勢力、ユシチェンコやティモシェンコを激怒させたことは当然であるが、二〇〇四年に自分が負けるとは思っていなかったヤヌコヴィチにとっても、これは心外であった。

二〇〇四年までにクチマの憲法改正案が準備された。その主な内容は次の通りである。①首相指名権を大統領から議会に移す。②首相指名するための多数派形成を議会に義務付ける。もし議会が多数派を形成できなければ、議会を解散する。③命令委任（imperative mandate）を含む完全比例代表制により議会を形成する。ここでいう命令委任は、共産主義時代にあったような選挙民による代議員の拘束ではなくて、議員が所属政党を除名されれば議席も失う仕組みを意味していた。つまり、この命令委任は、政党指導者が議員を統制する能力を著しく強化するものであった。

クチマの憲法改正の試みに対して、当時（二〇〇二―〇四年）のウクライナ法学界の反応は著しく否定的だった。①一九九六年における憲法採択からわずか数年しかたっていない時点での根本改正は、法ニヒリズムにつながる。②隣国モルドヴァは議会制に戻ったが、それによって、より民主的になったわけではない（次章参照）。③一九九六年以降、憲法実施のために必要な法（内閣法など）の一部しか採択されていない。この時点で憲法を変えると法的カオスが生まれるなどの批判がなされた。しかし、最も強く法学者の懸念を呼んだのは、④大統領選挙前夜の憲法改正は政治的動機が一目瞭然で、立憲主義・法治主義の観点から危険であるということだった。

クチマは、上記の改正案に向けて、共産党、社会党の切り崩しに成功した。左翼に伝統的な議会主義にアピールしたことに加えて、概して左翼政党に有利な完全比例代表制への議会選挙の移行を餌にしたのである。反対に地域党、統一社会民主党などのオリガーク与党議員は、自分たちが当選しやすい小選挙区がなくなることに不満であった。

大統領選挙を約半年後に控えた二〇〇四年四月八日に憲法改正の可否が議会で問われたが、親大統領諸党派内の一一議員の裏切りによって、憲法改正に必要な三分の二の支持が得られなかった。クチマは、この失態につき、リトヴィン最高会議議長が裏で造反を組織したのではないかと疑った。実際、リトヴィンは、オレンジ革命時、クチマの後継者であるヤヌコヴィチの一面的支持ではなく調停的な立場に立った。これは、大統領の代替わり前夜には支配オリガーク内に亀裂が走るという典型的な体制循環（ヘンリー・ヘイル）の症状である。

†オレンジ革命と二〇〇四年憲法改正

二〇〇四年大統領選挙の決選投票（一一月二一日）の結果、中央選挙管理委員会はヤヌコヴィチの勝利を発表したが、多くの市民はこれを認めず、オレンジ革命が起こった。

一二月八日、氷点下二〇度の外気をものともせずに数万人の抗議者がウクライナ最高会議を囲んで座り込む中、クチマ派とユシチェンコ派の議員が妥協した。超憲法的措置として大統領選挙をやり直すかわりに、憲法を改正して首相大統領制に移行することにしたのである。ティモシェンコ党は、このような妥協に反対した。オレンジ派の領袖ユシチェンコ自身は憲法改正に反対だったが、「われらがウクライナ」の議員たちが彼を説得して妥協させた。憲法改正の内容は次のようなものだった。

①議会の任期が四年から五年になり、大統領任期と同じになった。これは、憲法改正に議員の支持を調達するための餌である。

②大統領ではなく議会多数派が首相を指名することになった。しかしその手続きは特殊であり、議会に首相選出のための多数派連合を義務付け、この連合が形成されない場合は大統領が議会を解散するとした。条文によれば、議会会派は、新議会成立後あるいは一つ前の多数派連合の解消後一カ月以内に多数派連合（二二六人以上の議員が所属）を義務的に形成しなければならない。さもなくば大統領は議会を解散する。この多数派連合が、大統領に首相候補を提案する。提案を受け取ってから一五日以内に、大統領は当該人物を議会に首相候補として提案し、議会は首相を任命する、とされている（この一五日間という長い考慮期間が何を意味するのかが後に論点となった。ユシチェンコは、議会が推薦した以外の首相候補を大統領が指名してもよいことを示すと解釈した）。

議会多数派形成の義務化により、欧州政治において四分の一程度の出現頻度を持つ少数派内閣は、憲法上排除されることになった。少数派内閣の憲法上の排除は、主権者に特定の投票を強制しているに等しい。「議会多数派が形成されるように投票しないと政治が不安定化するぞ」

と主権者を脅しているのである。

大統領議会制下で議会は過半数をもって大統領が推す首相候補を承認する権利があったのだから、首相大統領制下で首相を選ぶための多数派連合を義務付けてもよいではないかと解釈する人もいるかもしれない。しかし、大統領議会制下では大統領が首相を指名するので、執行・立法権力間の抑制均衡のために議員過半数による承認が必要とされるのである。首相大統領制では議会に首相の指名権があるのだから、過半数連合の義務付けは、この議会の権限と選択の幅を狭めるものでしかない。

③改正憲法は、首相任命権を失った大統領に埋め合わせをする意図で、ポーランド「小憲法」と同様、国防大臣と外務大臣を大統領の直接任命下に置いた。第二に、（いまや議会が形成する）内閣に対する不信任決議を議会に提出する権利を大統領に与えた。

総じて、二〇〇四年改正憲法は、大統領が議会を解散する可能性を顕著に広げた。一九九六年憲法下では、大統領による議会解散はほぼ不可能であり、実際、クチマは一〇年間の任期中一回も議会を解散しなかった。ユシチェンコは、五年の任期中、二〇〇七年に議会を解散した。ただし、この解散は、議会の多数派形成の失敗によるものではなく、次に述べる命令委任原則への抵触を理由としたものであった。

④改正憲法によれば、所属政党の党籍を失った議員は、議員資格も失う。これは前述の命令

委任である。所属政党からの除名が議員資格剝奪に直結するとすれば、政党指導者の自党議員に対する拘束力が著しく強くなる。後に、ヴェニス委員会は、命令委任を欧州基準からの逸脱として批判し、ウクライナの憲法裁判所もこれに呼応した。議員が自発的に離党した場合のみ議員資格を失い、党から除名された場合には議員にとどまると改正憲法を解釈したのである。

⑤改正憲法の実施は二〇〇六年に予定された議会選挙後とされ、相対的に長い移行期間が設定された。つまり二〇〇二年に選出された最高会議は、一九九六年憲法の相対的に小さい権限を前提にして選ばれたのだから、新しい大きな権限を前提とした議会選挙を経ないと改正憲法は実施できないと判断したのである。

†憲法改正手続きの侵犯

二〇〇四年一二月八日の憲法改正は、内容上多くの問題を抱えていただけでなく、ウクライナ憲法の憲法改正規定を二重に破っていた。旧憲法第一五八条によれば、一度議会が否決した憲法改正案は、一年間は再提案してはならない。しかし、一二月八日の改正は、その年の四月に不採択だったクチマの改正案に酷似していた。第二に、憲法改正案は、その改正が(自由、人権、領土不変更など)ウクライナ憲法の根本原則に反しないという憲法裁判所の「結論」を添付してのみ議会に提案できる。議会内の一夜の談合で決まった改正にそのような文書が添付されうるはずもなかった。これら改正手続き上の不備を突いて、二〇一〇年、ヤヌコヴィチ政権下の憲法裁判所は、旧憲法を復活してしまった。

ヴェニス委員会の二〇〇四年憲法改正への意見は、議会を強めたのはよい、しかし新憲法には首尾一貫性がなく大統領・内閣間の対立を生む恐れがある、改憲手続きが破られたのは事実なので、定着のための時間が必要であるというものであった。

一九九六年の憲法制定に向けた作業は、外国憲法の調査など、新生国家の知的総力を傾けたものだった。対照的に、二〇〇四年改正憲法は、「議会多数派」、「命令委任」など、ウクライナ政治の土着の事情から生まれたコンセプトに依拠していた。これは、ウクライナ政治の劣化と田舎化の兆候であった。二〇〇四年の憲法改正は、クチマ政権後期の不利な条件下で、国民主権原則を犠牲にしてでも、人工的に政党政治を育成して議会の自律を確保しようとする工夫が結晶化したものだった。

二〇〇四年改正憲法は、オレンジ革命という状況下で、流血を避けて妥協点を見出す努力の賜物でもあった。そのため「イケアのカタログ」方式が繰り返され、権力間の抑制均衡メカニズムは、一九九六年憲法におけるよりも弱まった。「大統領は首相指名権を失ったので、その代償として安全保障会議を主宰し、知事・郡長を任命する権限を継続しよう。国防大臣・外務大臣を直接任命し、議会に内閣不信任案を提出する権限を新たに与えることで埋め合わせしよう」程度の発想で憲法の案文が書かれたのである。かつてのワレンサ大統領のように、ユシチェンコは、新たに受け取った権限を、いまや議会多数派をバックにしている首相との闘争のために用いるであろう。

4 首相大統領制とユシチェンコ時代

†大統領—首相間の競合の恒常化

ポーランド、リトアニア、アルメニアの例にみたように、首相大統領制に移行した後の数年間に安定した連合政治が展開されるかどうかは、改正憲法の生存能力を規定する。一見民主化に見える憲法改正が長期的な政情不安を呼び起こしたのでは、旧憲法の方が良かったという世論を呼び起こしかねない。

ポーランドでは、九七年憲法の採択後、経済状況が悪かった割にはクワシニェフスキ大統領の人気は高く、ブゼク政府も建設的不信任制度に守られて安定していた。アルメニアでは、首相大統領制に移行した直後の大統領選挙で大惨事が起こったが、サルキシャンの国民和解路線は一応成功した。リトアニアの場合、首相が頻繁に交替した三年間の後、ブラザウスカスの五年間の安定内閣が成立した。ウクライナでは、二〇〇四年改正憲法が不出来であることを自覚したユシチェンコ、ヤヌコヴィチ大統領の両方が再改憲を熱望するようになった。

	独立（1992年）からオレンジ革命	オレンジ革命から2009年12月
大統領の潜在的ライバルが首相であった月の合計	76カ月	48カ月（ティモシェンコとヤヌコヴィチ）
大統領のイエスマンが首相であった月の合計	77カ月	11カ月

表5-1　大統領・首相間の競合の恒常化

オレンジ革命以前のウクライナ政治においては、「大統領が危機に直面した場合には、自分の潜在的なライバルでも首相に任命して危機を克服させる。危機が去ると、その首相を解任して自分のイエスマンに替える」というパターンがあった。表5－1に見るように、このパターンは、二〇〇四年の憲法改正の結果として消失し、大統領と首相との対立・競合が恒常化した。

†オレンジ・反オレンジの構図の融解

ユシチェンコ時代には、安定的な連合政治が展開されなかった。オレンジ連合・対・反オレンジ連合というイデオロギー的な対立は、政党指導者間の個人的な権力闘争に席を譲った。

①オレンジ革命後、ユシチェンコ大統領はティモシェンコを首相とし

2005年、右からユシチェンコ大統領、ティモシェンコ首相、ポロシェンコ安全保障会議書記（のち大統領）。ロイター／アフロ

て任命した（移行期間中なので、一九九六年憲法に従った任命であった）。オレンジ革命がユシチェンコとティモシェンコの共同作業であったことから、これは当然の任命であったが、実は首相候補としてペトロ・ポロシェンコ（将来の大統領）の名も上がっていた。ポロシェンコは地域党（ヤヌコヴィチ党）の創立者のひとりであったが、二〇〇二年議会選挙に際してユシチェンコの「われらがウクライナ」に乗り換え、オレンジ革命に至るまで政治面のみならず資金面でもユシチェンコを支えたオリガークだったからである。結局、ユシチェンコはティモシェンコとの連立を優先し、腹心のポロシェンコは、第二内閣とも呼ぶべき安全保障会議の書記に任命した。

第一次ティモシェンコ内閣は、はや二〇〇五年九月にはティモシェンコとポロシェンコの対立から崩壊した。

②ここでユシチェンコは、当時雌伏中だった地域党（ヤヌコヴィチ）と取り引きし、経済官

僚のユーリー・イェハヌーロフの内閣を成立させた。イェハヌーロフは、「われらがウクライナ」の指導者であったが、ティモシェンコよりはましとヤヌコヴィチは判断したのだろう。

③独立ウクライナ最初の完全比例代表制下で行われた二〇〇六年三月二六日投票の議会選挙で地域党は大勝し、一八六議席を獲得して第一党となった。第二党のティモシェンコ・ブロックも一二九議席に伸張し、大統領党である「われらがウクライナ」は、一一二議席から八一議席に後退した。

この選挙を境にウクライナは二〇〇四年改正憲法に移行したので、相対多数を制したヤヌコヴィチが議会多数派を形成して首相になれるかが焦点となった。共産党は反オレンジの一点でヤヌコヴィチ首相候補に賛成投票する用意があったが、わずか二一議席の勢力におちぶれていたので、両党を合計しても過半数には遠く及ばなかった（そもそも地域党の勝利自体、共産党の票を侵食した結果にすぎなかった）。このためヤヌコヴィチの組閣作業は四カ月以上を要した。「われらがウクライナ」から多くの閣僚を招くこと、オレンジ派だった社会党を切り崩すことで、二〇〇六年八月、ようやくヤヌコヴィチの「危機管理内閣」が成立した。

④二カ月も経たないうちにこの大連合は崩壊し、「われらがウクライナ」は、ヤヌコヴィチ内閣の野党となることを宣言した。すでにユシチェンコの頭の中は、次の大統領選挙で誰が自分の主なライバルになるかでいっぱいであり、ティモシェンコがそうだと思えばティモシェン

コに、ヤヌコヴィチがそうだと思えばヤヌコヴィチに攻撃を集中した。ここでヤヌコヴィチ首相はティモシェンコと共闘し、二〇〇七年一月には内閣法を成立させた。この法は、二〇〇四年改正憲法以上に首相に権力を集中するものだった。

ここでヤヌコヴィチ首相とユシチェンコ大統領の間の対立は絶頂に達し、ユシチェンコは、二〇〇七年四月二日、二〇〇六年選挙でオレンジ派政党から当選した議員の相当数が地域党に切り崩されたことを理由に、議会を解散する大統領令を発した。二〇〇四年改正憲法は、このような理由で議会を解散する権限を大統領に与えていない。

⑤大統領と首相の対立は流血寸前で回避され、ヤヌコヴィチが折れて二〇〇七年九月三〇日に(憲法上は正当性のない)臨時議会選挙が行われた。その結果は、地域党が一一議席減らして一七五議席、ティモシェンコ・ブロックが二七議席増やして一五六議席、「われらがウクライナ」が九議席減らして七二議席となった。この選挙のポイントは、ユシチェンコ党の人気凋落をティモシェンコ党の人気上昇が上回ったため、両党を足せば議会過半数を制することになったことである。他方、二〇〇六年選挙後にオレンジ連合を裏切った社会党が法定最低得票四%に達せず無議席となったため、ヤヌコヴィチの首相選出はほぼ不可能となった。この事情はユシチェンコ大統領とティモシェンコを再接近させ、二〇〇七年一二月には第二次ティモシェンコ内閣が成立した。

⑥これによってオレンジ連合が復活したかのようにも見えたが、二〇〇八年には大統領と首相の間の紛争が激化した。二〇〇八年八月には南オセチア戦争が起こった。ユシチェンコ大統領がこれをロシアによるグルジアへの侵略としてロシアを糾弾したのに対し、ティモシェンコ首相は中立的な立場を取った。ティモシェンコのロシア宥和をユシチェンコが批判すると、ティモシェンコは、ウクライナの軍需産業がサアカシュヴィリ政権に武器を供与していたこと、その代金が行方不明になっていることを暴露した。ティモシェンコは、次期大統領選挙における自分の勝利を見越して、ロシアとの関係を悪化させないように気を遣っていたようである。

以上の通り、オレンジ革命後、ユシチェンコ大統領任期の終了まで、オレンジ連合と反オレンジ連合の競合によって政府が交代した例は、二〇〇七年議会選挙後に一件あったのみで、その他はすべて両陣営内部の背信か、陣営をまたがる便宜的連立によって首相・政府が交替しているのである。

オレンジ革命を理想化する立場からは、このような政治は革命を裏切る野合政治に見えるかもしれない。しかし、内政が地政学的対立一色で塗りつぶされ、一万人以上の犠牲者を出した内戦に至ってしまったその後のウクライナを知る我々の目には、オレンジ・対・反オレンジというイデオロギー的対立軸を物心崇拝しない当時のウクライナ政治の方がむしろ健全に見えるのである。

†アイデンティティ問題への争点すり替え

連合政治が流動的な下で、リトアニアの場合と同様、首相指名権を失ったはずのユシチェンコ大統領が、首相指名・内閣形成のための連合政治に活発に介入する余地が生まれた。とはいうものの、自分の支持政党である「われらがウクライナ」が、弱小右派政党と連合しても議会内第三党(二〇〇七年選挙において得票率一四%)にしかすぎない状況では、ユシチェンコはティモシェンコにもヤヌコヴィチにも太刀打ちできなかった。

オレンジ革命後、ウクライナ経済は低迷し、二〇〇八年に好転の兆しが見られたもののリーマンショックでそれも続かなかった。ユシチェンコ大統領はティモシェンコ首相との権力闘争にかまけて、この危機にまともに取り組めなかったため、再選可能性を失った。

経済が低迷する中で、ユシチェンコ大統領は、言語問題、教会問題、歴史再評価問題というアイデンティティ的な争点を押し出した。まず言語では、それまで公式の場ではウクライナ語が唯一の公用語、そのかわり私的な会話や娯楽ではロシア語を使用してもよいというのがウクライナ言語政治の暗黙の了解であったが、ユシチェンコはここにメスを入れ、ロシアから輸入された映画やテレビドラマにウクライナ語の吹き替えを義務付けたりした。ロシア語話者が大多数のクリミアでは、オレンジ革命まで裁判所でロシア語を用いてもよかったが、その地域特権も剥奪した。

独立後のウクライナには、ロシア正教会内の自治教会としてのウクライナ正教会と、独立を自称しているが教会法上の地位を有していなかったキエフ総主教座およびウクライナ独立正教会という三つの正教会があった。二〇〇八年、ユシチェンコは、キエフ・ルーシのキリスト教受容一〇二〇年を祝福するためにウクライナを訪れていたバーソロミュー世界総主教に直訴して、世界総主教のイニシアチブでウクライナに統一した独立正教会を創出するよう働きかけた。

歴史評価の問題では、第二次世界大戦中の対独協力者であったステパン・バンデラやロマン・シュヘヴィチの復権を呼びかけ、バンデラに「ウクライナ英雄」の称号を与えることまで提案した。

以上のような政策は、成果のあがらない社会経済政策から国民の目をそらし、自分が劣勢な政党政治の頭越しに、民族主義的志向を持つ活発な市民に直接アピールすることができたという点で、短期的にはユシチェンコの利益になったかもしれない。ユシチェンコが行ったことは、一〇年後に、やはり再選のために死闘するペトロ・ポロシェンコ大統領がより執拗に、大規模に追求したものであった。

しかし、多様な言語と文化の選好、しばしば相対立する歴史的体験と記憶を持つウクライナ国民を相手に一方的なイデオロギー活動を展開することは、社会に対立を生み、国家を分裂させかねない。クラフチュクやクチマは、どんなに政治的劣勢に立とうとも、これだけはせず、言語、教会、歴史問題では、絶えず曖昧で鵺的な態度をとった。ウクライナが内戦にまで行き着いたこんにちから振り返れば、アイデンティティに関わる争点に踏み込まないことは、ウクライナの指導者として不可欠な資質であると言えよう。

†ユシチェンコの改憲の試み

二〇〇七年の政治危機を臨時議会選挙によって乗り越えたユシチェンコは、二〇〇八年を「改憲の年」と宣言した。彼が望んでいたのは一九九六年憲法に類似した大統領議会制への復帰であったが、それを公言すると「何のためのオレンジ革命だったか」という話になるので、市民の関心が政争がらみの大統領—首相関係に集中しないようにする必要があった。

手続き的にも、七二議席しか議会与党を持っていない大統領が憲法改正に必要な総議員の三分の二の支持が得られるはずがないので、大統領—首相関係に関連した条項だけでなく、人権条項も含めて全面的に憲法を書き換え、「これは現行憲法の改正でなく新憲法の制定である」と強弁して、憲法の改正手続きを迂回して国民投票で改憲しようとした。この方法は後にモルドヴァの欧州統合連盟に模倣される。

このような改憲の内容と方法は、二〇〇八年二月に、ヴォロディムィル・シャポヴァル案として発表され、ヴェニス委員会の評価に付された。シャポヴァルは、一九九六年から二〇〇五年まで憲法裁判所判事を務めた法学者で、オレンジ革命後は、憲法外的な議会解散の結果行われた二〇〇七年の議会選挙において中央選管委員長に任命されたことに示されるように、ユシチェンコ大統領の忠実な手下となった。

ヴェニス委員会が二〇〇八年六月に発表した、シャポヴァル案への「意見」は、新憲法制定という体裁をとることにより議会を迂回しようとする試みを批判した。ヴェニス委員会によれば、現行憲法の改正という方法をとった方が「憲法的安定性」が保証される、「憲法的安定性は国の安定性総体の重要な要素であり、現下の政治問題への「即効薬」として新憲法を採択すべきではない」のである。

シャポヴァル案は、「議会多数派」や「命令委任」などの二〇〇四年改正憲法の政府形成の道具立てを残しながら、その過程への大統領の介入権を強化した。議会多数派によってノミネートされた首相候補が提出した政綱を議会が承認すればいいのだが、そうでない場合、驚くべきことに、大統領は議会を解散し、三日以内に首相を任命し、この首相は大統領にのみ責任を負うとした。大統領が推薦した首相候補を議会が繰り返し拒否した場合に大統領の議会解散権を認めるＣＩＳ諸国の憲法でさえ、このシャポヴァル案に比べれば穏健に見える。ヴェニス委員会は、この首相選出条項を「甚大な問題を孕む」と評価した。

シャポヴァル案には強硬バージョンと穏健バージョンがあった。強硬バージョンは、大統領の議会解散権の要件列挙を廃し、大統領が自らの判断のみで議会を解散できるようにした。穏健バージョンは、大統領は議会解散の可否について国民投票に問う、もし大統領が国民投票で議会解散への必要な支持が得られなければ、議会は総議員の三分の二以上の支持で大統領を弾劾することができるとした。

穏健バージョンの方は、ワイマール憲法やスロヴァキア憲法に先例があるが、ヴェニス委員会は、これを強硬バージョンよりも、「もっと悪い」と評した。なぜなら、「国民投票は、短期的な政治危機を解決するのに適切な手段ではない」からである。また、公選された大統領や議員を、正当事由なしに、政治紛争を解決する目的で弾劾・解任できるようにしようとする発想そのものを批判した。

ヴェニス委員会は、シャポヴァル案が、委員会からの度重なる示唆にもかかわらず、建設的不信任、内閣が提案した選択肢に基づく大統領の政策決定、首相による副署の活用など、国際的に有効性が認められた憲法実践を参照していないことに遺憾の意を表明した。二〇〇四年憲法改正が失敗だったというのなら、大統領に比較的大きな権限を保障している他のヨーロッパ諸国の憲法、たとえばフィンランド憲法を参照するように勧めた。

しかし、抑制均衡メカニズムを他国の経験から学べとユシチェンコやシャポヴァルに要求するのは無理ではなかろうか。独立後ほぼ一貫して、ウクライナは大統領・首相・議会の間の関係を、抑制均衡ではなく権力分割の発想法で律してきたのである。現に、これだけ珍奇な憲法草案をヴェニス委員会の評価に付すにあたって、ユシチェンコもシャポヴァルも、辛辣な講評を予想していなかった。

二〇〇九年に入ると、その年の末に予定された大統領選挙に自分の勝ち目はいずれにせよないだろうと判断して、ユシチェンコは憲法問題への情熱を失ってしまった。

5 旧憲法の復活とユーロマイダン革命

†二〇一〇年憲法裁判所決定とヴェニス委員会

二〇〇九―一〇年の大統領選挙でヤヌコヴィチに負けた後も、首相大統領制のおかげでティモシェンコは首相であり続けることができた。ヤヌコヴィチの与党三党、地域党、共産党、リトヴィン・ブロックの議員合計が、議会過半数に七議席足りなかったからである。

ここでヤヌコヴィチ支持派は、憲法に違反する、議会手続法の改正を行った。二〇〇四年改

ヤヌコヴィチ大統領（右）とアザロフ首相。
スプートニク／共同通信イメージズ

正憲法によれば、議会多数派を形成するのは党派である。それを、(個々の) 議員が多数派を形成することにしてしまったのである。これで議員個人を容易に切り崩せるようになり (命令委任の観点からは、これも憲法違反)、結局ティモシェンコ不信任案が議会を通過した。

新多数派三党は、ヤヌコヴィチにとってドネツク以来の地域党の同志であり、大統領のライバルにはなりえない技術官僚のムィコラ・アザロフを首相に任命した。こうして、首相が恒常的に大統領のライバルになるという二〇〇四年改正憲法の病理をヤヌコヴィチは予防したのである。さらに、憲法に反し、アザロフでなくヤヌコヴィチ自身が閣僚を選んだ。

こうしてヤヌコヴィチは着々と二〇〇四年改正憲法を掘り崩していたが、二〇一〇年七月、ヤヌコヴィチ与党の二五二議員の提訴で、憲法裁判所は、二〇〇四年一二月の改憲手続きの合憲性を審査し始めた。同年九月三〇日、憲法裁判所は、改憲手続きの違憲性を指摘し、一九九六年憲法を復活させた (翌一〇月一日発効)。こうして、ウクライナは首相大統領制から大統領議会制に逆戻りした。

憲法裁判所の決定は三権分立の見地からは疑問である。それができることの上限は、二〇〇四年一二月の改憲手続きが不備であったことを指摘し、最高会議に憲法改正手続きのやり直しを要求することではなかったか。

一九九六年憲法＝大統領議会制への復帰を不満とする議員たちがヴェニス委員会に提訴し、二〇一〇年一二月一〇日には、ヴェニス委員会は「意見」を発表した。この「意見」は、まず、二〇〇四年憲法改正を無効とする憲法裁判所への提訴は、（おそらく地域党の議員によって）二〇〇八年に一度なされており、そのときには（憲法裁判所はユシチェンコ政権の影響下にあったので）却下されたことを指摘した。判例を変えたのだから、九月三〇日の決定は、二〇〇八年の決定に言及すべきだが、そのような言及がないことに、ヴェニス委員会は驚きを表明した。「意見」によれば、憲法裁判所の改憲過程への参加方法は、国によって様々であるが、事後的な改憲の違憲審査は例外的である。いくつかの憲法（たとえばフランス憲法）は、憲法制定権力は主権そのものなのだから、司法の審査は受けないと明文規定している。ウクライナ憲法は憲法裁判所の改憲への事前の義務的参加は定めるが、事後的な合憲性の審査ができるかどうかは定めていない。二〇〇八年の決定と二〇一〇年の決定が矛盾しているように、ウクライナ憲法裁判所自身の判例は混乱している。

ヴェニス委員会によれば、改憲から六年経ってから改憲手続きを違憲と判断したことも異常である。もしウクライナ憲法が憲法裁判所による事後の違憲審査を許していると解釈するならば、この審査のタイムリミットが規定されていないのは立法上の不備と言わなければならない。憲法裁判所は憲法に拘束されるのであって憲法の上に立つわけではない。政治体制の根本的変更を憲法裁判所の判決で行うことは、憲法裁判所を憲法の上に置くものである。そのような手続きは憲法の正統性を保障しない。憲法の正統性は、通常の改憲手続きと、国民の開かれた討議によってのみ保障されるものだからである。

判例法の変更は、明確な根拠があり、よく説明されたものでない限り、法の確実性を掘り崩す。また、経過時間に無配慮でも同じ結果がもたらされる。ヴェニス委員会は、改正手続きの適切性だけでなく、憲法を変えることの実体的な功罪も考慮しなければならないと述べる。つまり、手続きの合憲性の要請と、当該憲法改正の取り消しがもたらす害との間のバランス判断が必要なのである。付属的な議論の中で、ヴェニス委員会は、一九九六年憲法に戻したのなら議会選挙が(二〇〇七年選挙から四年経った)二〇一一年に行われるはずなのに、議会が任期をちゃっかり二〇一二年まで延期してしまったことを皮肉った。

†煮え切らない憲法改正議論

憲法裁判所を使う姑息な方法で一九九六年憲法を復活させて、それでよしとしていたのではあまりにイメージが悪い。ヤヌコヴィチ大統領は、「きちんとした改正手続きでよりよい憲法を作ろう」と呼びかけ、法学者を集めて「憲法協議会」を発足させた。しかしヤヌコヴィチは、本音では一九九六年憲法の改正が必要とは考えていなかったので、協議会に対して指針も検討課題も与えず、集まった法学者を困惑させた。

その反面、一九九六年憲法への回帰の方法が社会的憤激を呼んだ割には、「二〇〇四年憲法＝首相大統領制を復活させよう」という要求が二〇一三年までのウクライナにおいて広がったわけではない。その一因は、二〇〇四年改正憲法が国際的な法学界において評判が悪かったからである。上記の通りヴェニス委員会はヤヌコヴィチの改憲手続きを厳しく批判したが、だからと言って、二〇〇四年憲法がいいと考えていたわけではない。それについては、二〇一〇年一二月一〇日のヴェニス委員会「意見」の準備過程で、ヴェニス委員会書記トマス・マルケルトが、ウクライナの人権擁護団体のインタビューに答える形で次のように明言している。「一九九六年憲法の復活が問題だったとは確信が持てない。……（二〇〇四年改正憲法と比べて）一九九六年憲法はより首尾一貫しており、調和的だった。悪くない憲法だったが、大統領に権力を集中しすぎた。二〇〇四年憲法は、条文に矛盾があった」。

もし二〇〇四年憲法の内容が、ヴェニス委員会の高い評価を受けるようなものだったら、ウクライナにおける憲法問題は、この国の地政学的な選択と、もっと早く結びついていたかもしれない。「一九九六年憲法はオリガークに支配された古いウクライナの象徴であり、二〇〇四年改正憲法は、入欧を目指す新しいウクライナの象徴である」といった言説が生まれていたかもしれない。実際はそうではなかった。

既述の通り、言語、教会、歴史評価をきっかけとして、ユシチェンコ時代以来、ウクライナの内政はかなり地政学化していた。憲法問題は、その中では例外的に、法的文書としての良し悪しを議論できる争点だったのである。

なお、九六年憲法への復帰の副産物として、大統領府は政府の活動諸分野を強くコントロールするようになった。こうした大統領制に近い傾向は、もともとウクライナの準大統領制にあったが、ヤヌコヴィチ大統領下で再び顕著となったのである。政府の役人は手をこまねいて大統領府からの指示を待つようになり、公衆の目には、経済政策上の不手際にまで大統領が責任を負うことになった。これは台湾シンドロームとでも呼ぶべきで、二〇一〇年の楽観的気分が霧消し、ヤヌコヴィチが急速に人気を失った理由の一つであっただろう。

二〇一二年一〇月二八日、ヤヌコヴィチ政権下最初の議会選挙が行われた。地域党は自らの人気低迷を自覚しており、最大野党・祖国党の党首ティモシェンコを逮捕収監する、オレンジ革命後に完全比例代表制に移行していた議会選挙制度を並立制に戻すという手を打っていた。小選挙区での善戦の結果、地域党は一〇議席、獲得議席を伸ばしたが、東部では比例区で同党が失った票は共産党に戻り、共産党の復調傾向も見られた。

さらに特徴的なことだが、元ボクシング世界チャンピオンのヴィタリー・クリチュコ（ユーロマイダン革命後にキエフ市長）が作ったウダール党、リヴィウ州で生まれた極右政党「自由」という全くの新党が、それぞれ四〇議席、三七議席を獲得した。有権者は、ヤヌコヴィチ、ティモシェンコといった既成政治家に飽きていたのである。

この議会選挙後、アザロフ首相はいったん辞任し、議会に信任されるという手続きを経て続投した。これは一九九八年議会選挙後のプストヴォイテンコ首相、二〇〇二年議会選挙後のキナフ首相が行わなかった儀礼であり、あたかもウクライナが首相大統領制（二〇〇四年改正憲法）に戻りつつあるかのようであった。二〇一〇年の姑息な憲法改正への批判を和らげる意図からなされたと考えられる。

†ユーロマイダン革命と二〇〇四年憲法の復活

二〇一三年一二月二日、ユーロマイダン運動が過激化する中で、地域党を離党したばかりの最高会議の国家建設・地方自治委員会の委員長ダヴィド・ジュヴァニヤ（サアカシュヴィリ大統領下で不審死したグルジア首相の従弟）は、二〇〇四年改正憲法を復活させることを提案した。一二月二四日までに、百人以上の議員たちがこれを支持する署名をした。一二月二二日には

「マイダン」と称する運動組織が発足したが、その要求の一つは二〇〇四年憲法の復活であった。翌一四年一月二〇日、ユーロマイダン運動の指導者たちは、政府との交渉項目の一つに二〇〇四年憲法への回帰を含めた。

二月一八日には野党が二〇〇四年憲法への復帰を議事にかけることが予定されており、ユーロマイダン活動家は、議会に圧力をかけるため、最高会議に向けた「平和行進」を組織した。この「平和行進」の開始後、キエフ市の中心部は、数十名の死者を出した三日間の武力衝突へと突入する。銃撃戦が一段落した二月二二日、最高会議の多数派（二五二議員）は、二〇一〇年の憲法裁判所決定を無効とし、二〇〇四年憲法を復活させた。その夜にはヤヌコヴィチ大統領が逃亡した。

このように、二〇〇四年憲法への復帰要求とユーロマイダン運動はかなり唐突に結び付けられたのであり、やる前から多くの犠牲者を出すことがわかりきっていた暴力路線の口実として憲法問題が利用されたと解釈するしかない。ユーロマイダン革命は、ウクライナの憲政史に拭いようのない汚点を残したのである。

†内戦と事実上の大統領議会制

こうして、こんにち（二〇二〇年）のウクライナで効力を有しているのは二〇〇四年改正憲法である。この憲法下で、二人の大統領（ポロシェンコとゼレンスキー）、四人の首相（アルセン・ヤツェニュク、ヴォロディムィル・フロイスマン、オレクシー・ホンチャルク、デヌィス・シュムィハリ）が働いた。

第一次ヤツェニュク内閣は、独立広場の圧力で成立したもので、憲法上の手続きは満たしていなかった。二〇一四年一一月の議会選挙後、ユーロマイダン派五党、すなわちポロシェンコ・ブロック、人民戦線（ヤツェニュク自身が属する対ドンバス主戦派の党）、祖国党（ティモシェンコ党）、自助党、急進党が、三四一議員（全議席の七六％）の支持で、第二次ヤツェニュク内閣を成立させた。一見、二〇〇四年憲法＝首相大統領制が機能しているかのようだが、もともと数名の革命指導者の間で国家の最高職の配分が談合された結果のヤツェニュク首相指名であったから、連合政治は装飾的な意義しか持たなかった。

盤石の院内基盤を持ったヤツェニュク政府であったが、ロシアとの関係断絶による経済破局、IMFや欧米諸国・日本からの借款、その条件としてつきつけられる年金・教育・医療など社会的歳出の削減という悪循環は防げず、二〇一六年二月までには、急進党、祖国党、自助党は連立を抜けていた。それでもポロシェンコ・ブロックと人民戦線だけで過半数をとることはできたが、ポロシェンコ・ブロックが自党派から首相を出したいと考えるようになった。

二〇〇六年から二〇一四年までヴィンニツャ市長としてウクライナの自治体経営全体の象徴

的人物であり、経済に強いという定評があったフロイスマンがその候補であった。おそらく、内戦という状況下で、独立した政治家であるヤツェニュクをたてるよりも、「大統領は戦略課題に集中し、首相は社会経済問題に集中する」という、大統領議会制的な分業を実現した方がいいとポロシェンコ派が考えたのであろう。

加えて、ユーロマイダン革命とその後の内戦の血なまぐさい記憶と結びつき、ドンバス戦争を利用した蓄財の噂が絶えなかったヤツェニュクをトカゲの尻尾のように切ることで、大統領への批判を和らげるという、これもまた大統領議会制的な効果が意識されたかもしれない。アルメニアの例にも見たように、憲法の条文如何にかかわらず、戦時下の首相大統領制には無理がある。

現職大統領ポロシェンコの必死の努力にもかかわらず、二〇一九年三―四月の大統領選挙の結果、人気喜劇役者でエンターティメント企業家であったゼレンスキーが決選投票七三％の高支持率で第六代ウクライナ大統領となった。ゼレンスキーの支持母体である「人民の僕」党は、七月の議会選挙で比例区・小選挙区合わせて二五四議席（全議席の五六％）を獲得した。独立ウクライナにおいて初めて単独政党が議会の過半数を制したのである。しかもそれは大統領の党である。この結果、大統領議会制であるか首相大統領制であるかの制度運用上の違いは大きな意味を持たなくなった。

「人民の奉仕者」党は他党と連合交渉せず、外国系NGO活動家から大統領府副長官という経歴を持つ当時三五歳のホンチャルクを首相候補として大統領に推薦した。二〇一九年八月二九日、大統領はホンチャルクを首相として議会に提案し、二九〇議員がこれを支持して新政府が生まれた。しかし、この首相人事そのものが、ウクライナ援助国の顔色を窺うものであり、いくつかのスキャンダルの後、ホンチャルク内閣は二〇二〇年三月に大統領によって更迭された。あとを継いだのは、リヴィウ出身であるが東部大富豪リナト・アフメトフに連なるとされるシュムィハリであった。

上記の過程に共通するのは、ホンチャルクが法律家、シュムィハリが経済専門家ということで、政治家としての役割は期待されていないこと、内閣交代に最高会議が何の役割も果たさず、大統領一派の決定を追認しただけだったことである。憲法上の首相大統領制にもかかわらず、二〇一六年以降、ウクライナで機能しているのは大統領議会制に類似した体制である。

†ウクライナのまとめ

ソ連末期、それまで名目上国家の最高機関であった議会（ソヴェト、ラーダ）は、ゴルバチョフの民主化政策のおかげで権威を増した。テレビで同時放送される議会の議論に国民は釘付けになった。他方では、ソ連中央への対抗上、かなりの権限を持った大統領職が導入された。

共産党の幹部たちは新しい権力中心となった大統領府に転職先を求め、八月クーデターの結果、ソ連共産党が禁止されると、大統領府はその人員、建物、通信網などを接収・継承した。一九九〇年代前半、憲法上最高機関であり続ける議会と、唐突に出現した大統領職の間の抑制均衡メカニズムをどう作るかという問題が生じた。

この二重権力状況はCIS諸国に共通して現れたものだったが、多くのCIS諸国で大統領が議会を圧倒する形で二重権力が解消されたのに対し、ウクライナにおける解決法は特殊だった。まず、民族民主革命の推進機関としての最高会議は、長期にわたって権威を保った。オレンジ革命、ユーロマイダン革命という街頭抗議行動は、その正当化根拠が「ウクライナ独立の精神に帰れ」というものだったこともあって、大統領府ではなく議会に向かってデモを仕掛け、座り込みした。こんにち、ウクライナは、議会が「最高会議」というソ連時代の尊称を保つ唯一のソ連継承国家である。

他方では、国民国家としての内実のない唐突な独立の結果として、ウクライナでは執行権力が大統領に集中した。大統領府が政府の責任領域に過度に干渉する、大統領が知事のみか郡長まで任免するという集権的現象にそれは現れている。

大統領与党が一党優位を確立する傾向が強い他のCIS諸国と違って、ウクライナでは独立後二八年間単独過半数政党が生まれなかった。拒否権政治の結果として妥協が余儀なくされ、大統領と議会の相互不干渉を原則とする権力分散的な大統領議会制が生まれた。オレンジ革命時の憲法改正により、ウクライナは大統領議会制から首相大統領制に移行したが、権力分散性は変わらなかった。それどころか、二〇〇四年改正憲法の下では、大統領と首相が恒常的にライバルになった。

二〇一〇年、大統領になったヤヌコヴィチは、憲法裁判所を使って一九九六年憲法を復活させ、権力を自らに集中した。その結果、経済政策の不成功に大統領が責任を負うという高度大統領制化準大統領制と類似した弱点が生まれたが、二〇一二年の議会選挙結果に示されるように、これが二〇一五年に予定されていた大統領選挙における彼の勝利を危機にさらすほど深刻であったとは考えられない。

より大きな危機は、ウクライナ内政の地政学化であった。ユシチェンコ政権は、社会経済政策における失敗をごまかすために言語、正教、歴史評価というアイデンティティに関わる問題をアピール材料として利用した。これは、一方では、ウクライナ東部で地域党一党優位が確立されたことに危機感を覚えるウクライナ民族主義者の活発化、他方では、二〇〇八年以降のロシアと西側との地政学的な競争の激化に、時間的に一致していた。ただし、憲法論争自体は、二〇〇四年改正憲法の国内外での評価があまりにも低かったために、地政学化を免れていた。

ユーロマイダン革命は、二〇〇四年改正憲法（首相大統領制）を復活させた。しかし、内戦という条件下で首相大統領制は無理であり、ポロシェンコ大統領は戦争と外交に責任を負い、フロイスマン首相は社会経済政策に責任を負うという形で、大統領議会制に似通った分業が生まれた。ゼレンスキーが大統領選挙でも議会選挙でも圧倒的に支持されたため、二〇〇四年改正憲法が政情不安定を生まない状況が初めて生まれた。しかし、ホンチャルクの首相任命、彼の解任、シュムィハリの首相任命のいずれもが、大統領派の意向によるノミネートと議会の承認という大統領議会制的な性格を帯びた。

第 六 章

モルドヴァ
——議会大統領制から準大統領制への回帰

2020年12月24日、モルドヴァ大統領就任式で宣誓するマヤ・サンドゥ。(ロイター/アフロ)

1　モルドヴァの概況

†指導者の無能による多元主義

トロント大学の政治学者ルーカン・ウェイは、モルドヴァを「不作為による多元主義（pluralism by default）」の典型例とみなした。つまり、モルドヴァで権威主義体制が成立しなかったのは、野党が強いから、市民社会が活発だからといった積極的な理由によるのではなく、指導者がマスコミや選挙を操作したり、特務機関や警察・司法・軍を政治目的で使ったりする能力がないからなのである。では、この指導者の無能はどこから生まれたのだろうか。

①ロシア、ウクライナ、アルメニアでは、インテリを中心とした民族民主主義の運動体（ウクライナのルフ、アルメニアの国民運動など）に、一九九〇年頃から共産党内改革派（鞍替え組）が合流した。これがソ連を解体した社会的基盤であった。この民族民主の連合体は、概して強力な公選大統領制の導入を支持し、一九九二―九三年の急進経済改革が破局的結果を生むまで存続した。モルドヴァの場合も、一九九〇年の共和国最高会議選挙までに民族民主主義運動と

共産党内改革派の連合は成立したが、前者の一部がモルドヴァそのものの解体、ルーマニアとの合同という極端な主張を掲げたため、一九九一年までには、相当程度、勢力を失ってしまった。一九九二年春・夏の沿ドニエストル紛争の結果、この傾向は決定的となった。

②ソ連末期のモルドヴァ共和国は、モスクワとの交渉に加えて域内の分離主義勢力である沿ドニエストルとガガウジヤとの交渉を抱えていたため、大統領職の導入が急がれた（議会大統領は一九九〇年一二月、翌年一二月には公選化）。大統領になったミルチャ・スネグルは、①の事情から社会的基盤も議会内の基盤も欠いていたため、汎ルーマニア主義者との戦術的な連合を強めたり弱めたりして政権を維持した。そのため沿ドニエストル紛争に巻き込まれたが、この紛争のおかげでモルドヴァは欧州評議会やヴェニス委員会の助言を受けるようになり、一九九四年、当時のCIS諸国の中では珍しい首相大統領制の憲法を採択した。

③リトアニアやウクライナの例に見たように、首相大統領制の憲法が採択されると首相選出における議会の役割が格段に高まるため、改憲後または憲法制定後の数年間に安定した連合政治が展開されるかどうかが運命の分かれ道となる。これに失敗すると首相大統領制憲法は信用を失い、大統領議会制憲法に逆戻りするか（ウクライナ）、議会制に移行する（モルドヴァ）誘因が大きくなる。モルドヴァでは、一九九八年議会選挙でペトル・ルチンスキ大統領を支持する勢力が大敗し、大統領と議会の対立が続いた結果、二〇〇〇年、議会が公選大統領職そのも

のを廃止し、大統領を議会選出にしてしまった。ところがこの憲法改正は、後に「スロヴァキア症候群」を生むことになった。

スロヴァキア症候群とは何か。議会選出の大統領が象徴的・儀礼的存在でなく、議会で採択された法案に対し拒否権を行使し、首相を任命し、議会を解散するような

ルチンスキ議会議長（1993〜96年）、大統領（1996〜2001年）

議会がそのような大統領を単純過半数で選べるはずがない。大統領を単純過半数で選んだ議会が単純過半数で採択した法案を、なぜその大統領が拒否できるのかという話になるからである。したがって、議会大統領の権威を公選大統領の高みに近づけるために、議会が大統領を選出するハードルが過半数ではなく全議員の五分の三の支持などに高められる。

実際上の権力を持っていたとしたら、

しかし、このような条件を満たすのは容易ではなく、大統領職は、しばしば長期にわたって空席になる。もともとは議会大統領制だったスロヴァキアは、大統領不在の事態に直面し、一九九九年に憲法改正して準大統領制に移行した。準大統領制から議会大統領制に移行したモルドヴァも、共産党が議会での優位を失った後に同じ困難を経験した。モルドヴァは、そのような憲法上の問題を抱えながら、国際社会における地政学的競争の激化に立ち向かうことになった。

†モルドヴァ国家のアイデンティティ

モルドヴァ政治においては、左右軸、親露か親欧かという地政学軸以外に、モルドヴァ語（民族）が存在するのか、それともそれはルーマニア語（民族）の一部にすぎないのかという根本争点がある。モルドヴァの独立前後から二〇〇九年くらいまでは、この言語と民族の同定に関する問題が突出した政治的意義を持っていた。

後にモルドヴァ・ソヴェト社会主義共和国になった領土は、一八世紀までは三つの地域から構成されていた。黒海沿岸部は、ノガイ・オルダの支族であり、オスマン帝国の宗主権を受け容れるエディサン・オルダに属していた。内陸部はドニエストル川で分けられ、左岸（東側）はポーランド共和国に、右岸は、これもオスマン帝国の宗主権下にあったモルドヴァ公国に属していた。

一七六八年に始まる露土戦争の結果として一七七四年にクチュク・カイナルジ条約が結ばれ、クリミア・ハン国がオスマン帝国の宗主権を離れた。ロシア帝国はこの条約を破って、黒海艦隊創設などクリミア進出を着々と進め、一八八三年にはついにクリミアを併合した。これが次の露土戦争を引き起こし、一七九一年にはモルドヴァのヤシで講和条約が結ばれた。

ヤシ条約によりロシアはドニエストル川以東の黒海沿岸部（オルダ領）を獲得し、そこにへルソン県チラスポリ郡を導入した。さらに一七九三年の第二次ポーランド分割で、ドニエストル川以東の内陸部を獲得し、それをポドリヤ県の一部とした。こうして獲得されたドニエストル川以東地域（左岸）がこんにちの沿ドニエストル・モルドヴァ共和国（国際的には非承認）の起源となる。

ヤシ条約はモルドヴァ公国（ドニエストル川以西内陸部）には触れなかったが、一八〇六―一一年の露土戦争の結果、ロシア帝国は、同公国のプルート川以東の領土を奪取し、これを黒海沿岸部とあわせてベッサラビア県を作った。

ルーマニア系のモルドヴァ公国がドニエストル川以東まで領有していたことは歴史上ないことに注目しなければならない。ロシア帝国がドニエストル左岸を獲得したのはオルダとポーランドからであり、モルドヴァ公国からではないのである。このことは、沿ドニエストルが右岸からの独立を主張する歴史的な論拠の一つとなっている。

オスマン帝国の宗主権下に残ったモルドヴァ公国の西半分は、一八五九年にワラキア公国と合同してルーマニアを形成した。ルーマニアはベルリン会議（一八七八年）後の一八八一年、オスマン帝国から独立した。今日に至るも、ルーマニア人の多くは、ベッサラビア、すなわちこんにちのモルドヴァを、ロシアに奪われた未回復地とみなしている。

ちなみに、ワラキア、モルドヴァ西部と並んでこんにちのルーマニアを構成するのはトランシルヴァニアである。風光明媚な山地であるトランシルヴァニアは、一七世紀にハプスブルク帝国がオスマン帝国から奪回し、一八六八年以降は、二重帝国のハンガリー部に属した。第一次世界大戦の結果ルーマニアに割譲されるが、今日に至るまでハンガリー系の住民が多いことから、ルーマニア国家の中では難しい位置にある。

ロシア帝国政府はプルート川で膨張を止める気はなかったため、ベッサラビアをロシア化するのではなく、ルーマニア語の使用、古来のビザンツ法の存続を許す一方、帝国西部の諸県では唯一ゼムストヴォ（地方自治体）の導入を許した。志田恭子が指摘したように、ロシア帝国がベッサラビア県にこのような特権的地位を与えたのは、ルーマニア方面（ドナウ川流域の二公国）に向かってさらに膨張することを意図しつつ、ルーマニア人を魅了するためのショーウィンドウとして利用するためだった。

ロシア革命後、ベッサラビアはルーマニアに割譲され、ドニエストル川がソ連・ルーマニア国境となった。ソヴェト政権は、ウクライナ共和国に属する旧チラスポリ郡に、必ずしもルーマニア語話者が多数派ではなかったにもかかわらず、モルドヴァ自治共和国を創立した。ロシア帝国がベッサラビア県をドナウ二公国に向けたショーウィンドウにしようとしたのと同様、この自治共和国を、ベッサラビア奪回を目指してのソ連のショーウィンドウにしようとしたのである。

一九四〇年、モロトフ—リッペントロップ秘密議定書（プルート川でルーマニアを独ソ分割）に基づき、ソ連はベッサラビアを併合した。この時点でショーウィンドウとしてのモルドヴァ自治共和国は用済みなので、ソ連政府は、それをベッサラビア（ドニエストル右岸）に強引に統合し、キシナウを首都とするモルドヴァ・ソヴェト社会主義共和国を創出した。

当時のソ連の民族領域政策によれば、自治共和国などのステータスを得るには基幹民族がいなければならない。もともとモルドヴァ人とスラブ人が混住する多民族地域であった左岸はこれに該当せず、いくつかの普通の郡の集合体としてモルドヴァ・ソヴェト社会主義共和国に組み込まれた。ただし幹部政策としては、ソ連指導部は、農村的でルーマニア文化の影響を受けた右岸出身者よりも、ソ連への帰属が長く、工業化も相対的に進んでいた左岸の出身者を信頼して、右岸の統治と同化のために送り込んだ。

こんにちの沿ドニエストルで支配的な歴史学では、戦間期の自治共和国が同国の国家建設の最初の経験であり、モロトフ—リッペントロップ秘密議定書による右岸との合同は、当時のソヴェト法に照らしても適正な手続きを欠いたものだったとされている。七〇年以上のソ連時代を経験した左岸と、主に第二次世界大戦後しかソ連に帰属していない右岸（モルドヴァ）とでは住民の政治意識が相当異なるということは、モルドヴァでもしばしば言われることである。

ペレストロイカ期には、「モルドヴァはロシア帝国やソ連の膨張政策が人工的に生み出した共和国なので、一国として独立を目指すのではなく、自己清算してルーマニアと合同すべき」とする汎ルーマニア主義が隆盛したが、モルドヴァ共和国の右岸部分においてさえ多数意見にはならなかった。ましてや歴史的に一度もドナウ二公国領やルーマニア領になったことのない左岸は合同主義に強く反発した。右岸の合同主義者がモロトフ―リッペントロップ秘密議定書の遡及的無効を主張したことで、モルドヴァは領土的存立の法的根拠を失い、右岸・左岸は完全に分裂した。

2　欧州評議会の援助による首相大統領制の導入

†付かず離れずのスネグルと人民戦線

一九八九年八月、モルドヴァ共和国最高会議は、ラテン文字化されたモルドヴァ語（すなわちルーマニア語）を唯一の国語とする決定を下した。ルーマニア化に断固反対の左岸を抱え、右岸でも相当数のスラブ系住民を抱えるモルドヴァで、基幹民族比率が八割から九割を超えるリトアニアやアルメニアと同じ言語政策をとったのは自殺行為であった。すでに左岸は、この言語政策に反対してゼネストに突入していた。

一九八〇年代からモルドヴァ共和国を指導した党第一書記セミオン・グロースは、一九八九年一一月に解任された。タジキスタン共和国の党第二書記だったペトル・ルチンスキがモルドヴァに呼び戻されて後継者になった。ルチンスキは共産党内の改革派に属するとみなされていた。

一九九〇年三月の共和国最高会議選挙の結果、人民戦線は最高会議の三八〇議席中の約四分の一を獲得し、共産党内改革派と連合すれば、最高会議の多数を制することができた。四月、この連合は、モルドヴァ共産党中央委員会の書記であり、改選前の最高会議においてすでに幹部会議長であったミルチャ・スネグルを議長に、(改選前の最高会議において首相になったばかりの経済官僚ペトル・パスカリではなく)人民戦線のリーダーだったミルチャ・ドルークを首相に任命した。ドルークは若いころに汎ルーマニア民族主義に対する態度が曖昧という理由でソ連共産党を除名されていたが、異論派だったわけではない。レニングラード大学で主に人文系の教育を受けたが、経済学の素養もあったので首相もできるだろうということになった。

一九九〇年一二月、スネグルは、最高会議によって大統領に選出された。戦術的に汎ルーマニア合同主義者と連合しているにすぎないスネグル大統領(写真左)と、心の底からの合同主義者であるドルーク首相(写真右)との関係はとても円満とは言えず、一九九一年二月には、大統領は自分自身の辞任をちらつかせながら首相を辞めさせようとしたほどであった（写真はpersons-infoより）。こうした努力が実って五月にはドルークは辞任、同じ人民戦線ではあったがより穏健な財務官僚のヴァレリウ・ムラフスキが首相になった。人民戦線に参加する代議員の数は、一九九一年の八月クーデター未遂事件までに約三〇人にまで減少していた。

クーデター未遂の後、九月三日、モルドヴァ最高会議は、社会主義憲法を改正して公選の大統領職を導入した。モスクワとの関係以外に、沿ドニエストルやガガウジヤの分離政体との関係を調整するため、単独責任の国家元首が必要と考えられたのである。一二月八日に予定された大統領選挙に向けて、スネグルは、人民戦線の合同主義と距離をとった。人民戦線は選挙をボイコットし、対立候補は立たず信任投票となり、スネグルは信任率九八％で大統領に選ばれた（ただし、この選挙には沿ドニエストルやガガウジヤの有権者は参加しなかった）。

出典：DRUK Mircha Georgievich, persons-info

モルドヴァの政治エリートにとっては、ソ連の解体によって小さいなりに独立国家の指導者になれそうな情勢なのに、ルーマニアと合同すればその地方役人になるしかないのだから、もしスネグルが汎ルーマニア主義者と決別していなければ、彼のために選挙運動はしなかっただろう。

†沿ドニエストル紛争と人民戦線の後退

一九九二年に入ると、人民戦線とスネグルは再び接近した。スネグルが事実上の独立国となった沿ドニエストルに対して強硬措置をとったからである。五月以降は公然たる戦闘が始まり、六月一九—二二日のベンデルィ市の戦闘では多数の死傷者が出た。七月にはロシア大統領ボリス・エリツィンの仲介で停戦が成立した。大衆レベルの相互憎悪に支えられていたカラバフ戦争やアブハジア戦争とは違って、沿ドニエストル紛争は少数の汎ルーマニア主義者に引き回された結果であり、避けようと思えば避けられた紛争だったと考えるモルドヴァ人は多い。

エリツィンは、沿ドニエストル紛争を仲裁する条件として、人民戦線メンバーを首相職から排除することを強く要求した。この要求はモルドヴァ国内の要求とも呼応しており、同年八月、農民民主党や人民戦線からの離脱議員が協力して、ムラフスキ首相を解任、農業大臣だったアンドレイ・サンゲリを後継者にした。農民民主党は、農業ロビー政党として一九九〇年に結成され、やがて旧共産党幹部の受け皿となった党である。モルドヴァにおいて「農民」という言葉が特にプラスイメージなのは、モルドヴァが農村（郡部）人口四六％で、ソ連継承国の中では都市化が遅れた国だからである。

サンゲリ政府は、この後、スネグル大統領任期の最後、九六年一二月まで存続した。九四年憲法の制定（後述）と合わせ、スネグル大統領―サンゲリ首相のタンデムが長期安定化したことにより、モルドヴァに準大統領制が定着したと言われる。人民戦線メンバーの失脚はムラフスキでは止まらなかった。一九九三年、人民戦線支持者だったアレクサンドルー・モシャヌー最高会議議長が解任され、旧モルドヴァ共産党第一書記のルチンスキがこれに代わった。

†一九九四年議会選挙――農民民主党の勝利

以上のような人事の変更にもかかわらず、かつての人民戦線＝共産党内改革派に代わる新しい多数派連合は形成されず、最高会議は、沿ドニエストル・ガガウジヤ問題、新憲法制定、地方制度改革などの切迫した課題に効率的に取り組むことはできなかった。そこで、農民民主党が中心となって繰り上げ議会選挙を行う決議をあげ、これが一九九四年二月二七日に実施された。新しい議会の議員定数は一〇四名にまで削減された。領土喪失を隠すために、CISとしては例外的に早いこの時期に、完全比例代表制が採用された。法定得票は四％で、小政党に有利な制度だったが、表6－1に示すように四政党（ブロック）しかクリアできなかった。

一九九四年選挙の時点では、スネグル大統領も、サンゲリ首相も、ルチンスキ最高会議議長

政党	得票率%	獲得議席数
農民民主党	43.2	56
社会党－統一運動ブロック	22.0	28
農民・知識人ブロック	9.2	11
キリスト教民主人民戦線	7.5	9
社会民主主義ブロック	3.7	0
女性連盟	2.8	0
議席合計		104

投票率 79.3%

表 6-1　1994 年 2 月議会選挙の主な結果

も農民民主党の候補であった。社会党－統一運動ブロックの「統一」とは、多民族主義、つまり非モルドヴァ系住民の利益代表であることを意味している。一九九四年選挙まではモルドヴァ共産党は合法化されなかったので、農民民主党と社会党－統一運動ブロックが左翼票の受け皿になった。

他方、農民・知識人ブロックとキリスト教民主人民戦線が右派である。後者は、かつての人民戦線の残部が一九九三年に改称したものであるが、沿ドニエストル紛争後の後退を止めることができず、一九九四年選挙では九議席しかとれなかった。人民戦線が「キリスト教」を売りにしたのは、ソ連時代はロシア正教会の管轄地域であったモルドヴァに、当時、ルーマニア正教会が進出しようとしていたからだった。世俗的な汎ルーマニア主義では限界が見えたので、まず教会をルーマニア化しようとしたのである。

†九四年憲法の採択

モルドヴァでも一九九〇年に生まれた第一議会に憲法委員会が設置され、専門家グループが働いた。スネグル大統領は、高度大統領制化準大統領制か大統領議会制を目指していたので、その意にかなった法学者が集められた。スネグルは、沿ドニエストル紛争中に獲得した非常権限を放棄せず、その延長上で新憲法を構想した。このような戦争と憲法の連関は、アルメニアとも共通するものがある。なお、他のソ連継承国の急進改革派とは違って、モルドヴァの人民戦線内では議会制支持者が多数派だった。

一九九四年選挙で左派優位の議会ができると、より議会主義的な憲法が目指されるようになった。議会は、自らが憲法準備を主導すること、これ以上、憲法採択を伸ばさないことを明確にした。

兄弟国のルーマニアでは、旧共産党系の議会制案と反共民主派の準大統領制案の妥協の結果、フランス第五共和制憲法を議会寄りに修正したルーマニア一九九一年憲法（首相大統領制）が採択されていた。モルドヴァの議会左派は、スネグル案に対抗するためルーマニア憲法を見本にし、それをさらに議会主義的にした。これは、ルーマニアとの合同主義とは全く関係がない。議会の憲法委員会は、準大統領制国としてフランス、ルーマニア、ロシアに、議会制国としてハンガリーに調査団を派遣した。それまで準備されていた案を統治部分については破棄して、二月二七日の議会選挙からわずか五カ月間で七月二九日の憲法採択まで漕ぎつけたのだから、非常に精力的な作業がなされたと評価できる。

追い風になったのは欧州評議会の援助である。沿ドニエストル紛争のおかげでモルドヴァは欧州評議会の関心を引き、一九九三年に「特別に招待された」地位を得た。さらに議会の憲法委員会がヴェニス委員会に助言を請うたところ、予想外の注意深い対応を得た。議会指導部は、欧州評議会へのモルドヴァの早期加盟を実現するために、ヴェニス委員会の助言を受けた憲法委員会案をできるだけ早く採択するように議員に催促した。このためもあり、アルメニアやウクライナに見られたように、専門家グループが準備した草案を議会会派が著しく修正するようなことはなく、憲法は迅速に採択された。

憲法採択の翌年、モルドヴァは欧州評議会に加入した。モルドヴァのケースは、欧州評議会加盟国でなくても欧州評議会やヴェニス委員会の援助を受けることができることを国際的に示したと、後にモルドヴァの政治家は誇った。

以上のような事情から、一九九四年モルドヴァ憲法は、当時のCIS諸国では唯一、首相大統領制を選択した。首相候補を推薦するのは大統領であるが（第九八条）、推薦の前に大統領には「議会多数派」と協議することが義務付けられている（第八二条）。また、新議会が成立した時には内閣は総辞職しなければならない（第一〇三条）。

そのほか、①ロシアやウクライナの憲法と違って、大統領に大統領令を出す権限がなかった。

②大統領の拒否権行使を議会は単純過半数でオーバーライドできた(第九三条)。ちなみに、ポーランドの九七年憲法制定過程でも同じ提案がなされたが、「単純過半数で克服できるのなら拒否権の意味がない」とクワシニェフスキが主張して、議員の五分の三に落ち着いた経緯がある。③大統領が議会を解散できるのは、三カ月間にわたって政府が形成されない、もしくは立法活動が停止した場合、政府不信任決議が失敗した場合のみであった(第八五条)。④大統領には閣議を主宰する権限が与えられたが(第八三条)、モルドヴァの場合、これはほとんど実践されなかった。以上のように、モルドヴァの九四年憲法は議会に強い権限を付与したが、議会と大統領の意見に著しい違いが生じた場合にどう解決するかのメカニズムを欠いていた。

憲法採択の時点では、スネグル大統領は特に抵抗しなかった。しかし翌九五年には、せめて大統領令が出せるようにしてくれと憲法改正を要求し、この問題を契機にスネグル派は農民民主党から離脱してしまった。

3 議会制への移行

†ルチンスキ大統領と議会の対立

一九九六年一一月一七日、新憲法に基づく最初の大統領選挙が行われた。スネグル大統領、サンゲリ首相、ルチンスキ議会議長が有力候補であった。サンゲリは農民民主党の候補として立候補したが、同党を離党していたスネグルは自前の選挙母体を作り、ルチンスキは無党派として出馬した。キリスト教民主人民戦線は、スネグルを支持した。スネグルとルチンスキが一二月一日の決選投票に進んだが、左翼票を吸収したルチンスキが第二代大統領になった。

第一回投票において、二〇〇一年にモルドヴァ大統領になる共産党のウラジミル・ヴォロニンが一〇・二％得票していたことは特筆されてよい。当時のモルドヴァは、経済においても国家財政においても破滅的な状況にあった。私は当時キエフに住んでいたが、平均月収五〇ドルのウクライナにモルドヴァ人が喜んで出稼ぎに来るのを見て、モルドヴァはどれだけ貧しいのかと驚いたものである。

一九九〇年代のモルドヴァの議会選挙は、ポーランド、リトアニア等と同じ経路をたどった。まず、社会主義体制が崩壊してから最初の選挙（一九九二—九四年頃）では、急進経済改革による生活水準の低下のため、左翼が復活した。二回目の選挙（一九九六—九八年）では、左翼政権下でも生活は好転しないことがわかり、再び有権者の振り子は右に揺れた。モルドヴァでスネグルが中心となって右派の野合ブロック「モルドヴァ民主コンヴェンション」を作って（キリスト教民主人民戦線もこれに入った）、一定の議席を獲得していることは、前年のポーランドにおける連帯選挙行動の躍進を想起させる。実際、参考にしたかもしれない。なお、民主諸勢力党は、農民・知識人ブロックの後継政党である。

政党	得票率%	獲得議席数
共産党	30.0	40
モルドヴァ民主コンヴェンション（スネグル党）	19.4	26
「民主的で繁栄するモルドヴァのために」	18.2	24
民主諸勢力党	8.8	11
農民民主党	3.6	0
議席合計		101

投票率 69.1%

表 6-2　1998 年 3 月議会選挙の主な結果

一九九八年三月二二日投票の議会選挙では、一九九四年に合法化された共産党が四〇議席を獲得して第一党になったが、それは農民民主党や社会党—統一運動ブロックのような左派政党から活動家と支持者を奪った結果であって、左派と右派・中道との比率は、一九九四年選挙の八四・対・二〇から一九九八年選挙の四〇・対・六一へと大きく右傾化した（表6－2）。ただし右派・中道は、選挙前にルチンスキが作った大統領支持ブロック「民主的で繁栄するモルドヴァのために」（二四議席）と、ルチンスキに反対する二党（計三七議席）に分かれて争った。ルチンスキを支持する議員が二四名しか当選しなかったにもかかわらず、議会議長には大統領支持ブロックのリーダーであるドゥミトル・ヂャコフがなった。しかし、間もなく彼と大統領は仲違いした。二〇〇〇年四月、ヂャコフは民主党を旗揚げし、ルチンスキはいよいよ議会内に基盤を失った。

一九九八年から二〇〇一年まで五人もの首相が任命され、解任された。首相に任命されたが、組閣できずに早々に辞めた例もある。大統領の首相指名を拒否するのは容易でも、共産党、親大統領派、右派野党が鼎立する議会構成では、左右いずれかの野党がみずから組閣するのも難しかった。議会が容易に克服できる拒否権しか持っていなかった大統領は、議会が採択した法の合憲性にいちいちけちをつけて憲法裁判所に持ち込み、憲法裁判所の違憲審査の数が急増した。以上のような統治の混乱は、膨大な国際債務をかかえるモルドヴァを一層苦境に追いやった。

†高度大統領制化準大統領制を提案

議会対策に苦しむルチンスキは、一九九九年五月二三日、高度大統領制化準大統領制を導入することを「諮問する」国民投票を行った。具体的には、「大統領が政府を形成し、それを指導すること」に賛成かどうか国民に問うた。なぜ「諮問」にとどめたかと言えば、モルドヴァ憲法は議会でしか改正できないからである（なお、国家の主権・独立・単一性と中立原則については、改正には議員の三分の二での可決に加えて国民投票が必要である）。投票率五八・三％、憲法改正支持票が六四・二％という結果を受けて、ルチンスキはヴェニス委員会やモルドヴァ憲法裁判所との協議に入った。

ルチンスキがいつごろから九四年憲法に敵対的になったかについては、モルドヴァの政治家・ジャーナリストの間でも意見が分かれている。一九九八年に始まる政治危機以降であるという説が多数だが、共産党の議会会派のリーダーであったヴィクトル・ステパニュクが二〇〇五年に私に語ったところでは、ルチンスキは、自身が議会議長として制定に関与したにもかかわらず、大統領権力を強化する憲法改正を、九六年大統領選挙時にすでに主張していた。九九年の「諮問的」国民投票も、三年がかりで準備されたものだった。

ルチンスキの国民投票に対抗して、一九九九年一一月二四日、三八名の議員が議会大統領制に移行する、自分たちの憲法改正案の合憲性について憲法裁判所の意見を求めた。ウクライナ憲法と同様、モルドヴァ憲法によれば、憲法裁判所の合憲判断が付与されていない憲法改正案は議会に提案してはならない。しかも、それが議会に提案されてから六ヵ月以上経たなければ採決できないところがモルドヴァ憲法の特殊性である。憲法裁判所は、三八議員の改正案が憲法原則に反しないという意見を付与した。

†二〇〇〇年の憲法改正

六カ月の猶予期間を経て、二〇〇〇年六月二二日、議会は憲法改正を審議するための特別委員会を設置した。特別委員会の審議結果が七月五日の本会議に付されたが、前年の三八議員の提案と比べて、「今後は議会が大統領を選ぶ」という大原則は一貫していたものの、次の修正が加えられていた。①大統領に立候補できる年齢を三五歳から四〇歳に引き上げる。②大統領の選出に必要な賛成議員数を全議員の過半数（五一）から五分の三（六一）に引き上げる。③この厳しい要件下で、議会が三回続けて大統領選挙（一選挙につき二ラウンド投票）に失敗した場合、議会は解散される。④九四年憲法によれば、自分の任期の最後の六カ月間は、大統領は議会を解散できないのだが、③の解散のみは例外とする。

議論の中で、共産党のステパニュクは、大統領が議員の大部分による「保護」を享受できるようにしなければならないと述べ、選出が失敗した場合の院内選挙の繰り返しを三回ではなくて二回に減らすことまで提案した。つまり、二回続けて大統領選挙が失敗すれば議会解散という一種の脅しで、議員の五分の三の支持は集まるだろうと楽観していたのである。共産党党首ヴォロニンは、「もし我々が大統領のステータスを別のレベルに上げようと思うならば、彼が五〇プラス一よりも大きな多数によって支持されているという確証を得なければならない。そのような多数派があってこそ、大統領は、彼の仕事においてより自律的であるような、より独立した存在になりうるのである」と述べた。

つまり、五分の三という厳しい選出要件も、議会における大統領選挙の回数に厳しい制限が設けられるのも、自立的な機関として大統領の権威を高めるためなのである。何度も選挙をやり直した結果、ようやく選ばれたような大統領には権威はないと主張しているのである。共産党が構想する議会大統領が、象徴ではなく実質的に国を指導する元首であることがわかる。

七月五日、議会は、上記の①から④までを、選挙回数を二回に制限することと合わせて可決した。ヴォロニンは、国民が求めているのは議会主義の強化ではなく、経済状況改善のために権力を一元化することであることを見抜いていた。その点ではルチンスキと同様で、両者の間にあるのは、公選の大統領に一元化するか、議会選出の大統領に一元化するかの違いだったのである。なお、議会内での小党分立を防ぐために、法定得票も六%に引き上げられた。

一九九九年から二〇〇〇年にかけての憲法改正論議において、ルチンスキも議会派もヴェニス委員会を味方にしようとした。ヴェニス委員会は、両陣営に対して「急ぐな」と助言した。一九九四年憲法採択後、わずか五年で改憲したら、法に対する市民の信頼を傷つける。しかし、どちらかと言えば、議会制案により大きな好意を感じていたのではないかと、前出のステパニュクは述べた。

†共産党の活発さと議会主義

ヴォロニンの議会主義は、当時のモルドヴァ共産党の活動水準も反映していた。「政治家はテレビで喋るだけ」というステレオタイプがあったポスト社会主義のモルドヴァで、活動家がアパートを訪問して苦情を聞き、政策を説明する共産党のスタイルは新鮮であった。これは政権を取ってからも同じで、ヴォロニンは、苦情が出ると責任者を現場に派遣した。

ステパニュクによれば、議会制の方が、議員全体がアンテナとなるので市民との接点が多くなる。モルドヴァでは議員一人当たり一年でのべ約八千人と面談する。議員百人として約八〇万人、モルドヴァ人口のほぼ四分の一である。大統領一人ではこんな多数とは会えない。また議会制においては、「それは大統領の権限です」と言って議員が逃げを打つことができなくなる。アメリカは大統領制の国と言われるが、ステパニュクによれば、実際には「大統領―議会制」の国で、この体制がうまく機能するのはコングレスマンが大きな権限を持っているからなのである。

共産党とは対照的に、かつて議会の憲法準備委員会の専門家グループにも参加した憲法学者のウラジミル・モクリャクは、ポーランドの政治学者ゲベトネルと同じ考えを述べた。「権力が弱い大統領を公選で選ぶ」のが世界的趨勢なのに、モルドヴァの議会制への移行は、それに逆行している。二〇〇〇年の憲法改正は単なる政治的野心の反映で、憲法論争などどこにもなかった。これは、「毛布を自分に引き寄せようとする」(自分に有利な制度環境を作ろうとする)田舎役人根性である。

政党	得票率%	獲得議席数
共産党	50.1	71
ブラギシュ同盟	13.4	19
キリスト教民主人民党	8.2	11
モルドヴァ再生合意党（スネグル党）	5.8	0
民主党（ヂャコフ党）	5.0	0
議席合計		101

投票率 67.5%

表 6-3　2001 年 2 月議会選挙の主な結果

†ヴォロニン時代（二〇〇一―〇九年）

議会大統領制に移行し、ルチンスキ大統領の任期が切れた二〇〇〇年一二月、議会は二回、大統領選挙を行った。いずれにおいても大統領選出に必要な五分の三の票は集まらず、一二月三一日、ルチンスキは議会を解散した。

翌年二月二五日の議会選挙の結果、共産党が一〇一議席中七一議席を獲得した(表6-3)。表のブラギシュ同盟とは、ルチンスキ大統領下での最後の首相ドゥミトル・ブラギシュを党首とする選挙ブロックである。他方、スネグルの党は法定得票に達しなかった。今回は議会大統領として問題なく選ばれたヴォロニンは、菓子企業の企業長だった当時三七歳のヴァシレ・タルレフを首相に抜擢した。彼は任命されたときに議員でさえなかったので、二〇〇五年の議会選挙で議員になった。タルレフは、二〇〇八年三月まで七年間首相を務めたが、これはモルドヴァにおける首相在任最長記録である。

憲法上、大統領自身の権限は大きくない、首相は非常に若いということで、ヴォロニンの統治能力の最大の源泉は何だったかといえば、議会の七割を占める規律の高い党の党首であることだった（モルドヴァ憲法は大統領の政党帰属を禁じていない）。ヴォロニン下で政治・経済は安定し、年金と賃金はそれなりに引き上げられた。

ヴォロニン大統領第一期（二〇〇一―〇五年）においては、沿ドニエストル問題が再び重要性を増した。第一に、政権党である共産党が掲げるモルドヴァ主義は、ルーマニアとの合同を否定するがゆえに、左岸の再統合により熱心であった。第二に、二〇〇〇年にロシアで生まれたプーチン政権は、モルドヴァを親露国にするために、沿ドニエストルに独立を放棄させる意欲満々であった。沿ドニエストルにおける二〇〇一年大統領選挙に向けては、ロシアとモルドヴァが協力して、現職のイーゴリ・スミルノフに挑戦する候補（ベンデルィ市長）を応援した。

こうした流れの中で、二〇〇三年に、ロシア大統領府副長官であったドミトリー・コザクが、モルドヴァと沿ドニエストルを再統合する国家連合案を準備し、ヴォロニン大統領を納得させた。しかしこの案は、ロシア軍の沿ドニエストル駐留の延長を認めるものだったので、アメリカが在モルドヴァ大使を通じて介入し、ヴォロニンは調印当日に調印を拒否した。プーチンは赤恥をかき、その後、ロシア・モルドヴァ関係は悪化した。その結果、モルドヴァの右派だけでなくモルドヴァ共産党も親欧米路線をとることになった。

二〇〇五年三月六日投票の議会選挙では、共産党は五六議席を獲得した。過半数ではあっても大統領選出に必要な五分の三（六一議席）には達せず、政治危機が予想された。ところが、ここでまたアメリカ大使が介入した。ヴォロニンは共産党であっても、ロシアからの距離をとっている望ましい指導者なので支持せよと、親米政党であるキリスト教民主人民党に指示したのである。一一名のキリ民党議員はこれに従い、ヴォロニン大統領候補に投票し、第二期ヴォロニン政権が成立した。

私はこの事件の直後にキシナウを訪問したが、キリ民党の議員・指導者はご褒美でアメリカに研修旅行中であった。キリ民党は内閣に入ったわけではなかったが、二〇〇五―〇九年の間、共産党の閣外協力者として振舞った。仇敵を支持した結果、二〇〇九年議会選挙においては伝統的支持層を失い、法定得票に達せず議席をすべて失ってしまった。その後、キリ民党が議会に復帰することはなかった。

ヴォロニン大統領が第二期に入った頃には、キリ民党の閣外協力が得られたこともあり、第一期の路線を手直しする清新な雰囲気があった。共産党自身の政策としても、更なる議会制化を求めて、大統領の議会解散権と首相指名権を憲法から削除することが検討され始めた。キリ民党は、ヴォロニン大統領候補に投票するにあたり多くの条件をつけたが、それには党籍を離れること、沿ドニエストルにより強硬な態度をとることが含まれていた。このうち実現されたのは、ウクライナのオレンジ革命で成立したティモシェンコ政府と協力しての、沿ドニエストルの経済封鎖のみである（この頃、ユシチェンコ大統領は沿ドニエストルに、より同情的だった）。共産党内の要求でもあった議会制強化は棚晒しにされた。

この時期、共産党の性格自体が大きく変わりつつあった。二〇〇九年に共産党から民主党に移ったマリアン・ルプが述べたところによれば、二〇〇五年にヴォロニンは、党の議長を党中央委員会ではなく党大会で選ぶように規約改正を主張し、それを実現した。その後のヴォロニンは他の党指導者の意見を聞くことをせず、党内独裁を行う暴君となった。二〇〇九年から二〇一五年にかけて、共産党では櫛の歯が欠けるように指導者の離党が続き、二〇一五年に一四名の議員が離党したのちは議会に七議席しか持たない小政党に落ちぶれた。

†二〇〇九年の暴力的政変

二〇〇九年議会選挙において野党四党、すなわち自由党、自由民主党、民主党、「われらがモルドヴァ」党は、「赤―オレンジ独裁」（共産党とキリスト教民主人民党の事実上の連立）を激しく批判した。共産党だけではなく、キリ民党の指導者も中傷の的になった。「一九九二年に彼らがルーマニアとの合同を強く主張したのは、ロシアの特務機関から金を貰って、沿ドニエストルの分離独立運動に正当化根拠を与えるためであった」等である。

四月五日の投票前夜、野党は共産党が不正するに違いないと予告していた。投票後、中央選管は、共産党が有効票の四九・五％、六〇議席を獲得したと発表した（表6－4）。つまり、一議席、野党を切り崩せば大統領を選出できる、いかにもできすぎの結果である。二日後、暴徒と化した民衆が議会と大統領府に突入し、オフィスを破壊し放火した。私は事件から半年以上たった二〇〇九年一二月にモルドヴァを訪問したが、まだこれらの建物は復旧しておらず、凄惨な外観を呈していた。

政党	得票率%	獲得議席数
共産党	49.5	60
自由党	13.1	15
自由民主党	12.4	15
「われらがモルドヴァ」	9.8	11
社会民主党	3.7	0
キリスト教民主人民党	3.0	0
民主党	3.0	0

投票率 57.5%

表6-4　2009年4月5日議会選挙の主な結果

流血を好まないヴォロニンは、六月一六日、議会を解散して選挙をやり直すことで野党と妥協した。七月二九日に行われた再選挙で共産党は五ポイント得票を下げ、一〇一議席中の四八議席しか獲得できなかった。反共野党連合は五一％得

政党	得票率%	獲得議席数	増減
共産党	44.7	48	－12
自由民主党	16.6	18	＋3
自由党	14.7	15	±0
民主党	12.5	13	＋13
「われらがモルドヴァ」	7.4	7	－4
キリスト教民主人民党	1.9	0	0
社会民主党	1.9	0	0

投票率 58.8%

表6-5　2009年7月29日議会選挙の主な結果

票し、五三議席をとったが、これとて大統領を選出するには不足である（表6－5）。

八月八日、反共連合は、選挙協力を発展させて「欧州統合連盟」を結成した。八月末には自由党の党首ミハイ・ギンプが議会議長、ついで大統領代行になった。タルレフの後を継いで首相になっていた共産党のジナイダ・グレチャーニーが七月に辞職して以降は首相職も空席だったが、自由民主党の党首ヴラド・フィラトが首相になった。

二〇〇九年四月の事件は、モルドヴァにおいて暴力によって政権を転覆することが可能だということを示し、諸政治勢力に大きな衝撃を与えた。二〇一五年に共産党を離れ、オリガークのヴラド・プラホトニュク派（後述）に移ったヴィオレッタ・イヴァノフ元環境相は、「六〇議席を獲得していたのにヴォロニンは自発的に、かつ独断的に政権を降りる決定を下した。七月のやり直し選挙で議席を減らしたのは当然であり、ここから良くない過程が始まった」と述べる。

当時プロのラグビー選手であったヴァシレ・ボレアは、暴力による親欧政権の樹立という事

フィラト首相(2009〜13年)

態に憤りを感じ、七月のやり直し選挙に向けた共産党の運動に参加した。ボレアは、翌一〇年にはモルドヴァに準大統領制を再導入することを問う国民投票において、議会制擁護という共産党の立場から運動したが、結局、イーゴル・ドドンと共に共産党を離党して社会党に移った。

4　大統領の空白からプラホトニュク一極支配へ

二〇一〇年国民投票

二〇〇九年一一月一〇日に再度の大統領選出の試みが失敗した後、欧州統合連盟は、現行憲法下での状況打開の試みは無駄と悟り、憲法改正に取り組んだ。その方法は、ウクライナのユシチェンコ大統領が二〇〇八年に試みたものと同じだった。つまり、憲法改正に必要な三分の二の議員の支持を調達する見込みはないので、人権条項も含めた全面的な改正をすることを口実に（つまり、これは現行憲法の改正ではなく、新憲法の採択であると強弁して）、改正案を、議会を通さずに国民投票にかけようとしたのである。

ヴェニス委員会の対応も二〇〇八年のウクライナに対するものと同様だった。同委員会は、二〇一〇年二月、問題となっている大統領選出手続きのみを改正すること、したがって国民投票ではなく議会を通じて改正するよう提言した。突き放すだけでは済まないので、三月一五日、ヴェニス委員会は、モルドヴァ憲法危機への対処法を提言した。それは、「大統領の選出要件を議会での単純過半数にするか、公選制に戻す。現議会はこのいずれかを採択して解散し、この改革は次の議会で発効する」というものだった。

三月下旬、欧州評議会議員会議議長がキシナウを訪問して政党指導者たちを説得し、議会は憲法改正委員会を設置した。この委員会に、共産党は、議会での大統領選挙を選出要件（必要な議員の支持数）を次第に引き下げながら三回行い、それでも選出できなかった場合に公選するという憲法改正案を提出した。欧州統合連盟は、たんに大統領を公選に戻す案を提出した。六月上旬には、欧州評議会事務局長のトルビョーン・ヤクラントがキシナウを訪問し、両派に妥協させようとしたが無駄だった。両派のいずれも議会の三分の二を押さえていない以上、議会を通じた憲法改正は無理である。

苦肉の策として、ヤクラントは、与党である欧州統合連盟の案を国民投票にかけ、可決されれば憲法改正は成立したことにするという案を提案した。これはモルドヴァ憲法の改正手続きに全く違反しており、超憲法的措置であった。

こうして、二〇一〇年九月五日に準大統領制への回帰をめぐる国民投票が行われた。憲法が要求する憲法改正国民投票の成立要件は、全有権者の過半数の賛成であったが、それが、投票率が全有権者の三分の一で賛成が過半数（すなわち全有権者の六分の一）の賛成にまで引き下げられていた。にもかかわらず、有権者の三〇・二九％しか投票せず、国民投票は成立しなかった。

政党	得票率%	獲得議席数	増減
共産党	39.3	42	−6
自由民主党	29.4	32	+14
民主党	12.7	15	+2
自由党	10.0	12	−3
「われらがモルドヴァ」	2.0	0	−7

投票率 63.4％

表6-6　2010年11月議会選挙の主な結果

欧州統合連盟は責任を取って議会を解散し、二〇一〇年一一月二八日に議会選挙が行われた。この選挙の結果、「われらがモルドヴァ」は法定得票が取れずに議会を去り、二度と戻れなかった。国民投票の大失態、「われらがモルドヴァ」の消失にもかかわらず、欧州統合連盟は再度議会多数を制したが、獲得議席総数は五九であり、「議員の五分の三以上」にはあと二議席足りなかった（表6－6）。民主党が議席数で自由党を追い越したため、大統領候補の役割はマリアン・ルプに譲られたが、ルプは、ギンプ同様、大統領代行にしかなれなかった。

二〇一一年一一月、共産党からイーゴル・ドドンら三名の議員が離党し、しかもドドンは一二月には社会党の党首になった。ヴォロニンの硬直した指導に嫌気がさしたのかもしれないし、他方、ドドンらは買収されたという説もある。たしかに、共産党議員をあと二名切り崩さなければならない状況で三議員が離党するのはできすぎである。

こうして共産党は、大統領選出を阻止できる五分の二の議席占有率を失った。二〇一二年三月、欧州統合連盟は、無党派で裁判官のニコラエ・ティモフティを大統領候補として立てた。彼は六二議席の支持を獲得し、三年ぶりに正式のモルドヴァ大統領が選出された。

低落傾向にあったとはいえ有力政党であった共産党から、議会に議席すら持っていなかった社会党に移籍するのは勇気のいる行動である。ドドン指導下の社会党は、貧困階層のための慈善事業や無料法律相談を行いつつ、二〇一四年一一月の議会選挙までにモルドヴァの全市・全郡に党組織を作り、議会第一党となった。その活発さは、一九九〇年代のモルドヴァ共産党を髣髴させた。

†親欧諸党の実態と「世紀の窃盗」

二〇一二年三月に大統領が選出されたからといって、モルドヴァ政治は安定化しなかった。翌年から、「世紀の窃盗」と呼ばれる巨大腐敗事件が表沙汰になったからである。この問題を考察する前に、やや時間を遡って、そもそも欧州統合連盟を構成した諸政党を概観する必要がある。

自由党は、一九九三年、キリスト教民主主義的な「改革党」として結党されたが、二〇〇五年に保守自由主義政党として自由党に改称した。これと同時にミハイ・ギンプが党首になった。既述の通り、彼は、二〇〇九年から翌年にかけて、モルドヴァ大統領代行を務めた。

民主党は、二〇〇〇年、ドゥミトル・ヂャコフとルチンスキ大統領の対立の中で、大統領支持ブロック「民主的で繁栄するモルドヴァ」から枝分かれした。二〇〇三年党大会において党のイデオロギーとして社会民主主義を明確にした。結党から二〇〇九年まで党首はヂャコフであった。二〇〇五年の議会選挙で八議席獲得し、さらに二〇〇七年までに小政党を吸収して一一議席に膨張し、議会第三党となった。二〇〇九年四月の議会選挙で法定得票を取ることができず無議席となったが、マリアン・ルプを共産党からヘッドハンティングして党首および比例区第一候補に据え、七月選挙では一三議席を回復した。二〇一〇年一二月から一二年三月まで、ルプは、ギンプの後をついで大統領代行を務めた。

プラホトニュク

民主党の性格を大きく変えたのは、二〇一〇年、ヴィクトリア銀行の総裁であったオリガーク、ヴラド・プラホトニュクが党の執行部に入り、議会議員になったことであった。プラホトニュクは、ヴォロニン共産党政権下で急速に成長した政商であり、ヴォロニンの息子のビジネスパートナーでもあった。

プラホトニュクほど味方と敵とで評価が分かれる人物は珍しいだろう。民主党の指導者たちは、プラホトニュクが権力闘争に敗れ、行方をくらました後の二〇一九年九月の時点でさえ、彼のことを愛国者で、「驚異的に勤勉」で、国民の生活水準を上げることを第一義的に考えたと称賛する。これを信ずるかどうかは別として、そもそも自分自身が大金持ちであり権力闘争において手段を選ばない輩であることと、政治家として執政する際には分配と平等を重視することとの間には何の矛盾もない。労働組合や市民運動に依拠せずに、オリガークの資金提供で成り立つ社会民主主義政党は、旧ソ連圏で珍しい現象ではない。

自由民主党は、民主党ギャコフの左派中道路線に辟易したヴラド・フィラトが二〇〇七年に離党して旗揚げした政党である。フィラトは、二〇〇九—一三年に首相を務めたが、実は彼には、「世紀の窃盗」が表沙汰にならぬよう封じ込める意図があった。この「世紀の窃盗」とはモルドヴァの三有力銀行から、約一三三億モルドヴァ・レイ（約七四八億円、モルドヴァの年間国民総生産の八％強）が不正に融資され返還されなかった事件である。モルドヴァの金融システムを崩壊させないために、また預金者を守るために、国庫から欠損が埋められた。つまりモルドヴァ国民は、泥棒に税金を払ったのである。

銀行幹部、被融資者、監査機関が一体となった（仲間であったり親戚であったりする）組織的不正融資は、モルドヴァの金融システムが私有化された一九九〇年代以降一貫して行われてきたプラクティスであり、二〇一〇年代に入って始まったことでも、フィラト政府にのみ責任がある問題でもない。しかし、たとえば「世紀の窃盗」の中でも社会的ショックが最も大きかったモルドヴァ経済銀行（BEM）事件（BEMはソ連の貯蓄銀行、日本の郵貯に該当する）においては、BEMから不正に引き出した金のロンダリングをやっていたのは、フィラト首相の義理の弟の会社であった。BEMの不健全経営は二〇〇七年頃には公衆に知られるところとなっており、二〇一〇年頃には取り付け騒ぎが起きてもおかしくなかった。これを全力で糊塗し、破綻前に駆け込み式の不正融資を可能にしたのがフィラト政府だったのである。

二〇一三年初頭には実情がようやく露呈し、欧州統合連盟は解体した。三月八日、議会はフィラト内閣に対する不信任を決議した。不信任投票したのは左派（共産党と社会党）と民主党、計五四議員であった。民主党が汚職との闘争に参入したというよりも、モルドヴァの金融市場をめぐるフィラト派（自由民主党）とプラホトニュク派（民主党）との闘争が展開されていたというのが実態ではないだろうか。

ティモフティ大統領はいったん辞任したフィラトを四月に首相に再任命しようとするが、憲法裁判所はこれを阻止し、四月二五日には、同じ自由民主党のユーリー・リャンケ内閣が成立した（二〇一五年二月まで存続）。自由党は、フィラトと同じ自由民主党が首相を出し続ける限り、「世紀の窃盗」にメスが入らないと主張してリャンケ内閣を支持せず、欧州統合連盟を去った。これも実態は、利権を自由民主党と民主党が寡占してしまい、自由党に分け前が入らなくなったことへの抗議であった。民主党と自由民主党が新たに「親欧州連合」を結成して与党となった。首相をくびになったフィラトは不逮捕特権に守られて議員を続けた。

政党	得票率%	獲得議席数	増減
社会党	20.5	25	+25
自由民主党	20.2	23	−9
共産党	17.5	21	−21
民主党	15.8	19	+4
自由党	9.7	13	+1

投票率 57.3%

表 6-7　2014 年 11 月議会選挙の主な結果

†二〇一四年議会選挙——社会党の勝利

このような政治の混乱と政界再編の中、二〇一四年一一月三〇日の議会選挙においては、従来共産党に投じられていた左翼票が大量に社会党に流れた（表6-7）。当時、ヴォロニンは七三歳、ドドンは三九歳であったから、有権者が後者に新風を感じたのは当然である。

「世紀の窃盗」がモルドヴァにおける親欧勢力の実態を暴露したことに加え、その年の六月にリャンケ政府がEUと結んだ協力（アソシエーション）協定が、脆弱なモルドヴァ経済にとってむしろ有害なのではないかとの懐疑論が広まっていた。隣国ウクライナでのユーロマイダン革命とそれへの抵抗はとうに内戦となっており、EU、NATOへの性急な接近が、ウクライナと同様に地政学的に脆弱なモルドヴァに何をもたらすか明らかとなっていた。共産党でありながら二〇〇〇年代を通じて欧米に接近し続けたヴォロニンよりも、西側と距離をとろうとするドドンの方が穏健な指導者に見えたのである。

第一党となった社会党は、反オリガークの国民感情に配慮し、また強まりつつある欧州懐疑論に応えて、欧州統合政党とは連合しないことを表明した。結果として、自由民主党と民主党の「親欧州連合」政権が続き、連立内相対多数の自由民主党が首相を出し続けた。

ところで、この議会選挙における社会党の勝利後、預金の大規模な海外逃避が起こった。三日間で一〇〇〇万ドルが国外に流出したと言われる。モルドヴァ・レイ通貨は暴落し、物価は上昇し、市民は困窮した。これへの抗議行動の先頭に立ったのは社会党と、親欧的な市民運動であった。つまり、左派と右派が反オリガーク・反汚職の一点で共同歩調を取り始めた。二〇一五年だけで、自由民主党の首相四名が交代し、その後、自由党議員を首相とする暫定政権が成立した。プラホトニュクはフィラト元首相を人身御供に捧げる覚悟を決め、二〇一五年一〇月一五日、議会がフィラトの議員不逮捕特権を剝奪すると、フィラトはそのまま議場で逮捕された。翌年には、懲役九年の判決が下った。

二〇一六年一月に入ると、プラホトニュクは、自らが首班となった民主党中心の政権を作ろうとし、ティモフティ大統領の支持も得た。しかしこれはあまりに見た目が悪かったので頓挫した。かわりにプラホトニュクは自由民主党と共産党を猛烈に切り崩し、両党からの離党合流議員を合わせて新しい多数派を形成した。具体的には、民主党二〇議員、自由党一三議員、共産党から脱落した一四議員、自由民主党から脱落した九議員、計五六議員が、民主党のパヴェル・フィリプを首班とする政府を成立させたのである。二〇一五年の短命内閣と違って、フィリプ政府は二〇一九年の政変まで三年以上続いた。フィリプ政府は年金引き上げ、道路拡充などを推進し、モルドヴァ経済はやや持ち直した。

共産党が多数の離党議員を出した直接のきっかけは、ヴォロニン党首がフィリプ首相候補を支持しないように議員に指示したことである。前出のイヴァノフ元共産党議員によれば、議員の多くは、「二〇一五年の短命内閣期に自由民主党の内閣を支持したこともあるのに、イデオロギーが比較的共産党に近い民主党内閣を支持しないのはおかしい」と考えた。また、フィリプ首相候補を支持しない場合、社会党が主張するように議会を解散するしかなくなり、そうなればモルドヴァがウクライナのような状況になるのは必至と考えたのである。

いずれにせよ、二〇一五年から一六年初頭にかけての政治危機の結果、親欧オリガーク勢力は、寡頭構造からプラホトニュクの一極支配に移行した。

†サンドゥの台頭

二〇一四年に選ばれた議会の議席分布が極端に変わったため、この議会は正当性を失い、議会外的な野党の活動の余地が広がった。モルドヴァでは議会外の有力な親欧政党として行動連帯党と「尊厳と真実」という二組織が成長したが、そのうち、後に首相、大統領となるマヤ・サンドゥの行動連帯党を紹介しよう。

サンドゥはハーヴァードのケネディ・スクールで教育を受け、世界銀行でも勤務経験がある。彼女は二〇一二年から一五年まで自由民主党政権下で教育大臣を務め、①「学校の最適化」（過疎地学校の閉鎖と合併）、②学校の試験における腐敗との闘争という、社会的な抵抗の大きい改革を断行した。

サンドゥ（2020年から大統領）

善良な読者諸氏は、②についてカンニングのことかと思われるかもしれないが、これは、試験のときに教員に賄賂を払って合格点を出してもらう習慣である。これは旧ソ連圏で広く行われている悪習であり、これと闘うには試験場にカメラをとりつけるなど徹底的な手段をとるしかない。現にサンドゥが試験腐敗との闘争を推進したとき、卒業予定者のうち半分が卒業できなくなった学校もあったほどである。こうした政策は、低きに流れる人々を怒らせるが、意識の高い市民には感銘を与える。

二〇一五年七月、政治危機下での二人目の短命首相の後を受けて、サンドゥは自由民主党から首相にならないかと打診された。彼女は首相を引き受ける条件として、「世紀の窃盗」の捜査を進めること、そのため捜査を妨害していた国立銀行の総裁と検事総長を更迭することを要求し、それが容れられないと、首相就任を断った。末期症状にある自由民主党政権で短命に終わることが目に見えている首相を引き受けても、自分の名声を傷つけるだけだと判断したのだろう。

サンドゥは、二〇一五年後半、在野の立場から政治を変革することを目指して「サンドゥと歩調を合わせて」という組織を旗揚げし、これはやがて行動連帯党に発展した。二〇一五年末から一六年にかけて、サンドゥら親欧市民運動、社会党は、右・左の垣根を越えて、民主党＝プラホトニュク体制に挑戦した。民主党とつかず離れずだった共産党は、反オリガーク・反腐敗運動を展開せず、ますます影響力を失った。共産党の右派議員多数が民主党に移ったのと歩調を合わせるかのように、党の左派的な地方支部は、ドドンこそ共産党の精神の後継者と称えつつ、組織ぐるみで社会党に移った。

†憲法裁判所決定による準大統領制の復活

親欧市民派の一翼を担う「尊厳と真実」は、議会に依拠したプラホトニュク一極支配に風穴を開け、市民の意思を政治に直接反映させるため、大統領公選（つまり、準大統領制への回帰）を求める署名運動を始めた。共産党は準大統領制への復帰には絶対反対だったし、サンドゥ派も欧州的な議会主義の立場からこれに懐疑的だった。しかし社会党は署名に協力し、約三〇万人の署名が集まった。

プラホトニュクは、準大統領制への復帰をめぐって野党間の関係がきしみ始めたのを見逃さなかった。ヤヌコヴィチの意向を受けたウクライナの憲法裁判所が二〇一〇年にそうしたように、二〇一六年三月四日、プラホトニュクの息のかかったモルドヴァ憲法裁判所は、二〇〇〇年の憲法改正の手続き上の瑕疵を指摘して、準大統領制の一九九四年モルドヴァ憲法を復活してしまった。

手続き上の瑕疵とは、憲法改正案の議会での検討の結果、実際の改正内容が、前年一一月に提案された案から乖離したものになっていたということである（三二〇頁参照）。憲法裁判所の意見は、あくまで一九九九年一一月の改正原案に添付されたもので、翌年七月五日に実際に採決に付された改正案に添付されたものではなかった、したがって七月五日の改正は憲法裁判所の意見なしに行われた違憲なものであったというのである。

これはかなり無理のある議論である。憲法改正案が立法府に持ち込まれてから内容上の修正を施されるのは当然のことで、それによって違憲状況が生まれたというのなら、修正をした時点でもう一度、憲法裁判所にお伺いを立て、再び半年間の猶予期間をおかなければならなくなる。

そもそも本書の対象国も含む一連の旧社会主義国で憲法裁判所の事前の違憲審査が認められているのは、改正案が当該憲法の根本原則に違反していないかどうかを判断させるためである。しかも、触れてはならない当該憲法の根本原則（人権、領土不可侵など）は、憲法改正条項の中に制限列挙してあるのが通例である。したがって、提案時には根本原則に反していなかった改正内容が、改正案が議会で修正される中で反するものになったと疑いうる場合以外には、憲法裁判所の繰り返しの違憲審査は行われるべきではない。

憲法論としていかにお粗末であったとしても、プラホトニュクの狙いは明白である。①大統領選挙が視野に入れば、ドドンとサンドゥ間の個人的な競争が始まるため、左・右野党連合を分裂させることができる。②憲法裁判所の決定に拠れば、署名という社会運動に押されて憲法改正に着手したことにはならず、野党の手柄にならない。

二〇一〇年にヤヌコヴィチ・ウクライナ大統領が憲法裁判所を使って一九九六年憲法を復活

させたことが国内外で評判が悪く、それがヤヌコヴィチ没落の遠因ともなったことを思い起こせば、プラホトニュクの成功は奇妙である。これの第一の理由は、三年ぶりに選出されたティモフティ議会大統領が、最初は自由民主党、後には民主党と、国民が腐敗しているとみなす議会多数派を側面援護する役割しか果たさず、国民を幻滅させたことである。言い換えれば、リトアニアの憲法裁判所が公選大統領に要求したような、国家を道徳的に人格化する役割を、議会が選ぶ大統領は全く果たさなかったのである。このためモルドヴァ国民は大統領の直接公選への強い願望を抱いており、法律家も含めて、そのための手続き上の強引さは許容する気分になっていた。

第二にあげられるのは、ウクライナ憲法裁判所の問答無用のやり方とは違って、モルドヴァ憲法裁判所は、二〇〇〇年憲法改正を破棄する前に、国際的なコンフェレンスを開いたり、欧州憲法裁判所会議（Conference of European Constitutional Courts）指導者にロビー活動したりして、ヴェニス委員会等がモルドヴァを批判しにくい状況を作っていたということである。

†二〇一六年大統領選挙

二〇年ぶりに行われた二〇一六年一〇―一一月の大統領選挙においては、欧州統合派の候補、リャンケ（フィラトの後を継いだ首相）、ギンプ（自由党党首、二〇〇九―一〇年大統領代行）が第

候補者	政党	第1回投票得票率%	決選投票得票率%
イーゴル・ドドン	社会党	48.0	52.1
マヤ・サンドゥ	行動連帯党	38.7	47.9
ドミトリー・チュヴァシェンコ	「われらが党」	6.0	
ユーリー・リャンケ	欧州人民党	3.1	
ミハイ・ギンプ	自由党	1.8	
投票率%		49.2	53.5

表6-8　2016年10-11月大統領選挙の主な結果

一回投票で三位以内にも入らず、また二人あわせて五％もとれずに早々と消えた（表6－8）。三位のチュヴァシェンコは、二〇〇〇年代に『モルドヴァ報知』の編集主幹だった著名なジャーナリストで、一匹狼だがイデオロギー的にはドドンに近いだろう。つまり、一位と三位が欧州懐疑論者で、二位が親欧米の市民派ということになった。

サンドゥにとっては、評判が地に落ちた自由民主党内閣で閣僚だったことが最後までたたった。有権者の多くはフィラト、プラホトニュクとサンドゥとの違いがわからず、行動連帯党の活動家に、「私たちは一度あなたたち（親欧米派）を信じましたよ」と抗議した。

ドドンは、選挙中にクリミア問題についての見解を聞かれて、「国内のマイノリティを抑圧しているとああいうことになるのだ。モルドヴァも他山の石にしなければならない」と答えた。これはモルドヴァにおいては、必ずしも少数意見ではない。しかし、ドドンに比べれば知名度が低かったサンドゥの方が決選投票における票の伸びが大きく、かなりの鍔迫り合いになったことは、モルドヴァにおいても市民的な親欧米主義には発展可能性があるということを示していた。なお、準大統領制への復帰に反対する共産党は、大統領選挙をボイコットした。

こうしてモルドヴァは、一九九四年憲法が定める権力分散的な首相大統領制に戻った。一九九〇年代末のルチンスキがそうだったように、この体制下では、議会の多数派に支持されていない大統領は無力である。ドドンが大統領に当選すると、就任までの四五日間にティモフティ大統領は新しい検事総長を任命した。それと並行して議会は一連の法改正を行い、ドドン大統領から特務機関の長官、SP（旧ソ連圏では諜報も兼ねる）の長官、検事総長などの任命権を奪った。

ドドン大統領（2016～20年）

議会は、大統領の拒否権を事実上奪った。議会が採択した法律に大統領が署名しない場合、議会は大統領を五分間解任する。その五分間は議会議長が大統領を代行することになるので、議長が当該法律に署名して発布するという珍妙な手続きを実践し始めたのである。モルドヴァ憲法は、議会の単純過半数で克服できる弱いものとはいえ大統領の拒否権を認めているから、これは明らかに憲法違反である。

実際、ドドンは、ロシアのテレビ・ラジオ番組の直接放送を禁止する法律、キシナウにNATOの事務所を開く法律、共和国スタジアム跡地をアメリカ大使館の建て替え予定地として与える法律などに署名を拒否してそのたびに五分間解任された。

こうして無力化されたドドンは外遊を好むようになった。外遊先でモルドヴァ大統領の名において欧州懐疑的な発言ばかりするので、ロシアにとっては、ドドンはありがたい政治家であった。他方、右岸で親露的な政権が成立することを何よりも恐れる沿ドニエストルの指導者たちにとっては、いらいらする存在であった。

5 三党鼎立

†二〇一九年議会選挙

議会が民主党の一党優位下にある状況では、二〇一六年大統領選挙でのドドンの勝利は大きな意義を持つことができなかった。国の運命を決めるのは二〇一九年二月に予定された議会選挙であるということは明らかであった。では、この選挙前夜のモルドヴァの政治状況はどのようなものであったか。

二〇一五年の政治危機と大統領選挙後のドドンとの闘争は、プラホトニュクの権力独占をかえって強めた。いまやプラホトニュクは、議会に多数連合を有し、憲法裁判所、検察、警察、選挙管理委員会をおさえていた。次に民主党が触手を伸ばしたのは二〇一五年に選挙された地方自治体指導者たちであり、彼らに民主党への入党を強制、断った者にはしばしば刑事事件を捏造した。二〇一五年の選挙後には全国の基層自治体が約九〇〇ある中で約二二〇首長が民主党員であったが、それが二〇一七年までに七〇〇以上に増えたと言われる。

二〇一八年六月のキシナウ市長選挙では、民主党候補は決選投票に残ることさえできず、社会党候補と市民的親欧派の「尊厳と真実」候補が決選投票を争った。後者が勝ったが、キシナウ市裁判所はこの選挙結果を取り消した。

モルドヴァは一九九〇年代以来、EUの東方政策の寵児であり、国民一人当たりのEUからの援助額が旧社会主義圏で最も大きな国であった。ところがモルドヴァは「世紀の窃盗」が露呈する頃までには欧州諸機関を完全に失望させ、欧州評議会事務局長のヤクラントは、モルドヴァを「簒奪された国家」（特定個人・党派に私物化された国家の意）と呼んだ。

プラホトニュクは、国の全権を掌握して以降、強硬にロシアを批判するようになった。モルドヴァ官僚のロシア訪問を禁止する、沿ドニエストル紛争管理のための平和維持軍のロシア将兵のローテーションを妨害するなどである。自分をロシア覇権主義の犠牲者と見せることで欧州の歓心を買いたかったのだろうと推察される。しかし欧州におけるプラホトニュクの評判は下がる一方であったし、ロシアも反露主義者にモルドヴァを支配されるのは耐えがたかった。こうして、プラホトニュクは、意図に反して、クリミア危機以来最悪の状態にあったロシアと欧米の間に、モルドヴァにおける政権交代の必要性という一点で合意を形成するという外交革命を起こしたのである。

二〇一九年議会選挙に向け、二〇一七年七月、民主党と社会党が一時的に協力して、選挙制度を並立制にしてしまった。独立後のモルドヴァ議会選挙は一貫して完全比例代表制だったから、これは大きな制度的変更である。並立制では一議席も取れないであろう没落諸政党（自由党、自由民主党、共産党など）の反対は言うまでもなく、完全比例代表制の継続を求める市民的親欧派と、並立制への移行を受け入れた社会党との関係はますます悪くなった。

民主党にとっては、与党の強みで小選挙区で議席を稼ごうという当然の方針であったが、社会党にとっては苦渋の選択だった。前出のボレア社会党議員によれば、プラホトニュクの影響下にある中央選管が、社会党の候補登録そのものを認めないおそれがあり、完全比例代表制ならば社会党は議席をすべて失ってしまう。並立制なら、少なくとも小選挙区で議席が取れると社会党は考えたのである。

二〇一九年二月二四日投票の議会選挙は、二〇〇九年以来の議会選挙とは違って、親欧か親露かの争点は後景に退き（社会党も市民的親欧派も自制した）、事実上、プラホトニュクへの信任投票と化した。その結果、社会党三五議席、民主党三〇議席、ACUM（行動連帯党と「尊厳と真実」の選挙ブロック）二六議席、民主党の友党で「世紀の窃盗」にも関与していたと言われるショル党七議席という結果が出た。民主党、ACUM、社会党のうち二党が連立しなければ政権が生まれないのは明らかであった。

†左右大連立によるプラホトニュク体制の打倒

三つ巴の連立交渉が三カ月間続いたが、社会党とACUMの連立の方が客観的には容易であった。まず、両党共に脱オリガーク化を掲げて選挙運動したのだから、民主党と連立すると有権者の信用を失うことになる。また、民主党はプラホトニュク、ACUMはサンドゥを首相にするということで互いに譲らなかったが、社会党は議会議長職さえもらえれば、首相職はサンドゥに譲る容易があった。しかし連立の決め手がないうちに六月に突入し、憲法上のタイムリミットが迫ってきた。議会成立後三カ月以内に政府が形成されなければ、議会は解散されなければならない。

そうした中、六月二日、ロシア副首相のドミトリー・コザク、EU代表、アメリカ国務省代表がキシナウを訪問した。最もインパクトを持ったのはコザクで、「社会党とACUMの連立政権ができた場合、ロシアは反対しない」ということをＡＣＵＭに伝えた。六月七日、社会党の政治委員会（中央委員会）が「民主党とは連立しない」（つまり、ＡＣＵＭと連立するか、再選挙かいずれか）と決定し、記者会見を行っている最中に、憲法裁判所が「今日、憲法上の期限が切れるので、いかなる内閣も成立しない。議会解散、再選挙」という決定を通告してきた。

実は、民主党が孤立したときのために、憲法裁判所は、憲法が定める三ヵ月の期限がいつ切れるかの判断を発表していなかった。そもそも三ヵ月の起点を憲法裁判所による選挙結果の認定日（三月九日）とするか、新議会の最初の招集日（三月二一日）にするかさえ憲法裁判所は明らかにしていなかった。前者の解釈をとる方が厳しいわけだが、その場合でも三月九日の三ヵ月後は六月九日で日曜日なので、六月一〇日が期限になると、モルドヴァの大方の法学者は考えていた。ところが憲法裁判所は「三カ月」を「九〇日」と解釈して、六月七日当日に、「今日期限が切れますよ」と突然宣告したのである。もちろんこれは、社会党が民主党との連立を拒否したために急遽捻出した理屈である。

ＡＣＵＭの議員はそれ以前から議会に立て籠もっていたので、社会党の代表たちは議会に入って交渉しようとした。しかし議会に「爆弾を仕掛けた」なる脅迫電話がかかってきたということで、警官隊が議会建物を取り囲み、社会党の代表団を入れず、建物内にいるＡＣＵＭの議員は強制排除しようとした。幸いにしてモルドヴァでは、ウクライナのように議員が自ら不逮捕特権を放棄するような愚かな憲法改正をしていないので、公務執行妨害を問われることもなく、押し問答の末に社会党の代表団は議会建物に入ることができ、ACUMと合意文書を締結した。

翌日（土曜日）、社会党、ACUMの議員が全員議場に集まって、ロシア、EU、米国、ルーマニアなどの外交官立会いの下、朝から深夜までかけて、サンドゥを首相にすること、議会議長は社会党から出すこと、「世紀の窃盗」を調査する議会委員会、また不正の疑いが強いキシナウ空港の私有化を調査する委員会を設置することなど、連立の各種文書が準備され、そのすべてに両会派の六一人全員が署名した。民主党政府が議会の電源を切ったので、自家発電機とカラオケ機器によって議事は進んだ。一つ文書が採択されるたびに、すかさず憲法裁判所がテレビでその文書の無効を宣言した。

翌九日（日曜日）、フィリプ首相が憲法を侵害した咎でドドン大統領の解任を発表し、自ら大統領代行として議会の解散を宣言した。同時にフィリプ政府は、米国の歓心を買うために、キシナウの新大使館用地を即時供与すること、モルドヴァのイスラエル大使館をテルアヴィヴからエルサレムに移すことを決めた。民主党はスポーツマンを動員して各省庁や国立銀行の建物前でピケを張らせ、サンドゥ政府の閣僚が建物に入れないようにした。六月一四日まで二重権力が続いたが、その日に予定されていた民主党の中央委員会の直前に、アメリカ大使がプラホトニュクを訪問し、政権を平和的に譲るように通告した。プラホトニュクは、中央委員会に出席することもなく、そのままキシナウ空港に直行して出国した。

モルドヴァのウクライナ化を避ける必要性は、大国が同意していただけでなく、活動家レベルで自覚されていたことだった。たとえば、二重権力中にACUMは市民を街頭抗議行動に動員する力を持っていたが、警察がまだプラホトニュクに服従している下で衝突と流血を避けるため、あえてそれはしなかった。

†大連合の崩壊と二〇二〇年大統領選挙

二〇一九年六月の政変は、社会党と市民的親欧派が地政学的な見解の違いを棚上げにして、プラホトニュクのモルドヴァ支配を止めさせるという一点で連立したことによって起こった。しかし、この大連合は、同年一一月にはあえなく瓦解した。

そのきっかけとなったのは、検事総長人事であった。サンドゥ・ACUMは、ドドン・社会党が考える検事総長の候補では汚職追及はできないと考えた。そのため、検事総長のノミネートに首相を絡ませる法改正を行おうとしたが、社会党はこれを憲法違反、また六月の両党の連立協定にも反するとして、一一月一二日に内閣不信任案を提出した。民主党もこれに相乗りし、大連合内閣は瓦解した。

社会党単独では議会多数派を形成できないため、現実的な選択肢は民主党を新たな連立パートナーにすることであったが、それまで「反オリガーク」を掲げてきた社会党としては、これは見た目が悪い。そのため、社会党は経済官僚のイオン・キクを首相に指名し、民主党が閣外協力する形で、テクノクラートが多数入閣する形の少数派内閣が成立した。結局、二〇二〇年三月、社会党と民主党は連立協定「モルドヴァのための社会民主主義的政綱」を締結した。つまり、社会党は、議会選挙や連立交渉期に批判していたオリガーク勢力（民主党）との連立を、「社会民主主義」、つまり左右軸を前面に押し出すことで正当化しようとしたのである。

これは、議会選挙の際にプラホトニュクが地政学軸（親欧か親露か）を前面に押し出してオリガーク批判をかわそうとしたのと同じ争点そらしであるが、似たようなトリックに何度も煮え湯を飲まされてきたモルドヴァの有権者は、それに引っ掛かるほどナイーブではない。二〇二〇年一一月に行われた大統領選挙では、決選投票でサンドゥが現職ドドンに大差をつけて当選した。

†モルドヴァのまとめ

モルドヴァの共産主義的執行権力二元性は、モルドヴァ共産党と最高会議の幹部であったスネグルが最高会議議長、議会大統領、公選大統領に横滑りしたことにより、スムーズに準大統領制に転換したかに見える。しかし、これは人民戦線との間のつかず離れず戦術の結果であり、まさにその代償として、スネグルは、避けようと思えば避けられた沿ドニエストル紛争に自分の名前を刻むことになった。紛争による不人気とあわせ、ウクライナよりも深刻な経済危機を惹起したことで、スネグルはレームダック状態となった。

一九九四年の繰り上げ選挙で成立した左派的議会がモルドヴァ憲法を採択した。ルーマニア憲法をモデルにし、また沿ドニエストル紛争のおかげで早期に欧州評議会・ヴェニス委員会の監督下に入ったため、当時のCIS諸国では稀な首相大統領制が生まれた。しかし、この憲法は同時に権力分散的であった。一九九八年に議会多数派を失ったルチンスキ大統領と議会の間で長期の対立が生まれ、権力分散を克服するために議会制（議会大統領制）を導入するという、これもCISでは稀な選択がなされた。憲法改正の動機が議会制への移行そのものというよりも権力分散の克服であったため、それまで公選大統領が有していた権限は、そのまま保持された。そのため選出に必要な議席数が議員総数の五分の三とされた。

今世紀のモルドヴァの政党制は、共産党の一党優位からキリスト教民主人民党の閣外協力へ、そして共産党と欧州統合連盟の二大ブロック制へと移行した。そのため五分の三要件は実現困難となり、ましてや議員の三分の二の支持を必要とする憲法再改正の条件も乏しくなった。最終的には、二〇一〇年のウクライナと同様、通常の改憲手続きではなく、憲法改正手続きに対する憲法裁判所の違憲判決によって旧憲法が復活させられた。

二〇〇八年のNATOブカレスト・サミット以後、モルドヴァとウクライナの内政は、世界的な地政学的競争の影響を受けるようになった。この条件下で、モルドヴァは議会大統領制の機能不全、ウクライナは二〇〇四年修正憲法の機能不全と取り組まなければならなかった。紛争の一般理論であるが、社会の亀裂が錯綜していれば、一つの対立が他の対立によって中和されるために内戦は起こりにくい。複数の亀裂が重なってしまうと、社会が真二つに割れるので、内戦が起こりやすい。内政の地政学化（これは内戦の序曲である）についても同じことが言える。

モルドヴァにおいては政治的な亀裂が錯綜しているので、ウクライナと比べれば、内政が地政学化するのを防止する条件に恵まれている。親欧米住民と親露住民が地理的に分住しているわけではないこと、沿ドニエストル問題を抱えているので、NATO加盟が左岸・右岸の肉親の生き別れにつながりかねないこと、ウクライナよりさらに貧しいので、ウクライナにおけるように経済政策の失敗をアイデンティティ問題にすり替えることが難しいことなどである。それでもなお、本章は、政治家の主体的な行動に、両国の運命を分けた要因があったことを明らかにした。

一九九〇年代のウクライナでは、リヴィウ州でも社会党など左派が活発であった。左派は概して対ナチ協力者の復権に反対であるから、ステパン・バンデラの復権・英雄化はウクライナ東西対立になる以前に、ウクライナ西部内での左右対立の問題であった。一九九〇年代のウクライナ東部は共産党の牙城であったが、二〇〇〇年前後から、地域党が左右軸の争点を東西軸の争点にすりかえることによって共産党の票田を切り崩していった。

オレンジ革命後、ユシチェンコ大統領は、経済政策の失敗をごまかすために、言語、バンデラ復権、正教会などのアイデンティティ争点を前面に押し出し、特に西部で争点そらしに一定程度成功した。こうして、左右軸を初めとした他の争点軸がウクライナ政治においては衰退し、ユーロマイダン革命前夜には地政学軸（東西対立軸）だけが突出した病的な政治が生まれていた。最終的には、憲法問題までが地政学の文脈で論じられるようになった。

モルドヴァ政治においては、次のように政党が分岐した。

地政学的亀裂——市民的親欧派、民主党、共産党（親欧）vs 社会党（親露）
左右亀裂——市民的親欧派（右）vs 社会党、共産党（左）…民主党は中道左派
憲法問題での亀裂——市民的親欧派、社会党、民主党（準大統領制支持）vs 共産党（議会制支持）
オリガークをめぐる亀裂——民主党 vs 社会党、市民的親欧派（反オリガーク）…共産党は中立

モルドヴァでは、様々な政治的紛争の中で、このような錯綜した亀裂が絶えず再生産されて

いるため、地政学的嗜好のみで国が両極化することは避けられてきたのである。

政党は、当該時に自分に有利な亀裂を選挙争点として際立たせようとする。二〇一九年の議会選挙においては、攻められる民主党は地政学的亀裂を強調しようとした。社会党と市民的親欧派は、地政学的論争を自制し、「オリガーク・対・反オリガーク」の対立軸を前面に押し出した。プラホトニュク政権を打倒するための左右大連合は、その帰結であった。サンドゥ内閣が打倒されると、今度は社会党と民主党が左右軸を前面に押し出して連立した。

終　章

地政学的対立とデモクラシー

本書で五つの旧社会主義国における政治体制の変動を比較検討した結果、何が言えるだろうか。

†政党制と準大統領制

ポーランドとリトアニアでは、ソ連と共産主義体制の崩壊により共通の目的を失った後、反共民族統一戦線が分裂した。分裂を招いた争点はいくつかあったが、その中の一つは、新体制において議会・首相を強くするか、大統領を強くするかという問題であった。一九九二年には、両国において、この争点が先鋭化し、国家統合上の危機が生まれたので、ポーランドでは暫定的な「小憲法」を、リトアニアでは、玉虫色の憲法を採択して、対立を先延ばしにした。そのため、自国の体制が大統領議会制なのか首相大統領制なのか不分明な時代が約五年続いたが、一九九七―九八年には、両国ともに首相大統領制を明確に選択した。

その後の両国の分岐点は、政党制が二大政党制的であるか、穏健多党制的であるかであった。後者であれば、連立の選択肢が増えるため、大統領は与党連立の過程に参入して、首相大統領制の大統領には一見そぐわない、独立した役割を果たすことができる。一九九八年から二〇〇六年までのリトアニアでは、従来の保守党（旧サユディス）と民主労働党（旧リトアニア共産党）中心の二大ブロックに収まりきれない、社会自由党や労働党のような新興政党が台頭した。

この条件下で、アダムクス大統領は、連立形成において活発な役割を果たした。

二〇〇八年頃から二〇一六年の議会選挙までのリトアニアでは、保守党と社会民主党（旧民主労働党）の二大政党制への回帰傾向が見られた。剛直なグリバウスカイテ大統領には連立政治は無理だったが、たとえ彼女にその才能があったとしても、二大政党下では発揮できなかっただろう。他方ではEU加盟、リーマンショック、ユーロ圏への参入という厳しい条件下で、国民の社会経済的な不満が蓄積した。平均月収七〇〇ユーロの国で、ビッグマック・セットが四ユーロすれば、国民に我慢しろと言うのは無理である。グリバウスカイテ大統領は、政府、政党、司法を監視し、不行き届きがあれば罰するという指導スタイルであったが、これがポピュリスト的カタルシスを求めるリトアニア国民のムードに合っていた。

ポーランドの政党制は一貫して二大政党制的なので、選挙結果が出た時点で連立の選択肢は限られており、したがって大統領が連立政治に果たせる役割も大きくない。ポーランドでは、ヤルゼルスキ時代から、与党連合形成と首相指名は議会・政党のイニシアチブで行われ、憲法の発展段階にかかわらず、大統領はコアビタシオンや自分と仲の悪い首相の指名に抵抗できなかった。ワレンサがオルシェフスキやスホツカに対して、クワシニェフスキがミレルに対して引き下ろし工作をしたことはあるが、議会の支持がない限り実現できなかった。

ポーランドの二大政党制が左右二大政党制からポピュリスト（「法と正義」）とリベラル（市

民プラットフォーム）の二大政党制に移った時点で、九七年憲法が確立した首相大統領制に対する対照的な態度が現れた。リベラルは、「小さな権力しか持たない大統領を公選するのが世界的な趨勢」という学説にも支えられながら、九七年憲法を肯定するか、さらに大統領権限を縮小することを提案した。ポピュリストは、「大統領に小さな権力しかないのなら、なぜ大きな予算をかけて公選する必要があるのか（だから、公選大統領は独立した政治的役割を果たすべきだ）」と主張した。

前者を体現したコモロフスキ大統領が再選されず、後者を体現したドゥーダ大統領が再選されたことは、後者の方が有権者にわかりやすい主張だということを示しているのかもしれない。また後者の主張は、九二年リトアニア憲法の議会主義的解釈を批判した政治学者クーリスの主張にも通ずるものがある。

トゥスク首相とコモロフスキ大統領のタンデムが典型的な首相大統領制だとすれば、派手なパフォーマンスを繰り返すドゥーダ大統領とテクノクラートであるモラヴィエツキ首相のタンデムは、何やら大統領議会制に似ている。

議会大統領制に移行してしまえば、「小さな権力しか持たない大統領を、無駄な金を使って公選する」という矛盾は解消される。しかし、たとえ小さな権力しか持たなくとも、国民がいったん大統領公選の権利を得たら、それを剥奪するのは難しい。本書の事例の中で、これを実現したのはモルドヴァのみであったが、二つの新たな問題が起こった。一つは、大統領公選廃止の代償として、議員の五分の三の支持という厳しい大統領選出要件が定められた。共産党の一党優位が終わればこのような要件は満たせるものではなく、モルドヴァの大統領職は、三年間空席となった。

第二に、議会がようやく選んだ大統領は、腐敗した議会多数派（自由民主党、のち民主党）に従属し、正統性を付与する存在でしかなく、折からの「世紀の窃盗」に対して道徳的自立性を持てなかった。この事態は、ラトヴィアやエストニアの議会大統領制よりもリトアニアの準大統領制の方がより多元的で優れているとみなすクーリスの議論や、パクサス大統領弾劾時のリトアニア憲法裁判所の議論を想起させる。

ポーランドとリトアニアが、共産主義体制の崩壊後六―八年で首相大統領制に到達したのに対し、アルメニアとウクライナは、いずれも一四年かかっている。アルメニアは、カラバフ戦争という特殊状況の中で高度大統領制化準大統領制を一九九五年にいったん採択したが、平時移行と欧州評議会への加盟・ヴェニス委員会の助言という条件下で、その一〇年後には首相大統領制に移行した。

しかし、この移行がスムーズだったのは、それと並行して共和党の一党優位化が進んだからであった。アルメニアの大統領は、連立政治さえ抜かりなく行っていれば、コアビタシオンに直面することはまずなかったのである。アルメニア型の首相大統領制の頂点ともいうべきセルジ・サルキシャン大統領とチグラン・サルキシャン首相のタンデムは、前者が連立政治と戦略外交を担い、後者が経済政策に特化する点で、むしろ大統領議会制に似ていた。アルメニアが議会制に移行すると同時に議会選挙で共和党が大勝し、議会主義と一党優位制の結合が絶頂に達した。ただし、この結合が水も漏らさぬものだったがゆえに、市民の不満は街頭に向かうしかなかった。

†抑制均衡か、権力分立か

従来の準大統領制研究は、大統領と議会の間の強弱関係にのみ関心を払ってきたが、本書は、強弱以前に、大統領・首相・議会の間の関係が抑制均衡型、分立・相互不干渉型のいずれであるかが重要だということを示した。副署制、幹部人事権の共有、大統領が憲法上閣議を主宰できるか、また実際に主宰するかどうか等には、もっと大きな関心が寄せられてよい。

脱社会主義政治の文脈では、この類型論は一層の重要性を帯びている。議会（最高会議、ソヴェト）が国家の至上機関だった社会主義憲法に、ソ連中央との対抗や域内分離政体との闘争の必要から大統領職が便宜的に接木されたために、執行・立法権力間の関係をどうするかという問題を事後的に解決しなければならなかったからである。本書では、①抑制均衡メカニズムを発展させて首相大統領制に到達したポーランドとリトアニア、②大統領優位の下で大統領・議会・政府が再統合されたアルメニア、③抑制均衡よりも権力の分立・相互不干渉でバランスを図った権力分散型のウクライナとモルドヴァを扱った。

統治効率・デモクラシーの両面で最も成功したのは抑制均衡の効いた首相大統領制である。大統領議会制は、統治効率の点ではまずまずだが、デモクラシーの観点から問題がある。権力分散型の準大統領制は、多元主義はあるが、統治効率は最悪である。また、制度の不備から生まれる多元主義が将来的にデモクラシーに発展するものかどうか疑わしい。ウクライナで、二〇一〇年大統領選挙におけるヤヌコヴィチの勝利やユーロマイダン革命がなかったら、二〇〇四年改正憲法の上にデモクラシーの花がいつか咲いたであろうか。

ポーランドとリトアニアにおける首相大統領制の成立は、怪我の功名であった。ポーランドでは、ワレンサ大統領とオルシェフスキ首相の間の闘争の苦い記憶から妥協の精神が生まれ、「小憲法」によって副署制のような抑制均衡メカニズムが広範に取り入れられた。リトアニアにおいては、国民世論から、かなりの権力を持った大統領職が導入されることは避けられなかったので、議会派にできることは、大統領権力を議会との抑制均衡下に置くことだった。

一九九二―九三年頃には、権力の分立・相互不干渉的な傾向はＣＩＳ諸国の多くに現れたのだが（③）、ロシア、ベラルーシ、カザフスタンなどでは、大統領が武力や国民投票で自分中心の体制を植えつけた（③から②へ）。カラバフ戦争のおかげで、アルメニアではこの過程がより自然に進んだ。ウクライナの大統領は、このように強権的に集権化するほどには強力ではなかったが、抑制均衡メカニズムで手を縛られるほどには弱体ではなかった。

†表見的な首相大統領制

本書は、大統領議会制よりもデモクラシーにとって望ましいとしばしば考えられている首相大統領制が、容易には到達できず、他方では容易に偽装できる体制であることを明らかにした。①今世紀初めのリトアニアに見たように、政党制が穏健多党制だと、大統領が連立政治に介入することで独立したアクターであり続けることができる。これは別に悪いことではないし、首相大統領制の正当な一類型とみなすべきである。しかし、政党制が穏健多党制でなくなれば、大統領の連立介入は難しくなる。

②二〇〇七年以降のアルメニアやユーロマイダン革命後のウクライナに見られる一党優位制の下では、憲法上は首相大統領制でも、実際には、大統領が戦略課題と政権維持を担い、首相が社会経済政策に特化する大統領議会制のような運営がなされる。同時期のアルメニアとウクライナは戦争圧力に晒されていたが、この要因も政治体制に同様に作用する。一党優位制と戦争は、首相大統領制の不倶戴天の敵である。

③首相大統領制が順調に定着したポーランドでも、選挙で第一党になった党の党首が、次期大統領選挙に立候補するためにあえて首相にならないような倒錯した現象がしばしば起こった。④以上のような様々な偏向がクリアされた場合に、二〇一〇―一五年のポーランドのように、執行権が首相に集中され、大統領が象徴機能に自己限定する典型的な首相大統領制が生まれる。しかし、この場合、何のために公選大統領が存在しているのか有権者にわかりにくくなるので、この分業体制を維持するのは難しい。

首相大統領制を前提とするならば、結局のところ、リトアニアのグリバウスカイテやポーランドのドゥーダのように、公選大統領に俳優的な役割を割り当てることで、国民のポピュリスト的カタルシスに貢献させるのが上策と思われる。

†国境を越える憲法過程

本書の分析は、憲法過程の国際性、トランスナショナル性を示した。旧共産圏で案外影響が大きかったのは、フランスの憲法と法学である。リトアニア、アルメニア、そして（ルーマニアを媒介して間接的に）モルドヴァがフランス・モデルを採用した。本書ではトレースしなかったが、一九九三年一二月にロシアが憲法を採択する前は、準大統領制の手本としてのフランスの旧ソ連圏での影響はもっと大きかったかもしれない。

その後、ロシア・モデル、大統領議会制の影響が大きくなる。本書が対象とした国の中では、ウクライナの憲法制定過程におけるクチマ、アルメニアの九五年憲法制定時のテル－ペトロシャン、同国の二〇〇五年憲法の制定過程における共和党がロシアの大統領議会制を参考にしていた。

ロシア・モデルの中でも様々なバリエーションがある。たとえば、ウクライナの準大統領制において大統領府が政府の責任領域に干渉する傾向が強いのに対し、ロシアでは、「大統領は戦略課題に集中し、首相は日常行政に責任を負う」という大統領議会制の分業関係が、比較的忠実に守られてきた。しかし、シリア戦争介入以後、大統領への情報と政策決定の集中化が進み、二〇二〇年の憲法改正は、ロシアの体制を、首相が大統領の助手にすぎない高度大統領制化準大統領制に近づけた。

ロシア・モデルが強まった頃、欧州評議会に加盟する国が現れ始め、欧州評議会とヴェニス委員会の旧社会主義諸国の憲法過程への影響が大きくなった。この西からの影響が一番小さかったのは、意外なことにポーランドとリトアニアである。これは、両国が自力で憲法紛争を解決する能力があったからだと考えられる。その能力を欠き、絶えず憲法紛争に見舞われていたウクライナ、モルドヴァ、アルメニアでは、ヴェニス委員会は、国内アクターに匹敵するような地位を占めた。国内アクターも、自分の主張を正当化するために、ヴェニス委員会のお墨付きを得ようと競い合った。

欧州評議会とヴェニス委員会は、一般的には、首相大統領制を旧社会主義圏に広める役割を果たした。また、憲法の改正手段、内容のいずれにおいても、国民投票を多用することに批判的だった。その一方では、一九九九―二〇〇〇年のモルドヴァで、憲法危機の解決手段として議会制化と高度大統領制化準大統領案の二つがあった場合、ヴェニス委員会は必ずしも議会制案を支持せず、拙速を戒めた。憲法裁判所の決定で旧憲法を復活するという同じ(言語道断の)手段を使っても、ヴェニス委員会のモルドヴァに対する態度は、ウクライナに対するよりも、明らかに甘かった。こうしたマキャベリズムによって、ヴェニス委員会は旧ソ連圏に一層深く浸透していった。

近隣国間の相互学習も、憲法過程に大きな影響を持った。「権力の小さな大統領を公選するのが世界的趨勢」というポーランドの法学・政治学界での意見は、モルドヴァの同僚に影響した。ポーランドの学者がモルドヴァの影響を受けるということはなかっただろうが、少なくとも事例としてはよく知っている。

もちろん、コピーしやすい要因とそうでない要因はある。ポーランドやリトアニアで発達した権力の抑制均衡のテクニックは、同じ文化圏に属しているのに、ウクライナには全く転移しなかった。役者的な才能があるか本物の役者でなければ大統領になれないところは、三国共通である。
総じて憲法過程はトランスナショナルな相互学習に支えられており、「後発民主化国が人類普遍のモデルからいかに学ぶか」といった一方通行的な図式では理解することはできない。

†地政学的対立とポピュリズム

本書は、ウクライナ、モルドヴァという二〇〇八年以降の国際的な地政学的競争の激化に巻き込まれた国と、それ以前に地政学的な選択を済ませた三国を比較した。後者に共通しているのは、地政学的な選択が争点にならない代わりに、ポピュリズムをどう捌くかという課題に政治体制が直面したことである。

リトアニアでは、定期的に隆盛する新たなポピュリスト政党を、準大統領制が既存の連合政治に招き入れ、馴致する役割を果たした。このせいでポピュリスト政党は急速に既成政党化してしまい、数年で衰退して、別の新たなポピュリスト政党が台頭してくるというサイクルが見られる。

ポーランドでは、二大政党のうちの片方が、大統領の役割を象徴元首に限定し、抑制均衡を何よりも重んずる首相大統領制に挑戦した。自由貿易が強者の論理であるように、抑制均衡は見ようによっては勝者、持てる者の論理であり、格差社会を批判するのなら、これにメスを入れないわけにはいかない。「法と正義」は、政治面でも二〇一五—二〇年にそれなりの代替モデルを提示したのである。しかし、EUをどれだけ批判してもEUを抜けるわけではないように、首相大統領制の現状を批判しても、別のモデルに基づく憲法改正はできないように思う。

二〇〇〇年代の前半に、リトアニアの有権者に、議会選挙ではポピュリスト政党に投票し、大統領選挙では安定志向の候補に投票する傾向が見られたが、これは例外的な現象ではなかろうか。通常、議会選挙では恩顧的な庇護関係によって票の動員がなされやすく、有権者がダイレクトに意思表示する大統領選挙が社会経済的な不満を表出する安全弁になるのではないだろうか。共和党がこの安全弁を閉じようとしたところから、アルメニアの二〇一八年の政変は起こった。モルドヴァでも、議会選挙ではオリガーク政党、社会党、市民的親欧派の三者鼎立になるのに、大統領選挙ではオリガーク政党はドドンとサンドゥに全く太刀打ちできない。

本書の分析は、準大統領制はポピュリズムを慰撫し馴致する点ではそれなりに有能なのに、国の内政にまで浸透してくる地政学的対立を抑制する点では、ほぼ無力であることを明らかにした。準大統領制は、対立する政党や民族集団にポストを配分することで対立抑止の効果があるとしばしば言われる。民主化の第三の波の中でアフリカの旧仏・旧葡植民地諸国が準大統領制を採用した理由の一つがこれであった。しかし旧共産圏の文脈では、左右コアビタシオンやリベラル・ポピュリストのコアビタシオンに比べて、地政学的なコアビタシオンの対立抑止効果は低いようである。

ウクライナにおけるユシチェンコとヤヌコヴィチのコアビタシオン（二〇〇六―〇七年）、モルドヴァにおけるドドンとフィリプのコアビタシオン（二〇一六―一九年）は、その後に来る紛争の序曲でしかなかった。ただし、モルドヴァにおける紛争は流血には至っていない。これは過小評価できない。

大国間の地政学的な競争が激化するとき、両陣営の間に位置して奪い合いの対象になる小国の脆弱なデモクラシーをいかに守るかという課題は、瞬く間に学術の枠を超えて人道問題になる。結論を急がず、これらの国々の興味深い政治を、冷静に粘り強く観察してゆかなければならないのである。

あとがき

戦後日本における欧州政治史研究の確立者であった篠原一東京大学法学部教授は、「経済学においては国の規模は大切だが、政治学においてはそうではない。大切なのはその国の政治が面白いか面白くないかだ」と常々おっしゃっておられた。旧社会主義諸国の政治を研究している私も同意見である。

私は、北海道大学スラブ研究センターに勤務していた二〇〇〇年代に旧社会主義諸国の準大統領制を研究し、下記の四論文にまとめた。Kimitaka Matsuzato, "Semi-presidentialism in Ukraine: Institutionalist Centrism in Rampant Clan Politics," *Demokratizatsiya: The Journal of Post-Soviet Democratization* 13: 1 (2005); Kimitaka Matsuzato & Liutauras Gudžiskas, "An Eternally Unfinished Parliamentary Regime? Semipresidentialism as a Prism to View Lithuanian Politics," *Acta Slavica Iaponica* 23

(2006); Kimitaka Matsuzato, "Differing Dynamics of Semipresidentialism across Euro/Eurasian Borders: Ukraine, Lithuania, Poland, Moldova and Armenia," *Demokratizatsiya: The Journal of Post-Soviet Democratization* 14: 3 (2006); Kimitaka Matsuzato, "Disintegrated Semi-presidentialism and Parliamentary Oligarchy in Post-Orange Ukraine," Robert Elgie, Sophia Moestrup and Yu-Shan Wu, eds., *Semi-presidentialism and Democracy* (Palgrave/Macmillan, 2011).

その後は、このテーマに活発に従事することはなかったが、二〇一四年から東京大学法学部で教えるようになり、準大統領制という枠組みが、旧社会主義諸国の政治を比較する上で有効であるとますます確信した。他方、旧社会主義諸国の政治比較について、日本語で読める概説書が全くないことには閉口した。

私は、自分が専門にするウクライナでは毎年現地調査を行っているが、アルメニア、リトアニア、モルドヴァについては、今回の出版計画が持ち上がった後、二〇一七年から二〇一九年にかけて、準大統領制に集中した現地調査を再度行い、知識を更新した。ポーランドについてはこれが行えなかったため、このテーマで同国で現地調査を行ったのは二〇〇四―〇五年が最後である。しかし、さすがポーランドは大国で、ポーランド語、英語、日本語で読める文献が豊かなため、現地調査の不足があまり大きな欠点にはならなかったと、自分では願っている。

日本の新聞やインターネットを通じては、ほとんど知ることができない東欧中小国の現代政治を、読みやすい新書の形で読者に届けることができるのは欣快に堪えない。ただし、本書が依拠する資料の中核は政治家へのインタビューであるため、注のない新書の形では信憑性がないと感じる読者もおられるかもしれない。そのような読者には、近く本書の中国語（簡体字）版を注付きで出すことができると思うので、そちらを参照していただきたい。

旧共産圏の中小国政治研究であるということと並ぶ本書の特徴は、ポーランド、リトアニアというEU・NATO加盟国とそうでない三国の両方をカバーしていることである。欧米では、EUやNATOに入ってしまった国々は欧州研究のジャンルに移され、旧共産圏研究からは外される場合が多い。これは学術的な利便よりも政治的な思い込みから生まれた現象ではないだろうか。何といっても語学障壁がある。欧州研究者が、旧ソ連研究者が行いうるのと同水準で東欧を自分の比較政治の対象にできる日はまだ遠いと思う。

本書で扱ったポーランド、リトアニアと、そのほか三国との間には、確かに違いもある。たとえば、選挙管理委員会が発表した選挙結果を野党系市民が信用するかしないか（信用しないだけではなく暴動や革命の原因になりうること）は、両グループの政治の間に大きな違いを生んできた。しかし、そうした違いは、一般に信じられているほどには大きくない、東欧のEU・NATO加盟国とそうでない国の間には十分比較が成り立つというのが私の実感である。

最後になったが、塩川伸明東京大学名誉教授には、本書の草稿に目を通していただき、多くの貴重な助言をいただいた。また、本書を世に出すチャンスを与えてくれた筑摩書房、担当してくれた松田健氏、藤岡美玲氏に、心からお礼を言いたい。

二〇二一年一月三日、東京にて

ちくま新書
1559

ポスト社会主義《しゃかいしゅぎ》の政治《せいじ》
——ポーランド、リトアニア、アルメニア、
ウクライナ、モルドヴァの準大統領制《じゅんだいとうりょうせい》

二〇二一年三月一〇日　第一刷発行

著　者　松里公孝（まつざと・きみたか）
発行者　喜入冬子
発行所　株式会社 筑摩書房
東京都台東区蔵前二-五-三　郵便番号一一一-八七五五
電話番号〇三-五六八七-二六〇一（代表）
装幀者　間村俊一
印刷・製本　株式会社 精興社

ISBN978-4-480-07380-8 C0231

ちくま新書

1400
ヨーロッパ現代史
松尾秀哉
第二次大戦後の和解の時代が終焉し、大国の時代が復活し、危機にあるヨーロッパ。その現代史の全貌を、国際関係のみならず各国の内政との関わりからも描き出す。

1550
ヨーロッパ冷戦史
山本健
ヨーロッパはなぜ東西陣営に分断され、緊張緩和の後は一挙に統合へと向かったのか。経済、軍事的側面にも注目しつつ、最新研究に基づき国際政治力学を分析する。

1477
EU離脱
――イギリスとヨーロッパの地殻変動
鶴岡路人
ついに離脱を現実のものとしたイギリスが失うものとはなにか？　一枚岩になれないEUはどうなるのか？　なお問題山積のヨーロッパの現在を最も正確に論じる。

1327
欧州ポピュリズム
――EU分断は避けられるか
庄司克宏
反移民、反グローバル化、反エリート、反リベラルが世界を席巻！　EUがポピュリズム危機に揺れる理由は、その統治機構と政策にあった。欧州政治の今がわかる！

1345
ロシアと中国　反米の戦略
廣瀬陽子
孤立を避け資源を売りたいロシア。軍事技術が欲しい中国。米国一強の国際秩序への対抗……。だが、中露蜜月の舞台裏では熾烈な主導権争いが繰り広げられている。

1514
中東政治入門
末近浩太
パレスチナ問題、「アラブの春」、シリア内戦、「イスラーム国」、石油依存経済、米露の介入……中東が抱える複雑な問題を「理解」するために必読の決定版入門書。

852
ポストモダンの共産主義
――はじめは悲劇として、二度めは笑劇として
S・ジジェク
栗原百代訳
9・11と金融崩壊でくり返された、グローバル危機という掛け声に騙されるな――闘う思想家が混迷の時代を分析、資本主義の虚妄を暴き、真の変革への可能性を問う。

1033
平和構築入門
――その思想と方法を問いなおす
篠田英朗
平和はいかにしてつくられるものなのか。武力介入や犯罪処罰、開発援助、人命救助など、その実際的手法と背景にある思想をわかりやすく解説する、必読の入門書。

980
アメリカを占拠せよ！
ノーム・チョムスキー
松本剛史訳
アメリカで起きつつある民衆の自発的蜂起が止まらない。金持ちから社会を奪還できるか。連帯は可能か。政治に絶望するのはこの本を読んでからでも遅くない！

1083
ヨーロッパ思想を読み解く
――何が近代科学を生んだか
古田博司
なぜ西洋にのみ科学的思考が発達したのか。その秘密をカント、ニーチェ、ハイデガーらに探り、西洋独特の思考パターンを対話形式で読み解く。異色の思想史入門。

1262
分解するイギリス
――民主主義モデルの漂流
近藤康史
EU離脱、スコットランド独立――イギリスは政治の機能不全で分解に向かいつつある。もはや英国議会政治は民主主義のモデルたりえないのか。危機の深層に迫る。

1335
ヨーロッパ　繁栄の19世紀史
――消費社会・植民地・グローバリゼーション
玉木俊明
第一次世界大戦前のヨーロッパは、イギリスを中心に空前の繁栄を誇っていた。奴隷制、産業革命、蒸気船や電信の発達……その栄華の裏にあるメカニズムに迫る。

1377
ヨーロッパ近代史
君塚直隆
なぜヨーロッパは世界を席巻することができたのか。「宗教と科学の相剋」という視点から、ルネサンスに始まり第一次世界大戦に終わる激動の五〇〇年を一望する。

1147
ヨーロッパ覇権史
玉木俊明
オランダ、ポルトガル、イギリスなど近代ヨーロッパ諸国の台頭は、世界を一変させた。本書は、軍事革命、大西洋貿易、アジア進出など、その拡大の歴史を追う。

ちくま新書

1332
ヨーロッパで勝つ！　ビジネス成功術
――日本人の知らない新常識
塚谷泰生
ＥＰＡ合意でヨーロッパビジネスの大チャンスがやってきた。日本製品は交渉術を身につければ必ず売れる。経験豊富な元商社マンが伝授する、ビジネス成功の極意。

1518
メディアが動かすアメリカ
――民主政治とジャーナリズム
渡辺将人
メディアは政治をいかに動かし、また動かされてきたのか。アメリカのテレビと選挙の現場を知り尽くした著者が解き明かす、超大国アメリカの知られざる姿。

1193
移民大国アメリカ
西山隆行
止まるところを知らない中南米移民。その増加への不満がいかに米国社会を蝕みつつあるのか。米国の移民問題の全容を解明し、日本に与える示唆を多角的に分析する。

1311
アメリカの社会変革
――人種・移民・ジェンダー・ＬＧＢＴ
ホーン川嶋瑤子
「チェンジ」の価値化――これこそがアメリカ文化の柱である。保守とリベラルのせめぎあいでダイナミックに動く、平等化運動から見たアメリカの歴史と現在。

1331
アメリカ政治講義
西山隆行
アメリカの政治はどのように動いているのか。その力学を歴史・制度・文化など多様な背景から解説。アメリカン・デモクラシーの考え方がわかる、入門書の決定版。

1539
アメリカ黒人史
――奴隷制からＢＬＭまで
ジェームス・Ｍ・バーダマン
森本豊富訳
奴隷制の始まりからブラック・ライヴズ・マターが再燃する今日まで、人種差別はなくなっていない。アメリカ黒人の歴史をまとめた名著を改題・大改訂して刊行。

1278
フランス現代史　隠された記憶
――戦争のタブーを追跡する
宮川裕章
第一次大戦の遺体や不発弾処理で住めない村。第二次大戦の対独協力の記憶。見捨てられたアルジェリアのフランス兵アルキ……。等身大の悩めるフランスを活写。

935
ソ連史
松戸清裕
二〇世紀に巨大な存在感を持ったソ連。「冷戦の敗者」「全体主義国家」の印象で語られがちなこの国の内実を丁寧にたどり、歴史の中での冷静な位置づけを試みる。

1483
韓国　現地からの報告
――セウォル号事件から文在寅政権まで
伊東順子
セウォル号事件、日韓関係の悪化、文在寅政権下の分断……二〇一四～二〇年のはじめまで、何が起こり、人びとは何を考えていたのか？　現地からの貴重なレポート。

1185
台湾とは何か
野嶋剛
国力において圧倒的な中国・日本との関係を深化させる台湾。日中台の複雑な三角関係を波乱の歴史、台湾の社会・政治状況から解き明かし、日本の針路を提言。

1512
香港とは何か
野嶋剛
選挙介入や国家安全法の導入決定など、中国の横暴がすさまじい。返還時の約束が反故にされた香港。若者中心の抵抗運動から中米対立もはらむ今後の見通しまで。

1546
内モンゴル紛争
――危機の民族地政学
楊海英
なぜいま中国政府は内モンゴルで中国語を押しつけようとしているのか。民族地政学という新視点から、モンゴル人の歴史上の問題を読み解き現在の紛争を解説する。

1258
現代中国入門
光田剛編
あまりにも変化が速い現代中国。その実像を政治史、文化、思想、社会、軍事等の専門家がわかりやすく解説。歴史から最新情勢までバランスよく理解できる入門書。

1057
ヴァティカンの正体
――究極のグローバル・メディア
岩渕潤子
幾多の転換期を生き延びたヴァティカンのメディア戦略を歴史的に俯瞰し、特に宗教改革、対抗宗教改革における生き残り策から、日本が学ぶべきことを検証する。

ちくま新書

1119 近代政治哲学——自然・主権・行政 國分功一郎

今日の政治体制は、近代政治哲学が構想したものだ。ならば、その基本概念を検討することで、いまの民主主義体制が抱える欠点も把握できるはず！　渾身の書き下し。

1111 平和のための戦争論——集団的自衛権は何をもたらすのか？ 植木千可子

「戦争をするか、否か」を決めるのは、私たちの責任になる。集団的自衛権の容認によって、日本と世界はどう変わるのか？　現実的な視点から徹底的に考えぬく。

1393 教養としての政治学入門 成蹊大学法学部編

いま政治学では何が問題になっているのか。政治史・政治理論・国際政治・福祉・行政学・地方自治などの専門研究者が12のテーマで解説する、知の最先端への道案内。

1017 ナショナリズムの復権 先崎彰容

現代人の精神構造は、ナショナリズムとは無縁たりえない。アーレント、吉本隆明、江藤淳、丸山眞男らの名著から国家とは何かを考え、戦後日本の精神史を読み解く。

1353 政治の哲学——自由と幸福のための11講 橋爪大三郎

社会の仕組みを支えるのが政治だ。政治が失敗すると、自由も幸福も壊れかねない。政府、議会、安全保障、年金など、政治の基本がみるみる分かる画期的入門書！

1372 国際法 大沼保昭

いまや人々の生活にも深く入り込んでいる国際法。「生きた国際法」を誰にでもわかる形で、体系的に説き明かした待望の入門書。日本を代表する研究者による遺作。

1382 南スーダンに平和をつくる——「オールジャパン」の国際貢献 紀谷昌彦

二〇一一年に独立した新興国南スーダン。その平和構築の現場では何が起こり必要とされているのか。前駐在大使が支援の最前線での経験と葛藤を伝える貴重な証言。

ちくま新書

1122
平和憲法の深層
古関彰一
日本国憲法制定の知られざる内幕。そもそも平和憲法は押し付けだったのか。天皇制、沖縄、安全保障……その背後の政治的思惑、軍事戦略、憲法学者の主導権争い。

1430
世界最強組織のつくり方
——感染症と闘うグローバルファンドの挑戦
國井修
一九九〇年代に猛威を振るった三大感染症を撲滅するために設立された「グローバルファンド」。戦略局長として活躍する著者が世界最強の組織の条件を解き明かす。

465
憲法と平和を問いなおす
長谷部恭男
情緒論に陥りがちな改憲論議と冷静に向きあうには、そもそも何のための憲法かを問う視点が欠かせない。この国のかたちを決する大問題を考え抜く手がかりを示す。

997
これから世界はどうなるか
——米国衰退と日本
孫崎享
経済・軍事・文化発信で他国を圧倒した米国の凋落が著しい。この歴史的な大転換のなか、世界は新秩序を模索し始めた。日本の平和と繁栄のために進むべき道とは。

294
デモクラシーの論じ方
——論争の政治
杉田敦
民主主義、民主的な政治とは何なのか。あまりに基本的と思える問題について、一から考え、デモクラシーにおける対立点や問題点を明らかにする、対話形式の試み。

1544
世界がわかる比較思想史入門
中村隆文
ギリシア・ローマから、インド、中国、日本の思想、さらにはポストモダンや現代正義論まで、比較思想史の観点から古今東西の思想を一望する画期的な試み。

655
政治学の名著30
佐々木毅
古代から現代まで、著者がその政治観を形成する上でたえず傍らにあった名著の数々。選ばれた30冊は混迷を深める時代にこそますます重みを持ち、輝きを放つ。

ちくま新書

1342
世界史序説
――アジア史から一望する
岡本隆司
ユーラシア全域と海洋世界を視野にいれ、古代から現代までを一望。西洋中心的な歴史観を覆し、「世界史の構造」を大胆かつ明快に語る。あらたな通史、ここに誕生！

1082
第一次世界大戦
木村靖二
第一次世界大戦こそは、国際体制の変化、女性の社会進出、福祉国家化などをもたらした現代史の画期である。戦史的経過と社会的変遷の両面からたどる入門書。

932
ヒトラーの側近たち
大澤武男
ナチスの屋台骨である側近たち。ゲーリング、ヘス、ゲッベルス、ヒムラー……。独裁者の支配妄想を実現、ときに強化した彼らは、なぜ、どこで間違ったのか。

1287-1
人類5000年史Ⅰ
――紀元前の世界
出口治明
人類五〇〇〇年の歩みを通読する、新シリーズの第一巻、ついに刊行！　文字の誕生から知の爆発の時代まで紀元前三〇〇〇年の歴史をダイナミックに見通す。

1287-2
人類5000年史Ⅱ
――紀元元年～1000年
出口治明
人類史を一気に見通すシリーズの第二巻。漢とローマ二大帝国の衰退、世界三大宗教の誕生、陸と海のシルクロード時代の幕開け等、激動の1000年が展開される。

1287-3
人類5000年史Ⅲ
――1001年～1500年
出口治明
十字軍の遠征、宋とモンゴル帝国の繁栄など人や物の交流が盛んになるが、気候不順、ペスト流行にも見舞われる。ルネサンスも勃興し、人類は激動の時代を迎える。

1459X
世界哲学史
全8巻＋別巻セット
［責任編集］伊藤邦武／山内志朗
中島隆博／納富信留
現代を代表する総勢115名の叡智が大集結。古今東西の哲学について各々が思考する、圧巻の論考集。初学者から極める者まで、これを読まずして哲学は語れない。